語り手としての福澤諭吉

ことばを武器として

松崎欣一

慶應義塾大学出版会

福澤諭吉演説姿立像（和田英作画）
戦災により焼失

福澤諭吉肖像（和田英作画）
慶應義塾幼稚舎蔵

福澤諭吉演説姿立像（松村菊麿画）
慶應義塾蔵

同　右（角南松生・近馬勘五画）
慶應義塾志木高等学校蔵

演説館　外観および内部（現在地への移築以前、大正年間撮影）

現在の演説館　外観および内部

まえがき

福澤諭吉は、明治七年六月七日に行われた集会のために用意した草稿で、学問の趣意は本を読むばかりではなく、第一がはなし、次にはものごとを見たり聞いたり、次には道理を考え、その次に書を読むというくらいのことであると述べている（本文二八頁）。三田演説会が正式に発足したのは、その直後の同月二十七日のことであった。「学問の趣意」の第一としての「はなし」とは、「演説」「討論」「対話」などのことを意味する。このように述べる学者、知識人としての福澤の基本姿勢は、終生変わることがなかったといってよいであろう。実際に、著述家、教育者、ジャーナリスト、思想家といったさまざまな相貌を持った福澤が、大勢の人の前に立って演説し、また人との対話を重ねるという機会はきわめて多かったし、とりわけその後半生においては来訪者の応対に多忙をきわめながらも、その折々の座談、対話を楽しんでいたかのようにさえ思われる。

そしてなによりも重要なことは、そうした演説や対話などの成果が、さらに著書、論説のかたちで公刊される場合が多かったことである。前述した集会における演説で福澤は、原書を読んでも翻訳の出来ぬという人がいるけれども、これはただ難しい漢文体の翻訳が出来ないというまでのことで、口でいう通りに書くことは誰にでも出来るはずである。そうであれば、たくさんの翻訳書が世に生まれ、学問の普及はこれまでよりも十倍も速くなるであろうと述べて「演説の道」が開けることを期待している。演説、対話、著述それぞれの行為を通底する共通の文体を創り出すことの必要を説いたのである。福澤が自身の翻訳、著述について、つとめて俗文に徹し俗文に不足するところは遠慮なく漢語を使用して「雅俗めちゃ〳〵」に混合した文体を創り出したこと、その結果として福澤の文筆が平易にして読み易いものとなったことは自他共に認めるところであると『福澤全集緒言』において振り返っているのも、そうした提言を実現する努力が行われたことを示している。

幕末・明治期の日本の取り組むべき諸課題に対峙して、倦むことなく続けられた福澤の発言について、「文字」と「音声」によって表わされるそれぞれの「ことば」を駆使した知的営為としてあわせ見ることは、より豊かな福澤像を構築するためにもきわめて重要であると考えるが、これまでの文字通り汗牛充棟ただならぬといってよい数多くの福澤論の中には、このことについて触れたものをほとんど見ることが出来ないように思われる。本書の意図は、主として福澤の「演説」に注目をして、いかにしてそのかたちが生み出され、実践されたかについて可能な限り具体的に検証し、福澤の「語り手」としての側面をクローズアップしてみようとするところにある。

「ことば」を離れて人は生きることが出来ない。また人の集まりとしての社会の活力を維持し充実させることも出来ないであろう。しかしながら、そうであるにもかかわらず、空虚な言説のみが溢れ、「ことば」の力がきわめて弱まっているといわざるをえない現代の諸状況を見るにつけても、明治期の福澤の実践の跡を振り返ってみることの意義は小さくはないと考えるものである。

語り手としての福澤諭吉　目次

口絵
まえがき　i

第Ⅰ章　「語る」ことと「聞く」ことと……3
一　十度書を読むは、一度人の言を聞くにしかず　3
二　『学問のすゝめ』十二編・『会議弁』　8

第Ⅱ章　「語る」ことの試み……23
一　明治七年六月七日肥田昭作宅集会の演説　23
（一）印刷された演説草稿　23
（二）演説の用語と文体　35
（三）『民間雑誌』に見る四篇の論説　39
（四）文末表現から見た近代口語文　47
二　初期の三田演説会における「演説の法」をめぐる模索　56
（一）雑会と弁論会　56
（二）書物の講義を演説のように話すということ　62
（三）「慶應義塾社中之約束」――義塾学問の法　71

第Ⅲ章　「語り手」としての福澤諭吉　その一……89

一　英吉利法律学校開校式の祝辞　89

（一）英吉利法律学校開校式　89

（二）福澤の祝辞――二つの記録　95

二　第三八五回三田演説会における演説　111

（一）最後の演説――法律と時勢　111

（二）草稿と速記記録　116

三　壇上の福澤諭吉　128

（一）和田英作原画・「演説姿」の福澤像　128

（二）諸家の回想に見る福澤の「演説」　その1　141

（三）諸家の回想に見る福澤の「演説」　その2　149

第Ⅳ章　「語り手」としての福澤諭吉　その二……173

一　さまざまな「語る」ことの機会――「語り手」と「聞き手」　173

二　「演説」と「著書・論説」と――学者の責務　189

（一）学者の責務　189

（二）『通俗国権論』の周辺　191

（三）「華族を武辺に導くの説」をめぐって　197
（四）開成学校の講義室開席の祝辞　203
三　文明の学者たれ――塾生へのメッセージ　205
四　知識交換・世務諮詢――交詢社演説　220
五　気品の泉源・智徳の模範――次世代への付託　226
（一）慶應義塾の目的　226
（二）慶應義塾故老生懐旧会　227
（三）懐旧会開催の経緯――晩年の福澤諭吉と慶應義塾　236
終　章　演説・対話・著述……261
付表1　福澤諭吉の演説　282
付表2　福澤諭吉と三田演説会　291
あとがき　297
主要人名一覧　巻末1

凡例

一　本書中の福澤諭吉の著書、論説、書簡等の引用は、主として『福澤諭吉全集』（全二十一巻、別巻一巻、慶應義塾編、岩波書店刊、再版、一九六九〜一九七一年）、『福澤諭吉書簡集』（全九巻、慶應義塾編、岩波書店刊、二〇〇一〜二〇〇三年）による。

二　福澤諭吉の著述等の引用に当たって、読みやすさを考慮して以下の手を加えた。福澤以外の引用資料についても、これに準じた。

1　漢字、仮名の用字は原則として通行体に改めた。助詞等に用いられている片仮名や、「此《この》」「斯《この》」「其《その》」「夫《それ》」「之《これ》」「是《これ》」「之《の》」「御《お》」等の漢字は原則としてそれぞれ平仮名に改めた。

2　旧仮名遣いを現代仮名遣いに改めた。

3　読みにくい語、読み誤りやすい語には、適宜新たに現代仮名遣いにより振り仮名を付した。

4　通行とは異なるが、福澤の慣用として特徴ある用字はそのままとし、振り仮名を付した。

5　必要に応じて、句読点を施した。

三　頻出する引用文献の注記は左記のように略記した。また、全集、叢書類の個々の巻数は、丸囲みの数字で示した。

『福澤諭吉全集』第一巻　→『全集』①
『福澤諭吉書簡集』第一巻　→『書簡集』①
『福澤諭吉伝』第一巻　→『福澤諭吉伝』①

四　新聞資料の引用については、新聞名と発行年月日を明記して、個々の典拠文献の注記は省略した。主な典拠は次の通りである。

『郵便報知新聞』→　柏書房刊・復刻版
『朝野新聞』→　ぺりかん社刊・復刻版
『時事新報』→　龍渓舎刊・復刻版
『三田新聞』→　不二出版刊・復刻版

五　本文中の主要人物名を五十音順に配列し、巻末に一覧として掲げた。

語り手としての福澤諭吉

ことばを武器として

写真提供

慶應義塾
慶應義塾福澤研究センター
中央大学年史編纂室
東京大学大学院法学部政治学研究科附属
近代日本法政史料センター
盛岡市先人記念館

第Ⅰ章　「語る」ことと「聞く」ことと

一　十度書を読むは、一度人の言を聞くにしかず

明治十二年九月二十八日、福澤諭吉は竹谷俊一に宛てた書簡の中で、

十度書を読むは、一度人の言を聞くに若《し》かず。就《つい》ては終歳地方にのみ御住居よりも、若《も》しも御都合お出来ならば、折々御出京相成度《あいなりたく》、人間最第一の活学問なり。

と書いている。竹谷は島根県意宇《おう》郡大根島入江村（現八束《やつか》郡八束町）の人である。竹谷は福澤にとって面識のない人物であったが、前年の十一年にも上京して福澤に面会を果たさず帰国していた。このことについて福澤は「仮令《たとい》塾へ御入社はなくとも、その節お目に掛りたらば、又様々の御相談もせし事ならん」と述べて面談の叶わなかったことを悔やんでいる。もし会うことが出来ていれば、竹谷の慶應義塾への入学のことがあったかも知れないし、そのことがなかったとしてもいろいろと相談も出来たであろうにというのである。また、「兼て理論にお志し、拙著の文明論抔《など》御熟読の由《よし》、恥入《はじいり》候《そうろう》次

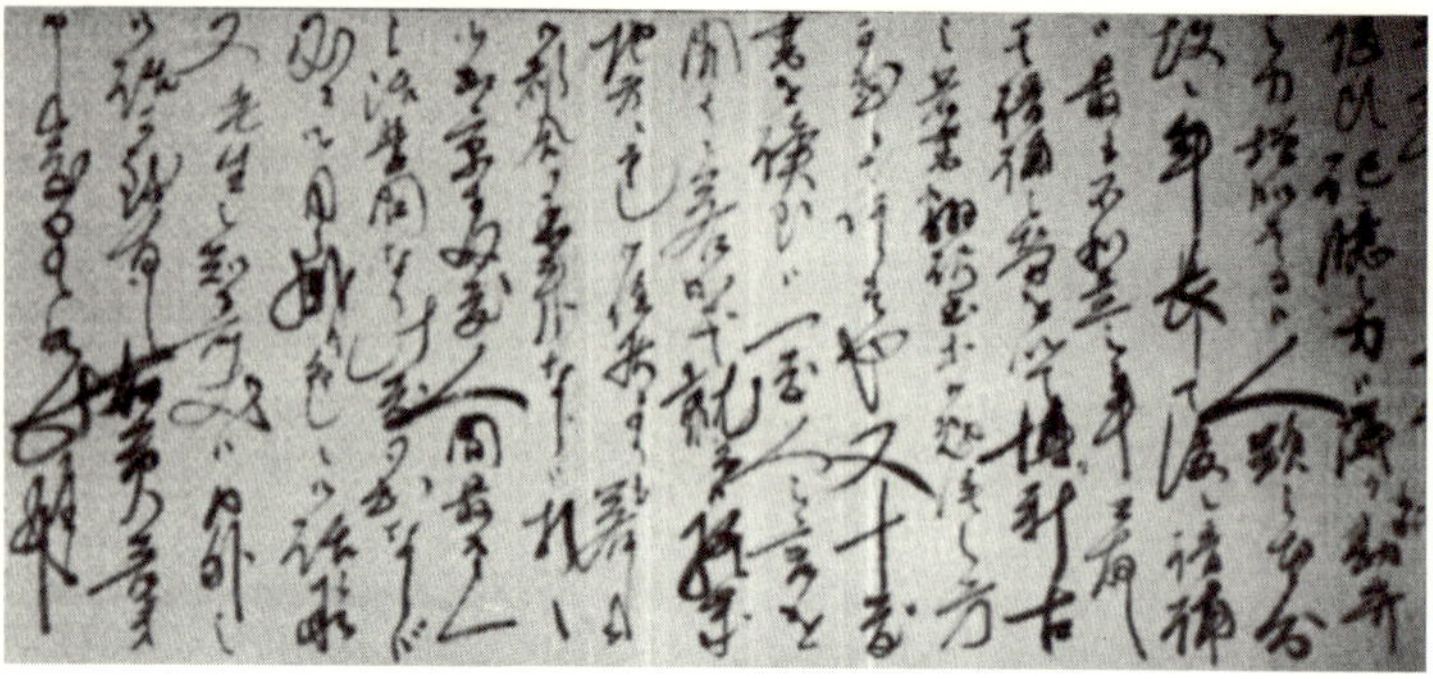

竹谷俊一宛福澤書簡（部分）　明治 12 年 9 月 28 日付

第」ともあり、竹谷は福澤の熱心な読者であったらしいことが分かる。

この書簡は、主に竹谷が「暗誦の失得」について質問を寄せたことへの返書であった。福澤は「その暗誦の労を以《もつ》て、博《ひろ》く新古の著書、翻訳書等」を勉強すべきであるといい、さらに「人の言」を聞くことが肝要であり、そのためには田舎住まいのままではなく折々上京すべきであると勧めたのである。そして、近日社友の発起による「学問研究、時事諮詢《しじゅん》」のための結社の企てがあり、いずれ社則を送るとして、十三年一月に発足することになる交詢社への入会をも勧めている[1]。

福澤が竹谷宛の書簡を書いた頃は交詢社設立の準備が始動していた時であった。明治十二年九月三十日には、第一条に社員が相互に「知識を交換し世務を諮詢する」ことを目的とすると定めた「社則」が定められている。交詢社は、福澤を中心とする慶應義塾関係者ばかりではなく、全国の学者、政治家、官吏、地主、商工業者など幅広い階層から社員を集め、創立時にはその総数が千八百人に及んだ社交クラブで、演説会や随意談会の開催、『交詢雑誌』の刊行など盛んな活動を展開した。(2) その後、竹谷からの便りで、社則が届けられなかったことを知った福澤は、翌十三年八月にそのことを詫び、改めて入会を勧め、さらに友人知己への吹聴を依頼する書簡を書き送っている。(3)

ちょうどこの書簡を発信した前年の八月に刊行された『福澤文集二編』に、「演説の事に付《つき》友人に告《つぐ》る書」と題する書簡体を取った文章がある。「剛毅木訥《ぼくとつ》、仁に近し、弁舌言語の拙《つたなき》は却《かえっ》て士君子の品価を増す」との考えを福澤に寄せた来書に応えるという趣向である。竹谷俊一に宛てた書簡に述べるところと重なり合って興味深いものである。すなわち、今日は「人事繁多の世」なのであって、「諸事皆《みな》古格旧例に依りて嘗《かつ》て変化あることなく、恰《あたか》も世の中は溜水の如き有様」であった封建の時代ではない。したがって「交際の法」もまた繁多ならざるを得ない。「言語弁舌は最第一の要用」にして等閑視出来ないものであるという。さらに次のように述べている。「失敬ながら貴兄は久しく田舎の地方に御住居、お附合《つきあい》も広からず、著書、新聞紙等御覧の方便も遠くして、自から思想の一方に固結する所」があるものと考える。「演説不自由」であっては、さしあたり「世間の附合」に差し支えがあるのみでなく、「人の心身発達の旨」にもそぐわないのではないか。人の目、指、舌、これらはすべて「我《わが》用を便ずるの道具」であり、この諸道具を「成る丈《た》け達者にして巧《たくみ》に用る」ことこそ重要であるのに、舌に限って「その鈍《にぶ》きを貴び、その不自由なること」が「仁に近しの聖意」に叶うとは、いかにも納得のいかないことである。そして、「孔子も為《ため》にする所」あってこの教えを垂れたのであり、聖人といえども決して弁舌を賤しむものではなく、「子貢の弁は孔夫子《ふうし》も称誉せられたる事」なのであって、このことをよくよく考えてほしいと結んでいる。(4) 子貢は孔門十哲の一人で弁舌に優れており、斉《せい》が魯《ろ》を攻めようとした時に諸国を遊説してこれを救ったという人物であった。

「人の言」を聞くことは、何よりもすぐれて「人間最第一の活学問」となるというのは福澤年来の主張であった。すでに、明治七年十一月十七日の『郵便報知新聞』に投書した「豊前豊後道普請の説」の冒頭においても次のように述べている。

学問とは唯《ただ》書を読むばかりにあらず、事を聞き物を見るも学問なり。田舎に居て世間の有様《ありさま》を見聞せざれば、人の智恵は次第に狭くなり、その土地あり来りの者に満足して他に求ることを知らず。海を見ざる者へは船の便利を説き難《がた》く、山を見ざる者へは猟の楽《たのしみ》を語る可《べか》らず。又《また》人の天性互に交れば以《もっ》て睦じくなるべく、交らざれば以て敵対の心を生ずべし。世の人々、その生れし土地を良としその慣れたることを好み、嘗《かっ》て見聞せざる遠方の事をば格別心に留めず、甚《はなは》だしきに至ては他国の人を悪《にく》みその人の為したる事を嫌う者あり。これ亦《また》人間天然の性質とも云うべき乎《か》。故に世の中に最も大切なるものは人と人との交り付合《つきあい》なり。これ即ち一の学問なり。この付合なければ人の智恵はます〳〵狭くなりて、物を求ることを知らず、業を起すことを好まず、商売の道も繁昌せず、稼《かせぎ》の法も行われず、無学文盲貧乏の苦界に陥りて一生涯を渡ることとなるべし。心ある人の常に患《うれう》る所なり。今この患《うれい》を救うには学校の教《おしえ》を設けて人の智恵分別を増すこと第一なりとは雖《いえ》ども、又一ヶ条には路《みち》の普請と船の便をよくせざるべからず。(5)

「道普請」とは、この頃、その終点をどこにするかで議論があった日田から中津方面への道路開削計画のことで、福澤はこの論説を投稿して計画の推進を説くとともに自ら進んで寄金をもしている。

書を読むことばかりが学問ではない。広く世間の事物を見聞し、人と人とが交わり、付き合う中に活きた学問が生まれるという。福澤はその基盤として、交通運輸の整備が必須のことであると述べたのである。人と人との交わり、付き合いは「ことば」を媒介として成立する。日常的な人と人との対話や座談などに止まらず、自ら思うところを多くの聞き手に明瞭に伝える方法としての「演説」、知識の伝達や新たな知識の発見のための効果的な方法としての「演説」「討論」の法を自らの積極的な行為として身に付けることが求められることになる。いわば、「話す」こと、「語り」「語り合う」こと、そして「聞く」ことの能力の必要である。

「演説」「討論」の重要性を認識した福澤とその周辺の人々が、一両年の試行の期間を経て「三田演説会」を発足させたのは明治七年六月二十七日のことであり、さらに演説討論の演習の場として演説館が慶應義塾構内に新設され開館したのは翌八年五月一日のことであった。三田演説会はその発足以来、とくに初期にあっては頻繁に開かれており、明治十年四月二十八日には通算一〇〇回目となる演説会を開催している。続いて十六年五月二十三日には二〇〇回、二十四年二月二十一日に三〇〇回、三十二年十一月二十四日に四〇〇回となっている。この間、福澤の登壇は二三六回に及んでいる(6)。この他にも福澤には公開講義、慶應義塾の同窓会、交詢社の総会、その他さまざまな式典や会合などにおいて演壇に立ち、多くの人々に語りかける機会は多かった(巻末**付表1**参照)。

本書は、さまざまな機会に「演説の法」の必要を説き、自らその実践に努めた「人の言」の発信者としての福澤諭吉自身の「演説」の実際について、出来る限り具体的に追跡してみることを意図している。「演説」に取り上げられた話題そのものの意義も無視できないことはいうまでもないが、ここではむしろその「演説の法」の開拓、創出の過程について、また福澤自身の「演説」がいかに準備され、実際にどのように行われ人々にどのように受け止められたのか、さらにその記録がどのようなかたちで残されたのか、といったことに重点を置いて検討してみたい。

それは、福澤の生涯を通じて、たゆみなく続けられた「ことば」を武器とし展開した知的営為について、これまでのように「翻訳、著述」（文字）の所産を通じてだけではなく、「演説」（音声）の視点をもあわせて見るべきであると考えるところによる。音声とそれに付随する身体表現をも含む「演説」はもとより文字によって示された「ことば」と表裏一体のものであって、それぞれに別個のものとして存在するわけではないが、ここでは、とくに「語り手」としての側面に焦点を合わせることによって、福澤諭吉の残したものの一端を浮かび上がらせたいと考えている。

二　『学問のすゝめ』十二編・『会議弁』

福澤諭吉が「演説」についてどのように理解していたのか、あらためて『学問のすゝめ』十二編および『会議弁』によって見てみよう。

『学問のすゝめ』十二編は前段が「演説の法を勧るの説」となっている。後段は「人の品行は高尚ならざる可らざるの論」である。『学問のすゝめ』は明治四年に初編が執筆され、以後書き継がれて最後の十七編は明治九年に出版されている。第十二編の刊行は明治七年十二月のことであった。『会議弁』は刊記などがなく、執筆・刊行の時期が明確でないが、同書を書誌学的に子細に検討した村上幸子によれば、明治七年六月二十七日の三田演説会発会以後で、その日をあまり離れない頃に刊行さ(7)

れたと推定されているものである。(8)

『学問のすゝめ』十二編は「演説とは英語にて『スピイチ』と云い、大勢の人を会して説を述べ、席上にて我《わが》思う所を人に伝るの法なり」と書き始められている。引き続き、西洋諸国では議会、学会、会社や市民の寄合い、あるいは冠婚葬祭、開業開店等々、人の集まる機会があれば人々がそれぞれに日頃の持論を述べ、かつ即席の思い付きを人々に披露するという習慣がある。しかしながら我が国においてそれに相当するのは寺院の説法ぐらいのものであろう。近年、議会開設の必要が説かれているけれども、これでは議事討論の前提を欠いており、せっかく議会が開かれてもその用をなさないであろうと述べている。要するに、近代社会は立法の議会から日常生活の折々の場面に至るまで、人々が相互にそれぞれの意思を明確に伝達し、確認し合うこと、ひいてはそのことを通じてそれぞれの集団の合意を形成することを前提として成立しており、そのための「方法」としての「演説」の必要、つまりは「話す」こと、「語る」ことの必要が説かれているのである。

『学問のすゝめ』が相次いで刊行された頃を考えてみれば、つい昨日まで「上意下達」の世界であり、「由らしむべし知らしむべからず」の世界であった。また「徒党禁止」の時代でもあって、複数の人間がグループを作り議論することなどは厳に取り締まられる時代であった。「演説」はそうした封建の時代を克服する基礎を形づくるための極めて具体的な提案であったといってよいだろう。日本の近代化のための道筋を根底から構築しようとする視点がそこにあると見ることが出来る。

『学問のすゝめ』において示されたこれらの論点は、『会議弁』(9)においても、ほぼ同様に述べられている。『会議弁』は「総論」「集会を起す手続」そして「三田演説会之序」に続く「三田演説会規則」

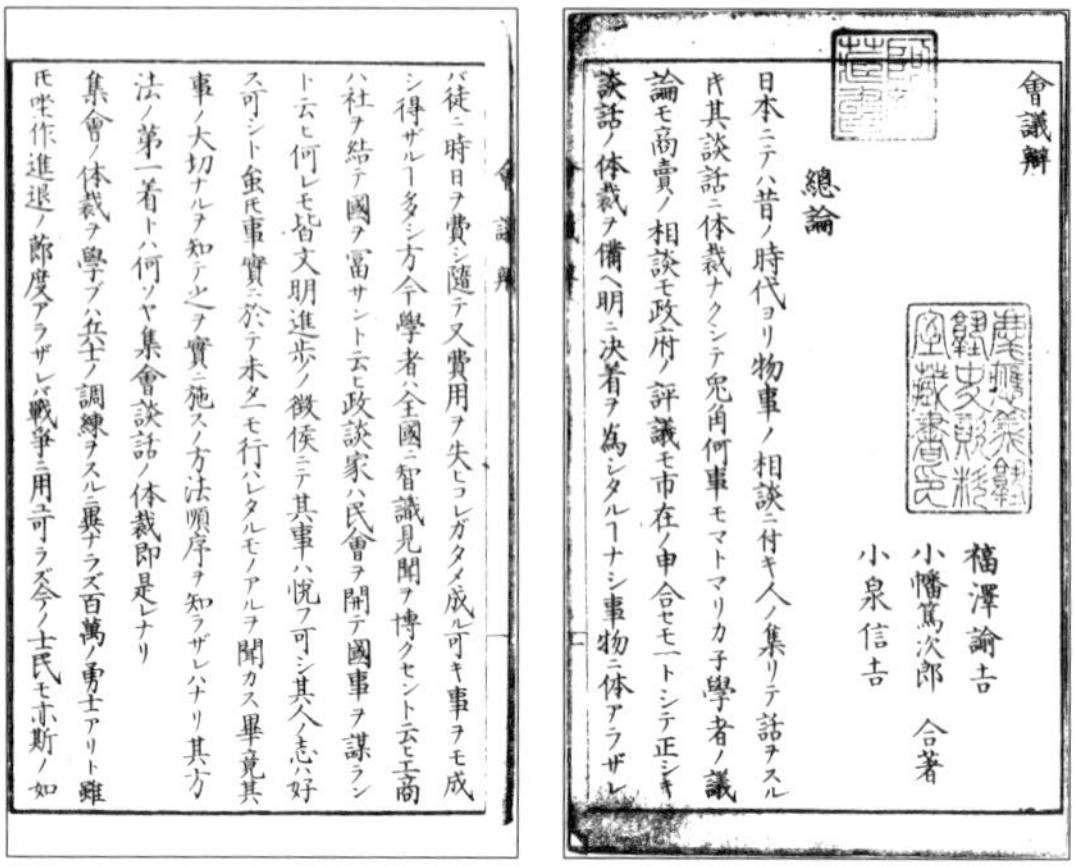
會議辯

總論

福澤諭吉
小幡篤次郎　合著
小泉信吉

日本ニテハ昔ノ時代ヨリ物事ノ相談ニ付キ人ノ集リテ話ヲスルヿ其談話ニ体裁ナクシテ兎角何事モマトマリカ子學者ノ議論モ商賣ノ相談モ政府ノ評議モ市在ノ申合セモ一トシテ正シキ談話ノ体裁ヲ備ヘ明ニ決着ヲ爲シタルヿナシ事物ニ体アラザレバ徒ニ時日ヲ費シ随テ又費用ヲ失ヒコレガタメ成ル可キ事ヲモ成シ得ザルヿ多シ方今學者ハ全國ニ智識見聞ヲ博クセント云ヒ工商ハ社ヲ結テ國ヲ富サント云ヒ政談家ハ民會ヲ開テ國事ヲ謀ラント云ヒ何レモ皆文明進歩ノ徴候ニテ其事ハ悦フ可シ其人ノ志ハ好ス可シト雖モ事實ニ於テ未タ一モ行ハレタルモノアルヲ聞カス畢竟其事ノ大切ナルヲ知テ之ヲ實ニ施スノ方法順序ヲ知ラザレハナリ其方法ノ第一着トハ何ソヤ集會談話ノ体裁即是レナリ

集會ノ体裁ヲ學ブハ兵士ノ調練ヲスルニ異ナラズ百萬ノ勇士アリト雖モ其坐作進退ノ節度アラザレバ戦争ニ用ユ可ラズ今ノ士民モ亦斯ノ如

『会議弁』初版本　第１丁表・裏　明治７年刊ヵ

から成る構成となっており、以下の引用は「総論」の冒頭部分である。

日本にては昔の時代より、物事の相談に付き人の集りて話をするとき、その談話に体裁なくして兎角《とかく》何事もまとまりかね、学者の議論も商売の相談も、政府の評議も市在の申合せも、一として正しき談話の体裁を備え明《あきらか》に決着を為《な》したることなし。事物に体あらざれば、徒《いたずら》に時日を費し随て又費用を失い、これがため成る可き事をも成し得ざること多し。方今《ほうこん》学者は全国に智識見聞を博くせんと云い、工商は社を結《むすび》て国を富さんと云い、政談家は民会を開て国事を謀らんと云い、何《いず》れも皆文明進歩の徴候にて、その事は悦ぶ可し、その人の志は好《よみ》す可しと雖《いえ》ども、事実に於て未だ一も行われたるもののあるを聞かず。畢竟《ひっきょう》その事の大切なるを知てこれを実に施すの方法順序を知らざればなり。その方法の第一着とは何ぞや。集会談話の体裁、即《すなわち》これなり。

近年、学者は全国に智識見聞を博くしようといい、工商は社を結んで国を富まそうといい、はたまた政談家は民会を開いて国事を謀ろうという。いずれも文明進歩の徴候であって、そのこと自体は悦ぶべきことではあるが、それらが一つとして効果をあげていないのが実状である。それはその実現のための「方法順序」としての「集会談話」の体裁が整っていないことに原因がある。ただ人が集まっただけでは烏合の衆に過ぎない。話しの仕方、話し合いの仕方、会合の持ち方にはそれ相応の方法・手続がありそれを学ばねばならないというわけである。

このように、『学問のすゝめ』十二編と『会議弁』とを重ねてみるとなお注意すべき点がある。それは、話し手が多くの聞き手に対して自ら思うところを述べるのが「演説」に他ならないわけであるが、演説の効用を説き進んでさらに話し手と問き手がその立場を随時入れ替えて、自ら思うところを述べ合う場合、すなわち「集会談話」の重要性の指摘に及んでいることである。「演説」は単に話し手の意思の一方的な伝達に留まるものではなく、話し手と聞き手の意思の相互交流の「方法」としての大きな意味を持つものだということである。

また、『学問のすゝめ』十二編の第二段落において、

演説を以《もっ》て事を述ればその事柄の大切なると否《いな》とは姑《しばら》く擱《お》き、唯《ただ》口上を以て述るの際に自から味を生ずるものなり。譬《たと》えば文章に記せばさまで意味なき事にても、言葉を以て述ればこれを了解すること易《やす》くして人を感ぜしむるものあり。

とあることにも注意したい。「口上を以て述る」という。話し手の意思を声に出して表現することになる。当然のことながら音声には話し手の感情によってさまざまな表情が現われる。そして、さらに話

し手の顔の表情、あるいは身振りその他の身体表現なども加わって、話し手の「ことば」にはそれが文字で表わされた場合を超えるさまざまなメッセージが付加して「自から味を生ずる」ということになるのである。続いて、「古今に名高き名詩名歌」を「尋常の文」に訳してみても少しも面白いものではない。「詩歌の法」に従ってその体裁が整えられたものであるからこそ、「限なき風致を生じて衆心を感動」させることになるとも述べている。紙面に記された文章（文字）ではなく、相対した話し手と聞き手とが「ことば」（音声）によって直接に結ばれることによって得られる効用の大きさが説かれている。さらにまた、「一人の意を衆人に伝うるの速《すみやか》なると否《いな》とは、そのこれを伝うる方法に関すること甚《はなは》だ大なり」と述べられており、ここでも伝達の「方法」についての言及のあることに注意しなければならないであろう。

明治十三年四月二十五日に開かれた交詢社第一回大会における福澤の語りの末尾に、「本日斯《か》く老生が演説し、同社諸君の聴を煩わし、生が意は十分に通じたることと思えども、若《も》しもこの演説を筆記してその文を見たらば、意味恰《あたか》も乾燥して穎敏《えいびん》なる部分を失い、真成の情を通ずる能《あた》わざるや明《あきらか》なり。亦《また》以て会合面話の大切なるを証するに足る可し」とあるのもこれらのことを意味している。(10)

『学問のすゝめ』十二編前段の第三〜第五段落は学問論の展開である。まず冒頭に、

学問は唯《ただ》読書の一科に非《あら》ずとのことは、既に人の知る所なれば今これを論弁するに及ばず。学問の要は活用に在《あ》るのみ。活用なき学問は無学に等し。

とあって、続いて二つの挿話が示されている。その昔、江戸で朱子学を学んだ学生が積年の勉学の成

果としての数百巻の写本を帰郷の途中で不幸にして遠州洋《なだ》の海中に失い、「学問は悉皆《しっかい》海に流れて心身に附したるものとては何に一物もあることなく」、「その愚は正《まさ》しく前日に異なること」のないことを露呈してしまったという話がある。この話と同様に、近頃の都会で横文字を学ぶ洋学生がにわかに原書を取り上げられ郷里に帰されたとすると、その親戚や友人に「我輩の学問は東京に残し置たり」などと苦しい弁解をすることになるであろうというのである。これはどうやら福澤の創作になる話のようにも思えるが、さらに、学問はこの朱子学生や洋学生の如く「読書」のみに止まるものであってはならず、「精神の働」を活用して方便を尽くさねばならないとの主張が続いている。

故に学問の本趣意は読書のみに非《あら》ずして精神の働《はたらき》に在《あ》り。この働を活用して実地に施すには様々の工夫なかる可らず。「ヲブセルウェーション」とは事物を視察することなり。「リーゾニング」とは事物の道理を推究して自分の説を付ることなり。この二箇条にては固《もと》より未だ学問の方便を尽したりと云う可らず。尚この外に書を読まざる可らず、書を著さゞる可らず、人と談話せざる可らず、人に向て言を述べざる可らず、この諸件の術を用い尽して始《はじめ》て学問を勉強する人と云う可し。即ち視察、推究、読書は以《もっ》て智見を集め、談話は以て智見を交易し、著書演説は以て智見を散ずるの術なり。然《しか》り而《しこう》してこの諸術の中に、或は一人の私を以て能《よく》す可きものありと雖《いえ》ども、談話と演説とに至ては必ずしも人と共にせざるを得ず。演説会の要用なること以て知る可きなり。

「ヲブセルウェーション」すなわち事物の視察、つまりは、我々の周囲にあるさまざまな事象をつぶさに観察することによって多くのデータを収集すること、そして「リーゾニング」すなわち事物の道理の推究、つまりは、収集したそれらのデータを分析しそこに一つの法則を発見して自説を組み立てること、そしてさらに読書をすること、こうしたさまざまな作業を通じて智見を集めることがまず求められるとしている。さらに、そのようにして獲得した智見を人との談話によって交易し、また著書をまとめ人に向かって言を述べ演説することによって智見を散ずることの必要が説かれている。智見を集め、智見を交換し合い、智見を多くの人に広げる、すなわち個々の知識を自分一人のものとせず人々との共有のものとするに至る、こうしてようやく活用ある真の学問が成立するというのである。そして、これらのさまざまな精神の働きのうちでもとりわけ「談話」と「演説」とは一人の私をもってよく出来るものではなく、人とともにせざるを得ないものであって、したがって学問をすすめるための方法として「演説会」が必須のものとなることを知らねばならないと結んでいる。後年、福澤が「知識交換」「世務諮詢《しじゅん》」を標榜して社交団体「交詢社」を設立したことが想起される主張である。

なお、集会談話の利益について、『会議弁』「総論」の第二段落に、

集会の体裁を学ぶは兵士の調練をするに異ならず。百万の勇士ありと雖《いえ》ども、座作進退の節度あらざれば戦争に用ゆ可らず。今の士民も亦斯《かく》の如し。蘇張の才弁あるも陶朱の富有あるも、「フランキリン」の政才、「ニウトン」の学力と雖ども、衆と談じて事を謀るに非《あら》ざれば世のために益することなかる可し。況《いわん》や「フランキリン」に非ず、「ニウトン」に非ざる者をや。必ずしも人と智見を交易して互にその未発の才を引出し、以《もっ》て大に成す所なかる可らず。

とあることにも注目したい。人と智見を交易して互いにその「未発の才」を引き出すという。話し手と聞き手とが相互に気づいていないそれぞれの智見を引き出し合うというのである。「演説」と「集

会談話」とが単に話し手と聞き手の意思の疎通のみに止まるものでなく、新たな智見の発見につながるまさに学問の「方法」としての意味を持つものとの指摘である。このような論旨を受けて、さらに『学問のすゝめ』十二編前段の一連の学問論の結びでは、

方今《ほうこん》我国民に於て最も憂う可きはその見識の賤しき事なり。これを導て高尚の域に進めんとするは固《もと》より今の学者の職分なれば、苟《いやしく》もその方便あるを知らば力を尽してこれに従事せざる可らず。然《しか》るに学問の道に於て談話演説の大切なるは既に明白にして、今日これを実に行う者なきは何ぞや。学者の懶惰《らんだ》と云う可し。

として、国民の見識を高尚の域に導くべき職分ある学者たるものは「談話」と「演説」の実践に努めるべきことが述べられている。まさに「語り」「語り合う」ことのすすめである。そして十二編後段の「人の品行は高尚ならざる可らざるの論」へと議論が展開している。

ところで、『会議弁』の「総論」に続く「集会を起す手続」の章は集会の実際を想定した会議マニュアルともいうべき構成となっている。「高瀬村」なる村を南北に貫通する道路に人力車の通行を可能にするため、砂利を敷き詰め補修するといういかにも文明開化の時代を象徴するかのような状況の下で、その道路工事の実際や費用の分担などについて相談するための集会が召集されるという設定である。そして、その召集手続、集会運営の役割分担、議事運営の分担、記録の仕方などが述べられるが、その説明は極めて具体的である。

たとえば、「先ず爰《ここ》に村中申合せて道普請《みちぶしん》を思立《おもいた》たんとて、この相談を企つる者、両三名あらん。これを発起人と云う。発起人より村中へ案内の廻状を出す」としてまず廻状の書式が示されている。

本文全体は楷書体の木版刷りであるが、この廻状（案内状）の部分は筆文字がそのままに示されていて極めて印象的な構成になっている。あくまでも実際に即した描写に努めようとの配慮の現れであろう。

集会運営の役割分担の説明などについても、たとえば「披露人」について、

発起人はその村中にても又は他所の人にても兼て人望のある然《しか》る可き人物を見立て、これを招待して披露人の役目を頼む可し。（披露人とは、集会に出席して道普請の趣意を述べ、是非ともこれを思立《おもいたつ》べき次第を会席にて演説する者なり。西洋の語にてこの役目を勤る者を「スピイカ」と云う。何《いず》れこの人は学問もありて世俗の事にも通じたる老練の人物に非《あら》ざれば叶わぬことなり。）

と述べ、また「会頭・書役」については、

発起人は右の案内状を出して後に、又発起人ばかりの会合を催し、その席にて会頭一人、書役一人を撰ぶ。（会頭を「チェイヤマン」と云い、書役を「セクレタリ」と云う。会頭は必ずその村永住の老人にして身元慥《たしか》なる人物を撰ぶ可し。）

とあるなど噛んで含めるような分かりやすい説明となっている。

登場人物の名なども、会頭に選出されるのが「深井仁右衛門」、負担増に反対で、「当村方《むらかた》一統難渋の折柄《おりから》、とてもこの大金を出す力はありませぬ。さりとて道もあのまゝには捨《すて》置かれず、就《つい》ては県庁へお願申して御拝借でも致して、御上様の御威光で村方一同たすかるように致したいものと思います」などと述べる人物の名は「腰野抜太」であるが、一方、いささか楽屋落ちの感なしとしないが、道普請の必要性を説くさしずめ学識経験者ともいうべき披露人（スピーカー）は「松山棟庵」、原案の

欠点を指摘して修正意見を述べるのは「福澤諭吉」、集会の開会と議長選出などの手筈を整える幹事役に「小泉信吉」というように慶應義塾内の実在の人物名をいかにもそれらしく配して興味深く読ませるものとなっている。

会場の設営については、

席は建物の模様にて如何様《いかよう》ともす可し。唯《ただ》会頭席だけは一尺計《ばか》り座を高くしてその上に椅子と「テイブル」を置く可し。書役、会計等の役人は並《ならび》の座にて、直に会頭の席の前に椅子を並べ、「テイブル」に就《つい》て会頭と同じ方に向う可し。

集会の連中は腰掛又は椅子のみにて「テイブル」なし。その列は座鋪の模様に由《よっ》て、竪に長くも、横に広くも、或は半月形に段々に並ぶも、四角に段々にかさなるも、都合次第なり。但し会頭並に役人の席を少し隔てゝその席の方に向い、列座の面々は何れも会頭、役人の面を明《あきらか》に見る可く、会頭、役人は一目にて座中を見渡すようにす可し。

などとある。また必要な広さの見積もりを一坪に三人として、六十人の集会におよそ二十坪ほどという数字を出し、「その積《つもり》にて座鋪の見立を為《な》す可し。但し二十坪の広間に限らず、控席あるゆえ、二座鋪も三座鋪も合せてこの坪数あれば間に合うことなり。寺の御堂か又は学校など丁度都合宜しかる可し」と指示している。基本的な考え方を提示する一方で、当時一般の実状を考慮してあくまで現実的な提案をする配慮がなされている。

議事進行の実際などについても次のようにかなり具体的に解説されている。

右の口上を聞き甲斐織衛、立て口上を述ぶ。

私は小泉殿の説に同意でござります。

始《はじめ》て発言するとき、列座の中より一人立て、直にその発言に差添《さしそ》え、同意でござると声を発する歟《か》、又は発言者の存念を助けて口上を述る者あり。この事を「セカンド」と云う。「セカンド」とは次、副、陪等の字義に当るゆえ、この人を差添人又は陪言人と名《なつ》けて可ならん。恰《あたか》も発言人は仕手《して》の如く、陪言人は脇《わき》なるが如し。この度《たび》の発言人は小泉信吉にて、陪言人は甲斐織衛なり。都《すべ》て何事に由《よ》らず、説を発しても、これに次で陪言する者一人あらざれば、衆評に掛けぬ規則なり。譬《たと》えば村の博徒を撰て会頭にせんと云うか、又は百軒の小村に十万両の金を費して道普請をせんなどの企《くわだて》を発言するとも、これに次で陪言する者はなかる可し。故にこの規則は集会の席に余り法外なる説を持出さぬように用心するためのものなり。

秩序ある討論を経て実質的な意味ある結論を得るために、ある発言についての支持発言の有無を確認しながら討議を進めるという議事進行上の約束についての解説である。このことの理解が容易ではなかったことは、福澤自身も『福澤全集緒言』で、「原書中にセカンドの字を見て、これを賛成と訳することを知らずして頗《すこぶ》る窮したるは今に記憶する所なり」(11)と述べている通りであるが、「発言人」と「陪言人」の関係などについては、能の「仕手」と「脇」との関係になぞらえるなど巧みに説明しているということが出来る。

『会議弁』「集会を起す手続」の章の結びは次のように記されている。

以上記す所は一時の集会なれども、或は学者の社中、或は商売の社中、或は婦人、或は子供にても、日を立てゝ集会を催すその法、皆大同小異。定日の集会には先ずその会の規則を立《たて》ざる可らず。これを三様《さんよう》に分つ。第一憲法、第二附例、第三式目、これなり。憲法には集会の大趣意を記し、役人の職分等を示したるものなり。附例には集会の仕組を説き、入社退社の手続、集会の日限《にちげん》等を記したるものなり。式目は会席上の細目を記すものなり。余輩の社中にも近日学問の集会を開たるに付、今その規則を左に附してこれを世間の備考に供す。

すなわち、「高瀬村」という仮構の村の集会を例とする「一時の集会」の他にも、「日を立てゝ集会を催す」「定日の集会」がある。その運営法は「一時の集会」にほぼ同じであるが、憲法、附例、式目といった相応の規則を制定する必要があるというのである。そしてその具体例として、『会議弁』全体の残る三分の一は、「三田演説会之序」に続き「定日の集会」を持つ学問の集会たる組織としての「三田演説会」の諸規則を示して、「演説」と「集会談話」の意義をさらに実際に即して説明する趣向になっている。

『福翁自伝』の中で福澤は、文久二（一八六二）年のヨーロッパ旅行中の体験として、「政治上の選挙法」というようなことが全く理解出来なかったと語っていた。「選挙法とは如何な法律で議院とは如何な役所か」と尋ねると、「何を聞くのか分り切った事だ」と「彼方の人は只《ただ》笑て居る」だけだったという。そしてまた、党派には「保守党と自由党と徒党」のようなものがあって、「双方負けず劣らず鎬《しのぎ》を削って争うて」いると聞いて「太平無事の天下に政治上の喧嘩をして」いるというのがまた分からず、さらに「彼《あ》の人と此《こ》の人とは敵だ」などといって「同じテーブルで酒を飲で飯を喰て」いるというのが少しも理解出来なかったというのである。そして、それがほぼ分かるようになるのは

「骨の折れた話」であった。とくに「入組んだ事柄になると五日も十日も掛ってヤット胸に落ると云うような訳け」であって、「ソレが今度洋行の利益でした」とも述懐している。

そもそも福澤は、「原書を調べてソレで分らないと云う事だけ」を旅行中に調べるという心積もりであった。そして「その方向で以て、これは相当の人だと思えばその人に就て調べると云うこと」に力を尽くし、「聞くに従て一寸々々《ちょいちょい》」と記しておいたとも述べている。(12) その聞き書きの手帳、いわば福澤の滞欧中のフィールドノートが「西航手帳」であった。帰国後、これが「西航記」となり、さらに『西洋事情』に結実していくことになる。聞き書きのための「相当の人」の一人がフランス人の東洋学者ロニーであった。フランス外務省の委嘱により日本からの文久遣欧使節団の接遇役を務めた人物である。「西航記」には以下のような記事が見える。

○仏蘭西の人「ロニ」なる者あり。支那語を学び又よく日本語を言う。時に旅館に来り談話、時を移す。本日語次《ごじ》、魯西亜のことに及び、「ロニ」云、去年魯西亜の軍艦対馬に至り、已にその全島を取れりと聞けり、信なりやと。余その浮説なることを説弁せしに、翌日新聞紙を持来り、昨日の話、魯西亜の対馬を取りたるは全く虚説なることを、この紙に記して世上に布告したりと云えり。

○「ロニ」と共に薬園に至る。薬園は唯だ草木のみならず禽獣魚虫玉石に至るまで全世界の物品を集たる所なり。

○巴理《パリ》の羅尼《ロニ》来る。この人は日本語を解し、又能《よ》く英語に通ず。日本使節巴理に在りし時より時々旅館に来り余輩と談話せり。(13)

滞欧中のこうした体験も「話し」「話し合う」こと、「語り」「語り合う」ことの意味についての福澤の思索を深める上で役立っていたに違いない。わずか数年のうちにその一つの解答が『学問のすゝめ』十二編や『会議弁』などの著述に結実することとなったのである。

(1) 『書簡集』②書簡番号三八一。
(2) 『交詢社百年史』(交詢社、一九八三年)二五頁。
(3) 『書簡集』③書簡番号五〇三。
(4) 『全集』④四九六〜四九七頁。
(5) 『全集』⑳一二八頁。
(6) 『三田演説会資料』(慶應義塾福澤研究センター資料4、編集・解説=松崎欣一、改訂版、二〇〇三年)、松崎欣一『三田演説会と慶應義塾系演説会』(慶應義塾大学出版会、一九九八年)一四七頁、表Ⅱ・6・2参照。
(7) 『全集』③一〇二〜一〇七頁。
(8) 村上幸子『会議法の移入と発展—国語表現法の基礎研究—』(溪水社、一九九三年)第一章参照。
(9) 『全集』③六一三〜六三七頁。
(10) 『全集』⑲六六六頁。
(11) 『全集』①五五頁。
(12) 『全集』⑦一〇七〜一〇八頁。
(13) 『全集』⑲二二一〜二二三、二二五、四二三頁。

第Ⅱ章 「語る」ことの試み

一 明治七年六月七日肥田昭作宅集会の演説

(一) 印刷された演説草稿

福澤諭吉は、『福澤全集緒言』(明治三十年九月脱稿、十一月『時事新報』連載、十二月刊。『福澤全集』第一巻収録、三十一年一月刊。以下、『全集緒言』と略す)において、全集収録の諸著作について自ら解題の筆を執っているが、そのうちの『会議弁』の成り立ちを説明する文章の冒頭で、

人事の進歩は実に驚く可きものにして、我国演説法の如きは即ちその一例なり。今日の実際を見れば、人がその心に思う所を述べて公衆に告るは尋常普通の事のみならず、速記法さえ行われて実用を達する程の世の中に、演説などは百千年来の慣習ならんと思う人もある可きなれども、その演説は二十何年前の奇法にして、当時これを実行せんとして様々に工風《くふう》したる吾々の苦労は自から容易ならず。(1)

と書いている。当時、人がその心に思うところを公衆に告げる「演説」という方法は、「尋常普通」のことではなく衆目を驚かす「奇法」だったのだという。たしかにこのことについて大方の理解を得ることは難しかったらしい。福澤はこの解説の中で、明六社のメンバーが「演説の一事に付ては何れも半信半疑」であって、これをともに試みようという者がいなかったこと、中でも森有礼などは、「西洋流のスピーチュ」は西洋語でなければ不可能であり、日本語は「公衆に向て思う所を述ぶ可き性質の語に非ず」と反対したこと、またある時の会合でメンバーの前でさりげなく一場の話しを試み、日本語での「演説」が不可能ではないことを理解させたことが語られている。

また「演説」という「奇法」への着眼のきっかけとなったのが、「明治六年春夏の頃」に、福澤のもとへ「スピーチュ」のあらましを記したものとして小泉信吉が持ち込んだ「英版原書」の小冊子であって、さっそく必要な訳語を苦心して創り出しながら抄訳が成り、『会議弁』が成立したことも述べられている。前章に記したように『会議弁』はその全体の構成や内容から見て、小泉のもたらした一小冊子の単なる抄訳ではないと考えられる。今日では数種類の欧米の会議運営マニュアルが典拠として推定されており、(2)福澤の周辺で行われていた「演説」「討論」をめぐる研究の成果としてまとめられたものと見るべきであろう。ともあれ、「奇法」「新事業」としての演説を「窃に実地に試み」ることが重ねられたが、明治七年六月七日に肥田昭作宅で行われた集会もその一つであった。同月二十七日に三田演説会が発足する直前のことであった。

肥田宅で福澤が試みたという「演説」の草稿全文が『会議弁』の解説中にさらに引用されている。それはその集会で、福澤が「口に弁ずる通りに予め書に綴り、仮りに活字印刷に附してこれをそのまヽ述べんことを試みたるもの」というものであった。『全集緒言』の執筆時にたまたまその活版印刷が残っていたので挿入出来たというのである。幸いに『全集緒言』の福澤自筆の原稿（一部を欠く）とともに、この活版印刷された演説の草稿（和紙仮綴じ四丁）二部(3)も現存しているが、印刷文面の仮名文字は片仮名で、全文にきわめて多くの読点が打たれている。

なお、大正四年六月六日に行われた慶應義塾大講堂開館式当日に配布された『日本演説之由来』という小冊子に、肥田宅での演説草稿が翻刻されているが、その前文に次のような記述がある。

　左に掲ぐる演説筆記は明治六〔ママ〕年六月七日肥田昭作氏の宅にて先生が試みられたる演説の腹案なり。聞くこの肥田氏宅の会合には先生病気にて出席なく、この演説筆記は先生の談を夫人が筆記され、肥田氏方に送られしなり。而《しこう》して先生は後日人に語りて、この筆記は日本語にて演説に差《さし》支《つかえ》なきのみならず、これを筆記して文章とするも差支なきを証明するものなりと云われたりとのことなり(4)。

福澤はこの集会に病気で欠席したというのである。『全集緒言』で、「口に弁ずる通りに予め書に綴り」云々と述べられていることとは異なる事情があったことになる。『全集緒言』の記述からは、福澤が肥田宅の集会に出席しなかったということは読み取れない。福澤はこのことを全く失念していたのであろうか。しかし『日本演説之由来』の文章自体も曖昧であって、「先生が試みられたる演説の腹案」では、実際に福澤の演説がなされたことになる。「試みようとされた」ということなのか。また、「先生の談を夫人が筆記」して肥田宅に送ったとあり、印刷文面であったことが示されていない。三田演説会発足前の小規模な集会に、病気のための欠席で、急ぎ演説草稿を「印刷」するというのも

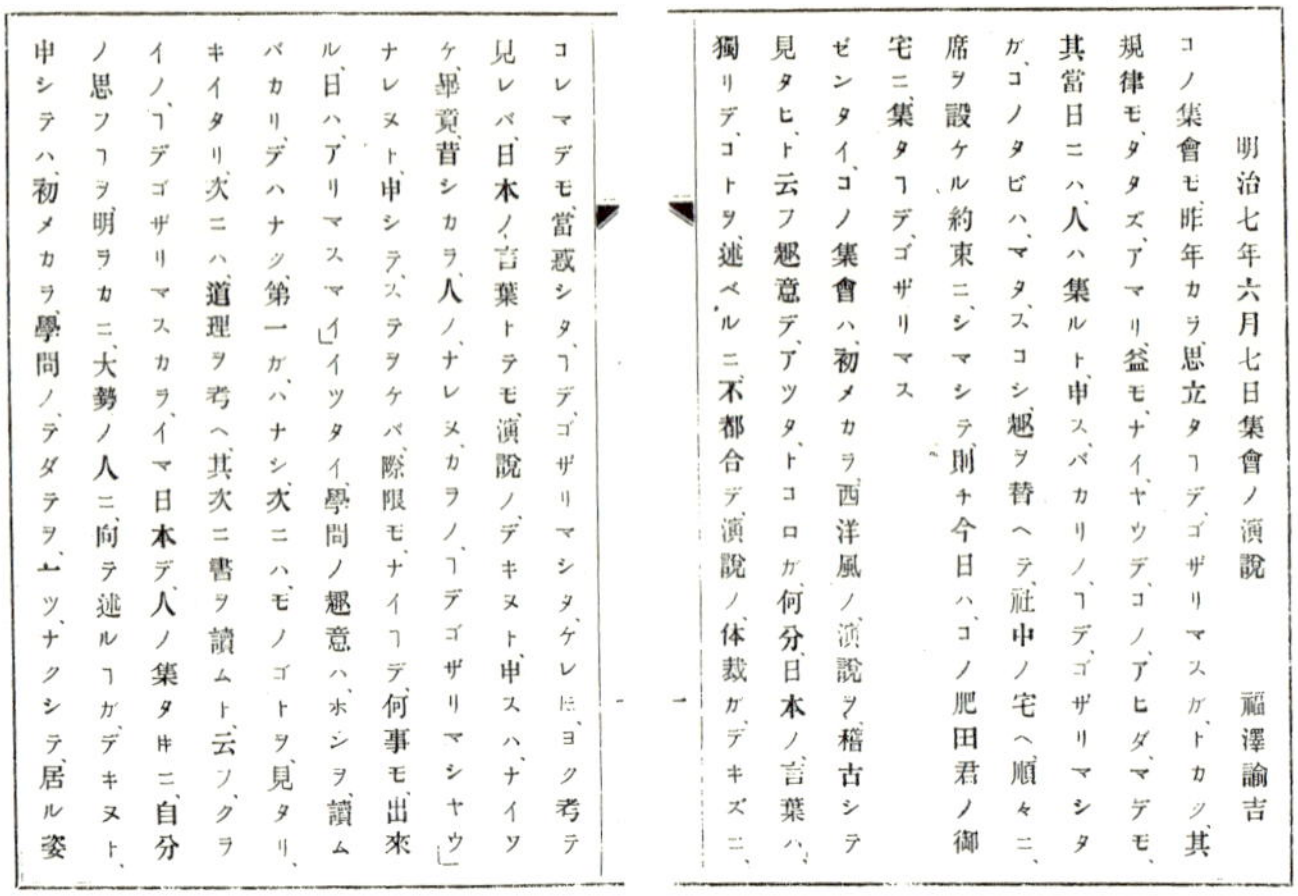
明治七年六月七日集會ノ演説　福澤諭吉

コノ集會モ昨年カラ思立タヿデ、ゴザリマスガ、トカク、其規律モ、タタズ、アマリ益モ、ナイ、ヤウデ、コノ、アヒダ、マデモ、其當日ニハ、人ハ集ルト申スバカリノ、ヿデ、ゴザリマシタガ、コノタビハ、マタ、スコシ、趣ヲ替ヘテ、社中ノ宅ヘ順々ニ、席ヲ設ケル約束ニ、シマシテ則チ今日ハ、コノ肥田君ノ御宅ニ、集タヿデ、ゴザリマス

ゼンタイ、コノ集會ハ、初メカラ西洋風ノ演説ヲ稽古シテ見タヒ、ト云フ趣意デ、アッタ、トコロガ、何分日本ノ言葉ハ、獨リデ、コトヲ述ベルニ、不都合デ演説ノ、体裁ガ、デキズニ、コレマデモ、當惑シタ、ヿデ、ゴザリマシタ、ケレ𪜈、ヨク考テ見レバ、日本ノ言葉トテモ、演説ノ、デキヌト申スハ、ナイソケ、畢竟昔シカラ、人ノ、ナレヌ、カラノ、ヿデゴザリマシヤウ」ナレヌト申シテ、ステヽヲケバ、際限モ、ナイヿデ、何事モ、出來ル、日ハ、アリマスマイ」イツタイ學問ノ趣意ハ、ホシヲ、讀ムバカリ、デハナシ、第一ガ、ハナシ、次ニハ、モノゴトヲ、見タリ、キイタリ、次ニハ、道理ヲ考ヘ、其次ニ書ヲ讀ムト云フ、クライノ、ヿデゴザリマスカラ、イマ日本デ、人ノ集タヰニ、自分ノ思フヿヲ明ラカニ、大勢ノ人ニ、向テ述ルヿガ、デキヌト、申シテハ、初メカラ學問ノ、テダテヲ、一ツ、ナクシテ、居ル姿

「明治七年六月七日集会ノ演説」活版印刷草稿　第１丁表・裏

不自然な感がある。これらの疑問を解きほぐす新たな証言を見出すことが出来ないが、仮に福澤が病欠のことを失念していたのだとしても、現存する草稿の印刷文面自体は福澤自身が集会のために使用するものとしてあらかじめ用意していたと理解してよいように思われる。

草稿印刷二部のうち、『全集緒言』の印刷原稿用に使われたものには、福澤の筆による三個所の書き込みがある。一つは文面の右肩部分にある「第二号平仮名にて写すべし」との朱筆の書き込みである。「第二号」とは原稿に挿入された別紙の二番目のものという意味であろう。他の書き込みは、「演説」の効用を説く第五個条目に加えられた二個所の訂正である。その一つは冒頭部分の「世間ニハ、演説書ト云フ、モノヲ」の「演説書ト」の部分を抹消し、福澤の筆で「意見書トカ何トカ」と訂正されている個所である。他は、末尾にある「御同前モ、何レ一度ハ、何レカノ議院へ出ルヿモ、アリマシヤウ」の部分の抹消である。したがって、このことを受けて『全集緒言』や『福澤全集』および『全集』に収められた「演説」草稿にはこれらの訂正がなされ、また仮名文字が平仮名に変更されて収められている。また句読点も全く新たに施されているので、集会時に使われた印刷草稿の原型が伝わらない憾みがある。とくに、福澤が「口に弁ずる通りに予め書に綴り」としたことからすると、読点の変更は無視することが出来ないと思われる。

そこで、ここに当初の印刷文面を示すこととしたい。読点、改行個所、第二段落の三個所のかぎ括弧（「」）は原文のままである。合字（ヿ〈コト〉、𪜈〈トモ〉、トキ〈トキ〉）、変体仮名（子〈ネ〉）なども原文のままに残した。印刷文面の原型を示すために引用者による振り仮名は付していない。なお、参考として演説の冒頭部分について、『全集緒言』刊本の文面をあわせて示す。この場合の、読点および改行個所も原文のままである。また振り仮名も原文通りである。

明治七年六月七日集会ノ演説

コノ集会モ、昨年カラ、思立タヿデ、ゴザリマスガ、トカク、其規律モ、タタズ、アマリ、益モ、ナイ、ヤウデ、コノ、アヒダ、マデモ、其当日ニハ、人ハ集ルト、申ス、バカリノ、ヿデ、ゴザリマシタガ、コノタビハ、マタ、スコシ、趣ヲ替ヘテ、社中ノ宅ヘ、順々ニ、席ヲ設ケル約束ニ、シマシテ、則チ今日ハ、コノ肥田君ノ御宅ニ、集タヿデ、ゴザリマス

ゼンタイ、コノ集会ハ、初メカラ、西洋風ノ、演説ヲ、稽古シテ見タヒ、ト云フ趣意デ、アツタ、トコロガ、何分、日本ノ、言葉ハ、独リデ、コトヲ、述ベルニ、不都合デ、演説ノ、体裁ガ、デキズ

ニ、コレマデモ、当惑シタ、ヿデ、ゴザリマシタ、ケレ𪜈、ヨク考テ見レバ、日本ノ言葉トテモ、演説ノ、デキヌト、申スハ、ナイワケ、畢竟、昔シカラ、人ノ、ナレヌ、カラノ、ヿデゴザリマシヤウ」ナレヌト、申シテ、ステヲケバ、際限モ、ナイヿデ、何事モ、出来ル、日ハ、アリマスマイ」イツタイ、学問ノ趣意ハ、ホンヲ、読ムバカリ、デハナク、第一ガ、ハナシ、次ニハ、モノゴトヲ、見タリ、キイタリ、次ニハ、道理ヲ考ヘ、其次ニ書ヲ読ムト、云フ、クライノ、ヿデゴザリマスカラ、イマ日本デ、人ノ集𪜀ニ、自分ノ思フヿヲ、明ラカニ、大勢ノ人ニ、向テ述ルヿガ、デキヌト、申シテハ、初メカラ、学問ノ、テダテヲ、一ツ、ナクシテ、居ル姿デ、人ノ、耳目鼻口、五官ノ内ヲ、一ツ、欠タヤウナ、モノデハ、ゴザリマセヌカ」御同前ニ五官揃フテモ、人ナミニ、ナイト、平生、患ヒテ居ル処ニ、有ル其一ツノ、モノヲ、ツカハズニ、ムダニ、シテ置ク、トハ、アマリ、カンガヘノ、ナイワケデハ、ゴザリマセヌカ

先ヅ爰ニ、物事ガ、アルトシテ、其モノガ、イヨイヨ、大切ダト、云フヿヲ、知ルニハ、其モノガ、有テ便利、ナクテ不便利、ト云フ、其便利ト、不便利ノ、ケ条ヲ、カゾヘ上グレバ、ヨク、ワカリマス、イマ、演説ノ法ガ、アルト、ナイト、ニ付テ、其便利ト、不便利ヲ、カゾヘテ、見マショウ

第一　原書ヲ、読デモ、翻訳ノ、出来ヌ人ガ、アリ、マタ、デキテモ、ヒマノ、ナイモノモ、ゴザリマス、仮令ヒ、其ヒマガ、アルニモ、セヨ、生涯ノ内ニ、何ホドノ翻訳ガ、デキマショウ、ソコニ今、演説ノ道ガ、開ケマシタラ、学問ノ、弘マルヿハ、コレマデ、ヨリ、十倍モ、ハヤク、ナリマショウ

第二　世ノ中ニ原書ガ、読メテ、翻訳ノ、デキヌト、云フ人ハ、唯ムツカシイ、漢文ノヤウナ、訳

文ガ、デキヌト、云フマデ、ノヿデ、原文ノ意味ハ、ヨク、分ツテ居ルヿダカラ、其意味ヲ、口デ云フ通リニ、書クヿハ、誰レニモ、デキマショウ、シテ見レバ、コノ後ハ、世ノ中ノ原書ヨミハ、其マヽ翻訳者ニ、ナラレル、ワケデ、世間ニ、翻訳書ハ、フエテ、其書ハ、読ミ易ク、何ホドノ、便利カ、シレマセン、翻訳書ノ、ヲカシイ、ト、云フノハ、漢文ノ、ヤウナ、文章ノ中ニ、ハナシノ、コトバ、ガ、マジル、カラコソ、ヲカシケレ、コレヲ、マルデ、ハナシノ、文ニスレバ、スコシモ、ヲカシイ、ワケ、ハ、アリマスマイ、都テ、世ノ中ノヿハ、何デモ、ナレデ、ドウデモ、ナリマス、御同前ニ、勇気ヲ振テ、人ノ、サキガケヲ、シヤウデハ、ナイカ、スコシ、ナマイキナ、ヤウダ、ケレ𪜈、世間ニ、コワイ、モノハ、ナイト思フテ、我輩カラ手本ヲ、見セルガ、ヨウゴザリマス

第三　イマ日本ノ誰レニ、逢フテモ、寒暑ノ、アイサツ、デモ、ハジメカラ、シマイマデ、アキラカニ、マンゾクニ、述ベテシマウ、人ハ、ゴザリマセン、コトニ、朋友ノ送別、祝儀、不祝儀、何事ニ、ヨラズ、大勢ノ人ニ向テ、改マツテ、口上ヲ、述ベルコトハ、絶テ、デキズ、唯酒デモ飲デ、騒ハガシク、スレバ、ソレデ御祝儀ナドヽ、云フノモ、アマリ不都合ナ、ワケデハ、ゴザリマセヌカ

第四　演説ハ我輩ノヤウナ学者、バカリノ、スル、事デハ、ゴザリマセン、婦人ニモ、小供ニモ、其心得ガ、ナクテハ、カナヒマセン、其証拠ニハ、一寸ヨソノ家ニ、行テ、其内ノ、下女ニ口上ヲ、取次ガセテ、ゴランナサイ、イツデモ、マチガハヌヿナシ、畢竟、コノ下女ナドハ、口上ヲ聞タヿモ、ナク、ノベタヿモ、ナイ、カラデ、ゴザリマショウ

第五　演説ノ法ガナイ、モノダカラ、世間ニハ演説書ト云フ、モノヲ、書テ、ヤリトリ、スルヿガ、ゴザリマスガ、コレハ、啞子ガ筆談ヲ、スルヤウナ、モノデ其書タモノヲ見テ、其心モチヲ、クミトリ、口ト耳トノ、縁ハ、ナクテ筆ト目トノ取次デ応対ヲスル、趣向デ、ゴザリマス、ソレユヘ、議院ナドノ、席デ、一度、書タ、モノヲ、出ダシテ、コレヲ読上ゲタ跡デハ、モハヤ議論ハ、出来ズ、議論ガ、アレバ、内ヘ、カヘツテ、筆ヲ、トラ子バ、ナラヌヿデ、ゴザリマセウ、コンナヿデハ、トテモ民撰議院モ、官撰議院モ、出来マスマイ、御同前モ、何レ一度ハ、何レカノ議院ヘ、出ルヿモ、アリマシヤウ、マタ学問ノ、ナカマモ、追々、フヘテ盛ンニ集会ヲ開クヿモ、アリマシヤウ、其時、ニハ、筆談ノ、集会デ、ナクテ口上ノ集会ニシテ其口上ヲ紙ニ、写シテ、本ニスルヤウニ、シタイモノデ、ゴザリマス

此外ニモ便利不便利ノケ条ハ沢山アルケレ𪜈、今日ハ先ヅコレヲ略シテ、イヨイヨ演説ガ大切ナト、云フガ、ワカレバ、此上ハ銘々ノ、見込ヲ、ノベタリ又ハ、原書ヲ、シラベタリシテ、規則ヲ、定メマシヤウ

［参考］

明治七年六月七日集会の演説（『全集緒言』）

この集会《しふくわい》も昨年から思立《おもひたつ》たことでござりますが、とかく其規律《きりつ》もたゝずあまり益《えき》もないやうで、このあひだまでも其当日《たうじつ》には人は集《あつま》ると申すばかりのことでござりましたが、このたびはまたすこし趣《おもむき》を替《か》へて、社中の宅へ順々《じゆんぐ》に席《せき》を設《まう》ける約束《やくそく》にしまして、則ち今日はこの肥田君の御宅《おたく》に集《あつまつ》たこ

とで、ございます

ぜんたい、この集会《しふくわい》は初めから西洋風《せいやうふう》の演説《えんぜつ》を稽古《けいこ》して見たいと云ふ趣意《しゆい》であつた、ところが何分《なにぶん》日本の言葉《ことば》は、独りで事を述《の》べるに不都合《ふつがふ》で演説の体裁《ていさい》が出来《でき》ずに、これまでも当惑《たうわく》したことでございました、けれどもよく考《かんが》へて見れば、日本の言葉《ことば》とても演述《えんじゆつ》のできぬと申すはないわけ、畢竟《ひつきやう》昔しから人のなれぬからのことでございませう、（以下略）

草稿の印刷文面は、現代の表記方法に慣れた目からするといささか読み通しにくいが、「演説の法」の効用を説き、またその実践が思うように進んでいない現状を訴えて、三田演説会発足前夜の福澤周辺の実状を伝える貴重な史料となっている。

「西洋風の演説」を稽古しようと昨年来始めた集会はいまだに規律もたたず、あまり実効を見せていない。なにぶん日本の言葉は独りでことを述べるに不都合なようで、「演説の体裁」が整わず当惑している状態である。しかし日本の言葉とて演説の出来ない理由はない。結局これまでその習慣がなかっただけのことである。問題は慣れなのであって、あらためて「演説の法」の効用を確認し、今日のこの会合を契機としてさらに議論を重ね、原書を調べて集会の規則を定め、新たな出発をしようというのである。三田演説会発足に向けた決意表明であると見ることも出来よう。

「演説の法」の効用については次のように述べている。自分の思うことを大勢の人に向かって明瞭に述べることが出来ないということは、初めから「学問の手だて」を一つなくしていることになる。それは「人の耳目鼻口五官」の内を一つ欠いたようなものであって、せっかく備えた五官のすべてを生かさず無駄にしてしまうことであって、あまりに考えのないことではないかとする。そして、演説の普及による五つの効用を次のように列挙している。

① 原書の翻訳には手間暇がかかるものである。演説の法が確立すれば学問の広まることがこれまでより十倍も早くなるはずであること。

② 原書が読めても翻訳の出来ない人が多いという。これはこれまでの慣習に囚われて漢文体の訳文が出来ないというまでのことである。「世の中の原書読み」は勇気をふるって、原文の意味を「口で云ぅ通りに書くこと」に努めればよいのである。文章をすべて「はなしの文」にすればよい。そうすれば世間に翻訳書が増えてどれほど便利になるか計り知れないこと。

③ 寒暑の挨拶、朋友の送別、祝儀、不祝儀など、人々の日常の集まりにおいて適切な口上を述べる習慣が生まれ、これまでのようにご祝儀が酒を飲み騒がしくすることだけに終わることがなくなるはずであること。

④ 演説の法が学者ばかりでなく婦人子供にも日常化することにより、下女が来客の取り次ぎを誤るようなこともなくなるはずであること。

⑤ これまで演説の法がないものだから、「演説書」というものを書いてやりとりすることがあった。これでは議会や学者の集会が開かれても、書いたものを読み上げ、必要があれば家へ帰って筆を執るということになり議論が成り立たない。演説の法が普及すれば、「筆談の集会」ではなく「口上の集会」が出来るはずであること。

三田演説会の草創期には興味深いいくつかの挿話が残されている。

小幡篤次郎の回想によれば、福澤宅の十二畳の部屋に集まり、「皆んなが約束をして決して笑い出してはならぬと云うことで五、六人でやって見た、遣《や》って見て少しばかり思い切って声が出るようになった」というのが演説の試みのそもそもの始まりであったという。(5) 福澤が演説館開館の祝賀演説で、「その極度を尋れば、俗に所謂『キマリガワルイ』と云うに過ぎず」として、演説弁論の必要を知りながらこれを行う者がいなかったのは結局勇気がなかったからであったと述べているのもこのことであろう。(6) また、須田辰次郎は、「その時分演説の稽古をすると云うことに就きましては、種々苦心を致しまして、先ず寄席へ行って講談を聴く、落語を聴く、或は僧侶の説教を聴く、或はエロキューションとか、ゼスチュアとか云うような原書を読み、なるべく人の聴かない所で練習をやろうと云うので、或時の如きは金杉橋から屋根船を仕立て、隅田川を遡って、両国橋の下辺りに船を繋いで、盛に討論演説の稽古をしたようなこともありました」と思い出を語っている。(7) もっとも同じ須田が、この時の舟遊びは中津から上京していた服部五郎兵衛を招いたもので、その納涼談笑中に小幡篤次郎の提案で討論会が始められたとも語っていることがあるので、「なるべく人の聴かない所」で練習する場所として当初から舟が選ばれたわけではなかったようではある。(8)

また、演説の前後に拍手することが、「西洋人の風」にならって始まったのは演説館開館式の時を嚆矢とするということなども三田演説会の討論課題を記録した「宿題控」の裏表紙に書き留められている。(9) 鎌田栄吉も明治三十二年十一月二十四日に開かれた第四〇〇回三田演説会において次のように語っている。

可笑《おか》しい事には誰も演説が済んだ時に手を拍《う》つとか、宜いことを言った時にヒヤ〳〵ノウ〳〵

と云うようなことは知らなかった、所が茲《ここ》に西洋人が居って、ショーと云う人、今でも飯倉に居ります、宣教師で福澤先生の隣家に住んで、居って、英語を教えて居った、そのショーさんだの又シモンズだの二、三人の西洋人があって、その人達が演説が済むとパチパチ手を拍《たた》く、彼奴《あいつ》妙なことをやる、何でも褒めるに違いないと思て居ました所が福澤先生がこの演説をやると云うと、後とで手を拍いてそうして褒めるのが本式だと注意をして、それで演説が済むと云うと手を拍つ、斯《こ》う云うことになった、そう云うことが拍手喝采の初りであった。(10)

三田演説会は当初、福澤や小幡等をはじめとする慶應義塾内の先進者による会員組織であったが、一方では塾生達も演説の実践に熱心に取り組んでいた。

明治七年四月に十八歳で慶應義塾に入り、翌年四月に卒業した鎌田栄吉は当時を回顧して、まだ演説館も出来ていない頃で、塾内の食堂などで「先ず教師連が主になって演説をやり生徒も追々交じって遣《や》った」こと、生徒の中で最初に演説をしたのは橋本久太郎と鹿島秀麿であったが、演説の中で「犬がコケコッコと吠えたり、鶏がワンワン鳴いたり」しておかしかったと述べている。生徒の演説はおそらく事前に諳んじたことをそのまま夢中で話したために取り違えてしまったということなのであろう。鎌田自身も、「夜になると彼方の教場でも此方の教場でも演説をする。私も演説をしなければならぬことになって困った。けれども何をいって宜いか薩張《さつぱ》り判らない。そこで思出したのはリーダーに色々な話しがあったが、その中に何でも人間は『ノー』ということをいうようにならなければならないということがあったのを思出したから、それを一つやって見ようというので、その『ノー』をやりました。ところが後で大分ひやかされて『それはノーかのう』などと頻にやられました」と述べている。[11] その演説なるものが橋本や鹿島らと変わるものではなかったことが分かる。こうして、「笑い出してはならない」と約束することから始まって、「思い切って声が出る」ようになり、さらに「慣れ」ることに努めたのである。人前で話すこと、その話を相対して聞くことへの戸惑いを克服すること、そして、そこに使われる誰にでも理解できる「話しことば」を創造することが求められたのであった。福澤も、明治十年四月二十八日に開かれた第一〇〇回三田演説会で、「決意勇進、人の言を恐れず、社中自からその不体裁を笑わず、その不都合を憚らず、毎週必ず集会して次第に改革を加え、一月を過ぎ半年を経るに至て漸くその慣習を成し、嘗《かつ》て不都合を覚えざるに至れり」「近日に至ては世上にも往々演説の会を設る者多く、演《のべ》る者も聴く者も共にこれに慣れて嘗て怪しむ者なきは、社会のため知見分布の一新路を開きたるものと云う可し」と往事を回顧している。[12]

（二）　演説の用語と文体

肥田昭作宅での集会の演説草稿は「口に弁ずる通りに」あらかじめ印刷されたものであった。参会者にもおそらく配布された活版印刷の演説草稿を、福澤は実際にどのように使用するつもりだったのであろうか。参考までに手元に置く程度なのか、あるいはこのままを読み上げるつもりだったのか。この演説草稿で福澤は、西洋風の演説を稽古してみたいという趣旨で昨年から集会を始めたものの、「演説の体裁」が出来ずにこれまでも当惑していたが、しかしとにかく、日本の言葉とても演説の出来ぬという理由はないはずであって、結局、ことは慣れの問題なのだと述べている。このことからすれば、この印刷物を作ったこと自体も日本語による演説のかたち――用語と文体――を創出するための一つの試みなのであったと考えられる。

福澤は『全集緒言』の中で、当時「洋書」の翻訳をし「洋説」を説くにもかかわらず、文の俗なるは見苦しいとして、あたかも「漢学者」に向かって文の装いを整えることが求められるような「百年来の翻訳法」が一般的であったけれども、自分は緒方洪庵の教えを忘れずに終始平易であることに努めたとして、自身の翻訳法の工夫について、次のように述べている。すなわち、「文明の新思想」を広く一般に理解させようとの趣意で、「教育なき百姓町人輩」に分かるだけでなく、「山出《やまだし》の下女」をして障子越しに聞かせても理解出来るようにと著訳の文章は努めて俗文に徹した。そして、俗文に不足するところは遠慮なく漢語を使用し、「雅俗めちゃ〳〵」に混合した文体を創り出したという。これは著訳の文章、つまりは書きことばの問題であるが、下女が聞いて分かるということであるから、そのまま話しことばとなることも意図していることになる。

肥田宅での演説草稿の第一の特徴は、この『全集緒言』に述べた方針を実現した、平易な日常語を駆使した俗文に徹した文体となっていることにあるといってよいであろう。

明治十年五月に脱稿した『旧藩情』において、福澤は旧中津藩時代には藩士の上下の身分区別が厳しく存在したこと、そしてその士族上下の権利、骨肉の縁、貧富、教育、理財活計の趣、風俗が全く異なっていたことを活写し、その対立状況を克服することの必要を説いたが、とくに言語の相違を具体例をあげて記録している。たとえば、「見て呉れよ」ということを上士は「みちくれい」、下士は「みちくりい」といい、さらに商は「みてくりい」、農は「みちぇくりい」といったといい、また、「如何せん歟《か》」ということを上士は「どをしよをか」、下士は「どをしゅうか」、商と農は「どげいしゅうか」あるいは「どをしゅうか」といったなどと記している。さらに「旧中津藩地士農商の言語なまり」について、「筆にも記し難き語風の異同は枚挙に遑《いとま》あらず。故に隔壁にても人の対話を聞けば、その上士たり下士たり商たり農たるの区別は明に知る可し」とも述べている。(13)『全集緒言』において「雅俗めちゃ〳〵」に混合した文体を創造することを力説した必然性がそこにあったのである。

演説草稿の第二の特徴は、読点が非常に多く施されているということである。明確な法則性があるようには見えないが、文節ごとに、あるいは一語一語に打たれている。第一段落で三十一個所、第二段落では九十四個所の読点がある。第二段落の三個所のかぎ括弧（「」）は、現在の句読法では句点を打つべきところであろうが、第二段落のみにある理由は定かではない。参考に冒頭の一部を示したように『全集緒言』の刊本では、読点はごくわずかになっている。第一段落に六個所、第二段落全体ではに十九個所である。これはのちの『福澤全集』『福澤諭吉全集』にも踏襲されている。

語句と語句との相互関係を明らかにし、文の構造を明瞭にするための書記記号としての句読点を使用することは、日本語の場合には元来ないものであった。(14)それは、主として日本語の文末が動詞、形容詞の終止形で結ばれ、また各種の助詞がヨーロッパ風のピリオド、コンマなどの句読点や、疑問詞、感嘆符などの機能を事実上果たしたこと、漢字仮名交じり文の表記も語句と語句のつながりの区別を自ずと示すことになったことなどのためであった。しかし、やがて句読点は漢文訓読のための訓点として、またヨーロッパの句読法の影響によって次第に使用されるようになった。ヨーロッパ風の句読点が最も早く使われたのは十六世紀末から十七世紀初頭のキリシタン版においてであった。江戸時代のオランダ語の翻訳書などでも使われているが、一般的には明治期に入っても句読点はほとんど普及せず、明治十年代半ば以降になり、漢字を廃止して仮名文字表記としようという運動の推進、日本語速記法の成立による演説、講談、落語の速記記録の出版の盛行などにともない、ようやく使われるようになっている。しかしながらこの場合にも、記号の使われ方は多様であり統一的な用法は確立していない。二十年代には文芸の世界で文学者たちによって句読法の模索が続けられている。

福澤が演説草稿に数多くの読点を付したのは、明らかに演説の口調を作り出す必要から、その手がかりとするためのものであったと考えられる。したがって、書きことばの記号としての論理性の側面よりも、主として話しのリズムないしは間合いを取るための話しことばの記号として、生理的ないし心理的な機能を追求するものとして使用したと見てよいであろう。ただ、実際の演説の際に、すべての読点で息継ぎをしたり間を置くべきものとしていたとは考えにくい。おそらく福澤はその場の状況に即応しつつ、呼吸を計りあるいは聞き手の様子を観察しながら、この書面をほぼそのまま読み上げるに近いかたちで話を進めるものとして用意したのではないかと思われる。話すことに慣れ、聞くことに慣れるためには、一語一語確認するように語りかけることがまず必要であったに違いない。

福澤の演説草稿の第三の特徴は、文末の多くが「でござります」で結ばれていることである。この演説が行われた頃に成立した『会議弁』は、演説、討論の法の必要を説き、とりわけ討論の実際について具体的に示すという構成になっている。そこで例示された登場人物の発言を二、三摘記すれば、

○私は深井仁右衛門殿をこの集会の会頭に撰び、然《しか》る可く思いますが、皆様思召《おぼしめし》は如何でござります。

○私は小泉殿の説に同意でござります。

○深井仁右衛門殿をこの集会の会頭に撰ぶと申すことは、発言もいたして次で陪言もございました。就《つい》ては皆様方の内、この発言に御同意ならば、御同意と御発声を願います。

などとあるように、文末の多くが「ござります」で結ばれている。「ござります」調は、この頃の福澤が、多少改まった場面での聴衆を意識した個人の発言を描写しようとする際に、自然に浮かんでくる文体の一つであったと見てよいようである。

(三)『民間雑誌』に見る四篇の論説

肥田昭作宅での集会が行われ、また三田演説会が創設された時期に重なることになるが、明治七年二月に慶應義塾出版社から『民間雑誌』第一編が創刊され、翌八年六月までに十二編が刊行されている。この『民間雑誌』全十二編に掲載されているあわせて二十二篇の論説のうちに、文末が「ござります」あるいは「ございます」の口語文体のものが四篇ある。

次にそのそれぞれの冒頭の一節を抄記する。(15) なお、本項での『民間雑誌』および『文字之教』『会議弁』『福翁自伝』からの引用は基本的に典拠本文のままとし、引用者による振り仮名などは施さないものとする。

①福澤諭吉「旧発明ノ器械」(第二編、七年六月刊)

近来ハ器械ノ話ガ。多クゴザイマシテ。水車。カラウス。ナドハ既ニ。フルクサク。ナツテ。トカク西洋流デ。ナクテハ。ラチガアカズ。日新日新ト。申シテ蒸気伝信ナド。色々新発明ガ。アリマスガ。人情。新シキニ奔レバ。フルキヲ忘ル、モノト。見ヘテ。ココニ。世ノ人ノ。アマ

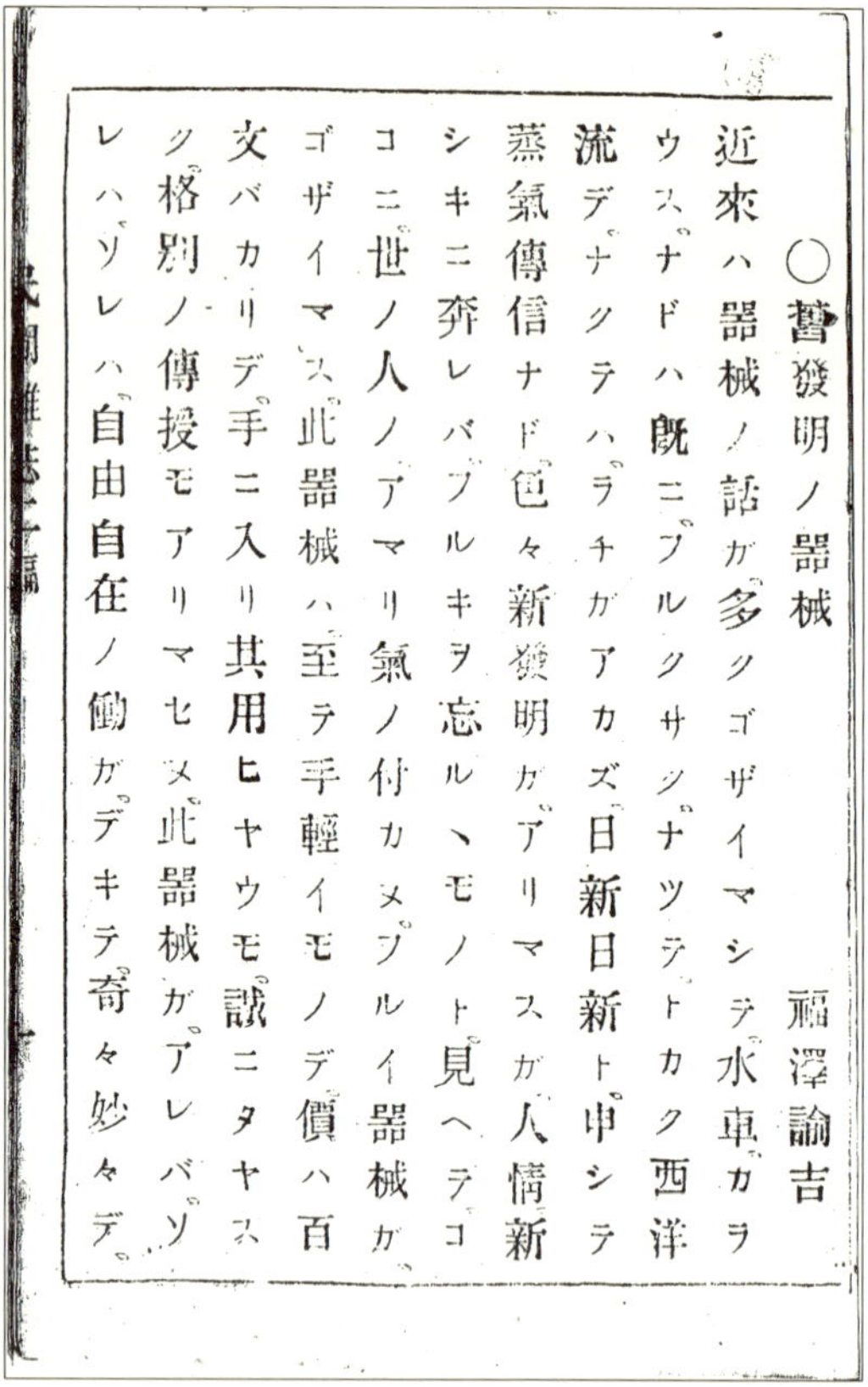
○舊發明ノ器械　福澤諭吉

近來ハ器械ノ話ガ多クゴザイマシテ水車カラウスナドハ既ニフルクサクナツテトカク西洋流デナクテハラチガアカズ日新日新ト申シテ蒸氣傳信ナド色々新發明ガアリマス人情新シキニ奔レバフルキヲ忘ル丶モノト見ヘテココニ世ノ人ノアマリ氣ノ付カヌフルイ器械ガゴザイマス此器械ハ至テ手輕イモノデ價ハ百文バカリデ手ニ入リ其用ヒヤウモ誠ニタヤスク格別ノ傳授モアリマセヌ此器械ガアレバソレハソレハ自由自在ノ働ガデキテ奇々妙々デ

福澤諭吉「旧発明ノ器械」冒頭部分　『民間雑誌』第2編

リ気ノ付カヌ。フルイ器械ガ。ゴザイマス。

②中上川彦次郎「英吉利王ジョウジ三世在位中内国ニ関スル政府ノ所置（英人ボツクル氏文明史上巻三百四十九枚ヨリ三百五十二枚マデ撮訳）」（第二編、七年六月刊）

国ウチニ。色々ナ。ヤカマシイ法ヲ設テ。人民ノ国事ヲ議シタリ。議論ヲシタリ。スルコヲ。

皆ヤメサセヤウト。シマシタ。ナレ𪜈。人民ガ。気力ヲ落サズニ。ソレヲコバミマシタユエ。思フタ程ナ。害ハ生ジマセナンダガ。若シサモナクテ。政府ノモクロミ通リニ。コノ法ヲ行ヒマシタラ。人民ノ自由ハ。丸デ根絶シニナルカ。或ハ全国ノ内乱デモ起ルカ。ドチラニカ。極マリマセヌデハ。ヲサマリノ。ツカヌ程ナ勢ヒデ。ゴザイマシタ」モトコノ法ヲ。コシラヘタ。

③中上川彦次郎「青砥左衛門ノ話」（第四編、七年七月刊）

今ヨリ。六百年ホド昔。鎌倉北条氏ノ世ニ。青砥左衛門ト云フ。経済家ガアリマシタガ。大造ニ名ノ高イ人デ。今日ニ至ルマデモ。青砥ト云ヘバ。日本随一ノ。経済家ナド、。余リ大キナ評判ニマギレテ。事実ニ相違ナイカト。取糺シモセズ。青砥流ノ経済ヲ真似テ。鼻ヲ高クスル人モ世間ニハ。沢山アリマス。（中略）天下ノ貧乏ヲ重ヌル理屈デゴザルガ。（中略）世ノ中ノタメニ。大造ナ手柄デハ。アルマイカト。サモ理屈ラシク。申シタソウデ。ゴザイマスガ。

④藤田茂吉「種痘の説」（第九編、八年二月刊）

近来天然痘が盛んに流行をまして。方々の子供が煩ひ苦しむを見かけ。政府も色々と世話をふし種痘をして其害を禦ぐと云ふ事で御座います。これハ成程よい趣向で。痘瘡の害を禦ぐにハ痘瘡より外ハなるまい

爰に一種乃天然痘がございますをの病ハ国民が少し生意気になると起る病気で。我三千万の兄弟にも追付流行りそふな病でございます。

この四篇の論説のうちの①〜③には、先の肥田宅における福澤の演説草稿に数多くの読点が打たれていたのと同様に多くの読点が施されている。そしてここでは、その読点がいわゆる「ゴマ点」（、）

ではなく、「白抜き読点」（◦）が使われていることが特徴的である。④の藤田の論説も白抜き読点が施されている。読点の数が①〜③ほど多くはないが、これは『民間雑誌』の仮名文字が第九編からは平仮名となり、しかも変体仮名が多用されており、文字面からすると語句、文節などの切れ目が視覚的に区別しやすくなったためであって、①〜③と同様に片仮名交じり文であれば、読点を多用することになったものと考えられる。

『民間雑誌』に掲載されたこの四篇以外の論説の文末の多くは「なり」「べし」などで結ばれている。それらは、全体に平易な言葉が多く使われた文体であるが、基調としてはなお漢文訓読文体が残る福澤のいう「雅俗めちゃ〳〵」文体というべきものである。またこれらの論説には、誤読の恐れのあるような個所、特定の語句を区別する必要がある場合などにきわめて限定的に使用する以外には、むしろ基本的には句読点が打たれていないといってよい。

たとえば第一編に収録された、福澤の「農ニ告ルノ文」、小幡篤次郎の同題の論説には全く句読点はない。また第二編には中上川が先に例示したバックルの翻訳の他に、「人民教育の説」を載せているが、こちらは、「英人フハウセツト氏夫婦ノ著述」として「エツセイ。エンド。レクチウル。ポリチカル。エンド。ソシヤル」の名をあげた部分に白抜き読点が打たれている他には全く句読点がない。

また、第三編所収の福澤諭吉「人ノ説ヲ咎ム可ラザルノ論」と矢野文雄「商ニ告ルノ文」の論説の場合のように、若干の読点（ゴマ点）が限定的に施されている例がある。たとえば前者では、「世ノ中ニハ下戸モアリ上戸モアリ人々ノ思フ所一様ナル可ラズ下戸、牡丹餅ノ議論ヲ主張スト雖𪜈」とか、「万人ノ説ヲ一直線ノ如クナラシム可ラズ、揃ヒノ、ユカタ、ハ之ヲ製シテ人ニ与フ可シト雖𪜈人々ノ説ヲシテ、ユカタ、ノ如ク揃ハシムルハ甚ダ難シ」などであり、後者では「外交ノ道開ケテヨリ相手ノ人数モ八億余、売リザキ《〔ママ〕》、ハケグチ数知レズ富ヲ致スハ思ヒノ儘ナリ」とか、「若シ支那朝鮮ニ事アラン日、他国ハ岡目八目デ我ハ局外中立ナルゾ」「国内ニ折節金銭払底ナラハ《〔ママ〕》張タル臂モ其儘ニテ、モトノ袂ニ入レ子《〔ネ〕》バナルマジ」などのようにである。

福澤の著書、論説の句読点の使用例についてなお少しく見てみよう。

明治六年十一月に刊行された『文字之教』では、今日の句点ないし読点に相当するものとして、「今ヨリ次第ニ漢字ヲ廃スルノ用意専一ナル可シ其用意トハ文章ヲ書クニ。ムツカシキ漢字ヲバ成ル丈ケ用ヒザルヤウ心掛ルヿナリ。」(『第一文字之教』)などのように「句点」(。)が使用されている。この場合、「専一ナル可シ」のあとには句点を付していない。「可シ」で結びとなることが視覚的に明らかであるためであろう。

また、「男゜犬ヲ打ツ」「犬゜狐ヲ追フ」「狐゜鶏ヲ追フ」(『第一文字之教』)、「其地勢正シク皇国ノ中央ニ位シ人戸稠密゜市街壮麗゜舟楫ノ利゜陸運ノ便゜四通八達゜来往自在゜左ニハ京師ノ富実アリ右ニハ神戸ノ繁栄アリテ相共ニ其羽翼ヲ為シ凡ソ天下ノ富商大賈争テ此地ニ輻湊セサル者ナシ」「コノ二十七段ノ手紙ハ事柄モ馬鹿ラシク文言モ馬鹿ラシク文字モ亦馬鹿ニ゜ムツカシキ゜モノヲ拾ヒ集メ゜皇ノ字ナドヲ゜ムヤミニ用ヒテ゜アリモセヌ熟字ヲ作リ実ニ取リドコロモナキ難文ナレバ」(『文字之教附録』)などのような個所に白抜き読点(゜)が使用されている。[16]

前述の『民間雑誌』とほぼ同じ時期に刊行されている『会議弁』について、白抜き読点の使用例を見ると、計二十八個所ほどあるが、その内の主なところを列挙すれば次の通りである。

① 此事ヲ「セカンド」ト云フ「セカンド」トハ次。副。陪等ノ字義ニ当ルユエ此人ヲ差添人又ハ陪言人ト名ケテ可ナラン

② 遂ニハ往来モ絶テ旅人ナドハ川崎村ノ方ヲ廻テ通行スルヤウニ。ナリマショウ村中ノヿデナク他所ノ人マデモ難渋ニモナリ御同前ニ此村ニ住居ナガラ世間ニ対シテ。スマヌ。ワケデハ。ゴザリマセヌカ。シテ見レハ《〔ママ〕》当時村中疲弊トハ申シナガラ何事モ差置テ是非トモ此道普請ニハ取掛ラ子バナリマスマイ（披露人・松山棟庵発言）

③ 会頭衆私ハ此議案ニ不同意デゴザリマス。ト申スハ当村方一統難渋ノ折柄トテモ此大金ヲ出ス力ハアリマセヌ。サリトテ道モアノマヽニハ捨置カレズ（腰野抜太発言）

④ 唯今議案改正ノ発言ガ出マシタガコノ発言ニ御同意ノ方ハ御同意、御不同意ノ方ハ御不同意ト御発声下ダサレイ（会頭発言）

⑤ 会頭ハ都テ集会ノ長トナリ憲法附例式目ヲ行ハレシメ。違式ヲ正シ。式ヲ踏デ申出ス所ノ存意ヲ評議ニカケ。前会ニ次会ノ仕事ヲ告ゲ。臨時ノ集会ヲ促スノ権ノアリ。（「三田演説会規則」、憲法・第三章・第一条）

⑥ 罰金ノ収入左ノ如シ。遅刻。会員ノ常務ヲ怠ル事。麁暴ノ挙動。故ナク人ノ言葉ヲ遮ル事。以上五銭ヲ収ム欠席ハ十銭を収ム会頭ニ挨拶ナク其席ヲ去ルモノハ二十五銭ヲ収ム但シ旅行並ニ大病ハ此例ニ非ズ（「三田演説会規則」、附例・第五章・第一条）

⑦ 控告。再議。退散ノ存意ヲ申出スキハ弁論ヲ許サズシテ直ニ其可否ヲ決セシム（式目・第八）

『会議弁』を全体として見れば、句読点は基本的に使用されていないといってよいのであるが、こ

れらの例に見るように、白抜き読点は仮名や漢字が連続して、とくに語句の区別やセンテンスの区分けがつきにくいところにおいて、誤読を避けるために限定的に使用されていることが分かる。(17)明治期における日本語の句読法創出の過程で、多くの文学者たちによってその用法が模索されているが、山田美妙は、短編小説「胡蝶」などで、読点（、）、白抜き読点（﹅）、句点（。）を使い分けている。この場合、白抜き読点は読点と句点の中間的なニュアンスを持つものとして使用されている。(18)また、以下に引用した一節に見るように、鳥谷部春汀「福澤諭吉翁」も山田と同じような句読点の用法によった論説である。

福澤諭吉翁漸く老いて、名も亦《また》随って国民に忘れられんとす﹅近時福翁百話なる一冊子出で﹅、枯木再び華さくと称せられ、尋《つい》で福澤全集刊行の挙ありて、諭吉翁親《みずか》らこれが緒言を作る、自画自賛の語多しと雖《いえど》も、要するに是《こ》れ彼れが三十年間、日本の文明に於ける貢献の総勘定なり、顧《おも》うに彼れが過去の歴史は、実に明治の時勢に密接の関係あり﹅（中略）これを古今に求むるに、亦殆《ほとん》ど異数の観なくんばあらじ。(19)

福澤の場合、その原稿類を見ると、ここでも基本的に句読点は使われていないが、必要とするような時には白抜き読点を使うことが身に付いていたように思われる。たとえば、次に示すのは『福翁自伝』の草稿の一節であるが、速記者による清書原稿の部分の読点がゴマ点であるのに対して、その草稿に福澤が訂正、補筆した個所（傍線部分）の読点は白抜き読点を使用しているのである。

ソコデ私の父の身になつて考へて見れば到底どんな事をしたつて名を成すことは出来ない世間を見れば茲に坊主と云ふものが一つある、何でもない魚屋の息子が大僧正になつたと云ふやうな

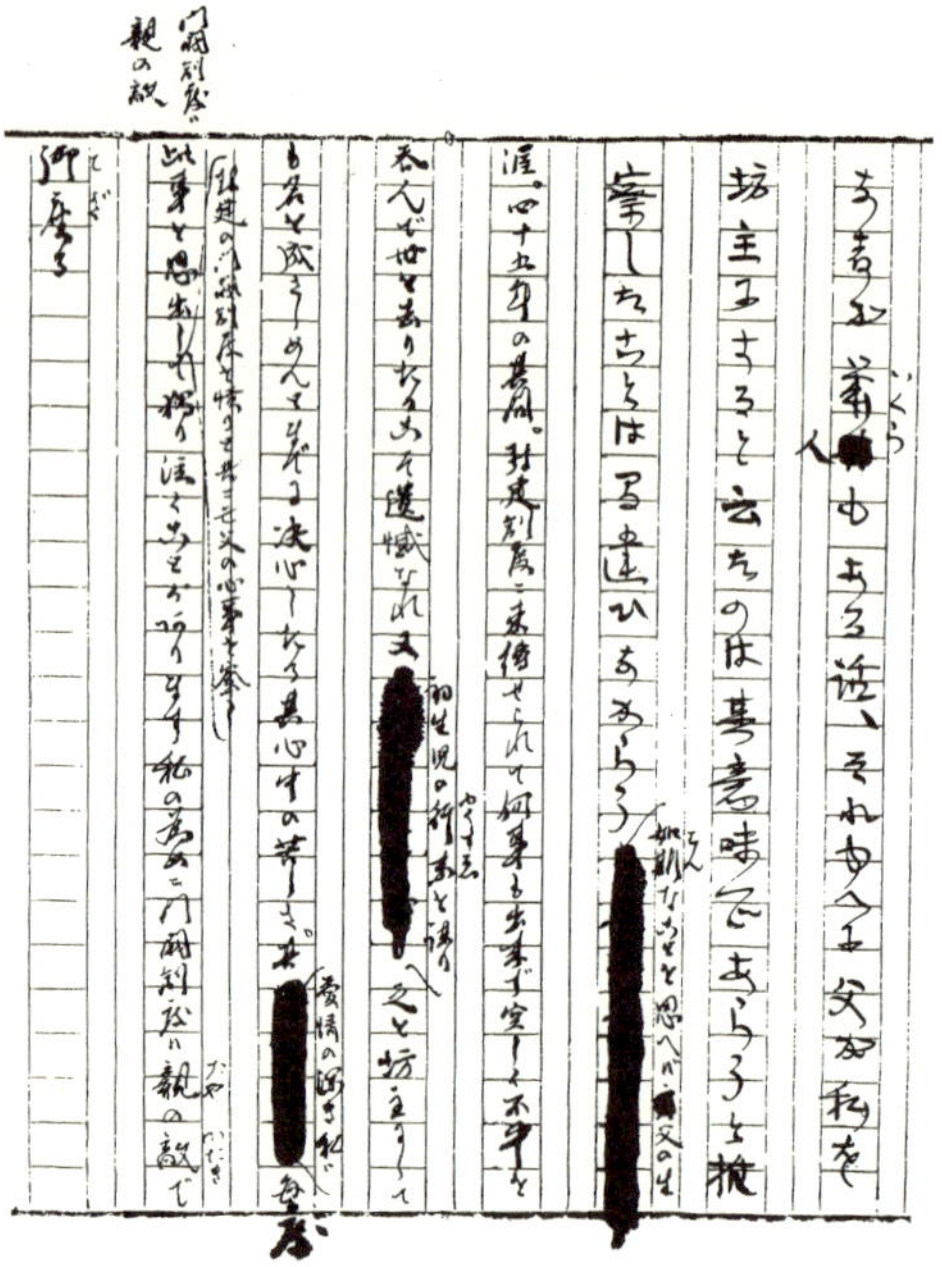

「福翁自伝」草稿（部分）　明治31年

者が幾人《いくら》もある話、それゆへに父が私を坊主にすると云たのは其意味であらうと推察したことは間違ひなからう如斯《こん》なことを思へバ父の生涯。四十五年の其間、封建制度ニ束縛せられて何事も出来ず空しく不平を呑んで世を去りたるこそ遺憾なれ又初生児の行末《ゆくすえ》を謀り之を坊主にしても名を成さしめんとまでに決心したる其心中の苦しさ。其愛情の深き私ハ毎度此事を思出し封建の門閥制度を憤ると共ニ亡父の心事を察して独り泣くことがあります私の為めニ門閥制度ハ親《おや》の敵《かたき》で御座《ござ》る(20)

これらのことから、本項に見た『民間雑誌』における白抜き読点を付した四篇の論説は、肥田宅での福澤の試みと同様に実際に行われた演説の記録であったか、あるいは演説を想定した口語文体の原稿であったと考えられるのである。『民間雑誌』所載の論説に見られる読点の使われ方、とくに白抜き読点の使用は明治七年から八年にかけて福澤の周辺で行われた、「話しことば」創出の過程と、そはなかろうか。

の「話しことば」をそのまま「書きことば」へと定着させて行く過程の象徴と見ることが出来るので

(四)　文末表現から見た近代口語文

ここで、山本正秀の研究により、近代口語文（口語体）の成立過程について概観してみよう。[21] 山本は近代口語文の種類を文末表現により次のように類別している。まず「常体」として、である調、だ調、です調、そして「敬体」として、であります調、でございます調、でござる調である。である調は「筆述体」、他は「談話体」である。

話しことば（口語）としての「である」の語形は「にてあり」が変化して室町期に発生したもので、その末期には末音の「る」が脱漏して「であ」を生じ、さらにそれが「ぢゃ」「だ」に転じた。近世に入っては「である」は「ぢゃ」「だ」に取って替わられて普通には使われなくなった。ただ、心学道話や僧侶の法話などの説教や、平田講本の講義の世界では使われたが、それも終止形としては「でござる」「でござります」の丁寧語か、あるいは「ぢゃ」を用いて「である」は使われていない。「ぢゃ」は京都を中心とする関西で使われ、「だ」は東国で用いられた。さらに「だ」は江戸語を継承した東京語に用いられ「ぢゃ」より広く使われるようになったが、近代の言文一致体文の上では文芸作品以外ではあまり用いられなかった。

そうしたところへ、江戸後期の蘭学書翻訳文の直訳語として、「である」（現在）、「であった」（過去）、「であらう」（未来）の語形が復活した。その後、これを継承して英、独、仏語の文典やリーダー類の翻訳に多用されるようになり、さらに明治期の演説用語として使われ、また二十年代には言文一致体小説に採用され、さらにまた三十六、七年発行の文部省編『尋常小学読本』に口語文常体の代表的なものとして採用されてから一般に普及し今日に至ったものである。演説用語としての使用は、旧時代の身分的差異の著しい多様な口語の中で比較的そうした語感の薄いものとして好まれた向きがある。

「ござる」の語形は、「おはします」に漢字を充てて「御座」と書いたのを鎌倉時代に「ござ」と音読し、それに「ある」がついて出来た「御座ある」がつづまって「ござる」となったものである。意味、用法も中世から近世にかけて、主語尊敬の動詞から謙譲語へ、さらに丁寧語へと拡大した。江戸期を通じて広く使用されたが、次第に武士、医者などの用語に狭められた。対話の際の丁寧語は、平安期の「侍り」、院政期から室町初期までの「候ふ」、室町中期から江戸にかけての「ござる」であるといわれるが、さらに室町末期には「ござる」に「ます」がついた「ござります」が現れている。「でござります」は指定の意味を表わし「である」の丁寧語であるが、近世を通じて「でござる」よりも広く用いられ、後期にはさらに「でございます」が江戸に出現し明治期の東京語に継承されている。

「であります」の語形は、明治初年に東京に出て来た田舎武士の新造語説、「である」に「ます」をつけた人造語でそれがたまたま軍隊および講演の用語に用いられたとの説、長州方言が軍隊用語として採用されたとの説、江戸後期に遊里の女性言葉として広く用いられ、また維新期の待遇表現として愛用された「ます」を、欧文直訳語出自の「である」につけて会話体にしたところから「であります」が出現し、当時の洋学書生や開化先生に好んで用いられ、やがて演説用語としても使われるようになったという説、などの諸説がある。

「です」が今日とほぼ同様に丁寧の意味で使われたのは江戸末期であって、芸者、遊女のほか一般男女にまで広がっている。近代言文一致体史上で「です」体を愛用したのは山田美妙で、初め「下流に対する語法」の「だ」体の方が言文一致体の基礎となると考えたが、「だ」体は俗にすぎるとの批判が強く「です」体をとるようになったという。そして明治三十六、七年発行の文部省編『尋常小学読本』に従来の「であります」体に替わり「である」体とともに採用されて以後、普及することになる。

このような近代文体形成史の上で、注目すべき提言として、開成所の反訳方であった前島密が文久の末年に起草し、慶応二（一八六六）年十二月に開成所頭取松本寿太夫を通じて将軍徳川慶喜に建議したという「漢字御廃止之議」がある。明治三十三年一月の『読売新聞』紙上に掲載された前島の回想談のうちに伝えられるところである。国家の大本は国民の教育にあり、そのためには簡易な文字、文章を用いなければならない。西洋諸国のごとく音符字（仮名字）を採用し、最終的には日常公私の文に漢字の使用を廃止すべきだというものである。ただしすでに国語化した漢語は「今日」を「こんにち」というように仮名書きとし、さらに仮名書きによる混乱を除くため、文典の整備や辞書の編纂を必要とすることを述べている。また文体のことに言及し、現代日常の口語のままの文章に改めて「口談」（話しことば）と「筆記」（書きことば）とを同一とすべきだとしている。この場合、たとえば文末については古文に復して、「はべる」「けるかな」などとするのではなく、「つかまつる」「ござる」などの今日普通の言語を使うべきだとしている。ここで、今日普通というのは武士階層の言葉に基準が求められていることになる。前島の提言を将軍に伝達したという松本が慶応二年の十一月にアメリカ出張の命を受け、翌三年八月に帰国しているので、伝えられるような将軍への建議が実際にあったのかについては若干の疑問があるようである。(22) 仮に建議のことがあったとしても幕府の瓦解により実質的な意味は持たなかったであろうが、言文一致についての先駆的な発言であったということになる。

明治期に入って、「でござる」調の採用に先鞭を付けたのは加藤弘之であった。加藤は但馬出石藩の兵学師範の家に生まれ、開成所教授職並などを経て明治新政府に出仕し、また啓蒙思想家として活躍した。『交易問答』(明治二年四月刊)、『真政大意』(三年七月刊)の二書が言文一致体の歴史上特筆すべき価値があるとされている。前者は、頑六・才助両人の問答で外国貿易の利を説く文章で、「ナント才助君《さいすけさん》。僕《わたし》には一向合点《いつかうがてん》の参《まい》り申さぬことがござる」云々と議論を展開して行く。後者は、西洋における立憲政体の実情と自由平等論について平易に述べるものである。

さらに、西周『百一新論』(明治七年三月刊)も、百教一致すなわち東西古今の種々の教えも一理に帰する、東洋(中国)思想も西洋の新しい思想も結局は一致するということを、「先生には平素より百教一致と云う説を御主張なさると承りましたが実に左様でござるか」云々というような口調の問答体で論じているものである。西は津和野藩医の家に生まれ、開成所教授となり、維新後は新政府に出仕し、また啓蒙思想家として加藤や福澤と同じく明六社に参加している。

明六社の機関誌『明六雑誌』(明治七年三月創刊、八年十一月四三号・廃刊)は、社員による演説討論を掲載することになっていたが、その文章は福澤諭吉の「征台和議ノ演説」(第二一号、七年十一月刊)を含めてほとんどが、「なり」「べし」などで結ばれた基本的には漢文訓読体的な文体であるが、その中で、西周「内地旅行」(二三号、七年十二月刊)、阪谷素「民選議院変則論」(二七、二八号、八年二月刊）、杉亭二「想像鎖国説」（三四号、八年四月刊）の三篇が「でござる」「でござります」の口語体で記されている。

福澤諭吉が肥田宅での演説で、「でござる」調の文体を採用したことについてとくに自ら論じたことはないようであるが、ここに見たような蘭学から洋学への歴史を継承した人々の営為を中心とする近代口語文体成立史の流れの中に位置づけてよいと思われる。

ところで、明治二十年九月十五日に行われた、明治法律学校の授業始めの式典における岸本辰雄、名村泰蔵、箕作麟祥の演説記録がある。『箕作麟祥君伝』よりその一部を抄記すれば次の通りである。

岸本辰雄の報告

授業初《はじめ》を致しますに付ては、「ボアソナード」先生が演説をされます、私は、たゞ、今般、名誉校員となられました諸君のお名前を報道いたします、さて、名誉校員となられました方は、大木喬任君、「ボアソナード」先生、箕作麟祥君、鶴田皓君、名村泰蔵君でござります、（中略）この名誉校員となられました方は、日本では、法律の元祖とも言わるべきお方々であります、且《かつ》、我々共に取っては、法律学上、父たる位置に居らるゝ方々でござります、（以下略）

名村泰蔵の演説

（上略）明治五年に、司法省で、法律学も、段々盛んにならなければならないが、翻訳ばかりでは、十分なことはいけないから、正則から起って、「フランス」の法律が読めなければならぬ、と云うので、明治五年の七月、始めて、生徒二十名を置かれました、これが、日本に於きまして、法律学の正則生徒を置かれました初でござります、その時の司法卿は、江藤新平君で、その事に尽力せられたは、こゝに列席の鶴田皓君でござります、（大喝采）勿論、箕作君も、続いて尽力を致されました、（大喝采）ついで、私も、皆さんの驥尾《きび》について、下働きを致しました、（大喝采）その後、こゝに御列席の大木君が、代って司法卿となられまして、段々、教育を勧められました、（大喝采）（以下略）

箕作麟祥の演説

只今、岸本君から、私が演説をすると云う御披露がありましたが、私のは、別に演説と申すほどのことではなく、たゞ、ホンノ簡単なお話をする積りでございますから、順序も何も立ちませぬ、どうか、悪しからず、お聴取りを願います、（謹聴々々）（中略）私の祖父は、箕作阮甫と云う蘭学者でございまして、私も、子供の時から、蘭学をやりました、尤も、今でも、そんなにじいさんではございませんが、よほど古いものでございます、（中略）村上英俊先生などが、仏学の塾を開いて居られましたが、先生などに就いては、手間が取れる、それに、二月《ふたつき》か三月《みつき》しか、間がないから、なか〳〵、束脩などを持って行ってはいかん、と云うので、英仏対訳辞書をめっけ出して、暫く首っぴきをやりました、それで二月《ふたつき》ぐらいで、先ず「リーダー」ぐらいは、読めるようになりました、（喝采、御勉強）「実に、御勉強でありました」それから、「フランス」へ参りまして、仏書も、ちっとは読めるようになりましたが、一年余で日本に帰るようになりました、（以下略）

これは、速記記録であると考えられるが、肥田昭作宅での福澤の演説草稿と同じように、多くの読点が施されている点が興味深い。福澤のかつての試みが速記法の普及に先駆けた方法であったということを示している。また、三人の演説がいずれも、「でございます」ないしは「でござります」調であることとの共通点がある。[23]

明治十九年七月から二十年八月にかけて刊行された『速記叢書・講談演説集』全六冊に収録された十八篇の演説について、その語彙と文体について調査した神田寿美子の報告がある。

それにより、文末の形式(全一、七三一例)について用例の多い順に見ると、最も多いのが「ます」(「ました」「ませぬ」「ませう」などを含む)七二六例(四一・九%)である。次いで、「用言」の類(動詞、形容詞の終止形と命令形で終わっているものと動詞、形容詞に助動詞「ない」「た」等の接続したもの)三五一例(二〇・三%)、さらに「であります」二〇一例(一一・六%)である。そして、「でござります」一八三例(一〇・六%)、「です」八九例(五・一%)、「ぢゃ」六四例(三・七%)、「でございます」三四例(二・〇%)と続いている。演説の口調の一つの定型として、文末を「でござります」や「でございます」で結ぶ文体がこの頃には成立していたことが分かる。[24]

なお、箕作の演説記録の一節に、「(喝采、御勉強)『実に御勉強でありました』」云々などとあることにも注目したい。箕作の演説に対して、聴衆から拍手とともに「御勉強」の声がかかり、箕作がそれに応じながら話を進めていることが分かる。肥田昭作宅における演説の試みから十余年の時を経て、演説者、聴衆ともに「演説」への戸惑いをすでに克服している状態にあったと見ることが出来るのである。

福澤の演説記録として、肥田昭作宅における集会の演説草稿の他には、「でござる」調によったものは残されていないようであるが、福澤におけるこの文体については、『時事新報』の「漫言」の文章に時折見られる。

たとえば、「翁は文化年代の頑物で御座る。維新以来、世の風潮は何様に流れても、双刀は武士の魂、チョン髷《まげ》は男子の目印[25]」云々、「才九郎は旧某藩の士族で御座《ござ》る。前年は藩の勘定奉行を相勤め、民政の事に付ては専ら手心の主義を以て、時としては領民を塗炭に救い、又時としては塗炭に陥れたることも毎度の事で御座る[26]」云々、「三太夫もこの場所を取られてはと存じまして金銀を進めました事で御座ります」、「元とこの金銀は手前方の駒で御座りまして、その進退は恐れながら手前の考えに任せて如何ようにも致すことで御座ります[27]」云々、などとある。いずれも旧時代の武士の姿を描写することばとして使われているようである。

この「ござる」については、さらに『福翁自伝』の中でもきわめて印象に残るフレーズとして、「私の為めニ門閥制度ハ親の敵で御座る」とあることが想起される。この点で『福翁自伝』を改めて検索すると「ござる」を含む文例が十七例ある。これらを自伝の草稿によって示すと次の通りである。引用については基本的に典拠のままとし引用者による振り仮名などは施さないこととする。

① 私の為めニ門閥制度ハ親の敵で御座る
② 世の中ニ余り例のないやうニ思はれて是こそ却て不都合な話しではござらぬか
③ 如何やうにも勉強して安いもの適当なものを買入れやう此義は如何で御座ると尋ねば
④ サア爰が官商の分れ目だ如何で御座ると捩り込んで大変喧しい事になつて
⑤ 之を名けて競争と云ふので御座る
⑥ 真平御免だ私は病気で御座ると云て取合はない

⑦ 此方ハ得たり賢しお易い御用で御座る早速取調べて上げませうが
⑧ ドウかして命の繋がるやうに考て遣ては如何で御座る
⑨ 何もせずに無事に居るので御座る其事を阿母さん始め皆さんへ伝へて呉れよと
⑩ 私はモウ余命もない者で御座るからいよ〳〵釜次郎を刑罰とならバ此母を身代りとして
⑪ 誠に可惜い宝書で御座ると云て私ハ榎本の筆記と知りながら知らぬ風をして
⑫ 戦争で御座ると云ふから私も驚いてソリャ少しも知らなかった
⑬ 正味を申せバ私がマア金を唯貰はふと云ふ策略でござる
⑭ 一口ニ申せバ私ハ体の宜い乞食お貰ひ見たやうなものでござると打付けた所が
⑮ 前非を改めて罷めますなんてソンナ弱い男ではござらぬ
⑯ 是れ丈けハ西洋の特色で御座ると云ふところを持込んだ所が
⑰ 兼て御存じの日本臣民で御座ると云ふやうな調子で君子ハ既往を語らず(28)

『福翁自伝』の草稿は、福澤の口述速記の清書原稿に、福澤自身が縦横に手を入れて成立したものである（明治三十一年五月頃脱稿、同七月〜翌三十二年二月『時事新報』連載、同年六月刊）。したがって、現存する自伝の原稿は速記清書者と福澤の筆跡が混在するものとなっている。清書の筆跡は二様あり、矢野由次郎と他のいずれかの人物によるものである。十七例の「ござる」のうち、四例（②、⑬、⑭、⑮）は速記者による清書原稿にそのまま残されているが、その他の十三例はすべて福澤が速記原稿に訂正、補筆した個所に見えるものである。いわばこれらは書きことばであって、速記者を前にして福澤が自伝を語った際には、十三例の「ござる」の語はなかった可能性がある。また、①の場合の「ござる」は福澤が速記者ないしは読者に対して発したことばと見ることが出来るが、他はすべて維新前後の頃のさまざまなエピソードが語られた中での対話体のうちに現れている。『福翁自伝』と同じく速記者矢野に口述して成った『福澤先生浮世談』(明治三十一年一月『時事新報』連載、同三月刊)には「ござる」の語は全く見えない。(29) 福澤が自伝を語った晩年においては、この語は福澤の話しことばとしてはすでに過去のものとなっていたと見てよいであろう。箕作麟祥等の「でござる」文体の演説は明治二十年のことであったが、福澤の場合は早くにこの文体からは離れていたと考えられる。

三田演説会の発足を目前にした肥田昭作宅での福澤の演説は、いわば演説草創期における試行錯誤の一つであった。あらかじめ印刷された演説草稿に見る読点の多用、文末を「ござります」で結ぶ文体の採用などに大きな特色があるが、これらはいずれも、「演説」のかたち、すなわち聞いて分かる話し方の用語と文体を見出すための実践であったということが出来るであろう。そしてそれらの試みが、『民間雑誌』に掲載された諸論説に見るように、ひとり福澤に限られた実践ではなく、むしろ当時の慶應義塾内の運動として展開していたことも見落としてはならない事実であると思われる。

二　初期の三田演説会における「演説の法」をめぐる模索

(一)　雑会と弁論会

前節に見た肥田宅での集会などの試みを経て発足した草創期の三田演説会においても、引き続き多くの人を前にして話をすることの具体的なかたち、いわば「演説の法」を確立するための試行がさらに熱心に行われていた。三田演説会の定例会は「雑会」と「弁論会」の二つに分けられていた。「三田演説会規則」の「式目」には次のように規定されている。

> 第十四　雑会とは附例第四章の第一条に云《いえ》る如く、或は存意を述べ或は自分の著書又は他の史籍等を講じて会員の批評を乞うことなり。但しその批評の時間は五分時を限とす。都《すべ》てこの書を講じこの批評を為すに会員と会員と言を交ゆ可らず。悉皆《しっかい》会頭を相手としこれに向う可し。この一事に付会頭の任は人に代て人の言を聞きよくその意を達せしむるにあり。
>
> 第十五　弁論会とは前会の席にて幹事より会員へ示したる宿題を弁論することなり。たゞし宿題の趣に従てその法に三様あり。第一、鬮《くじ》を以て会員を等分して二組と為し一を可議の組と為し、一を否議の組と為し、一方の席の端より弁論を始め一可一否順々に論じ終る可し。たゞしこの議論は鬮を以て分くるものなれば必ずしも自己の持論を主張するに非《あら》ず。唯弁論の法を研究するのみ。第二、宿題の趣に就《つ》き各員銘々の見込を以て可否の二組に分れこれを論ずることなり。この時には席の順に拘わらず云わんと欲する者は直に立て云う可し。たゞしその席を立ち議を終り、又これに答うる等の順席、時刻は一切会頭の差図に従う可し。第三、宿題の趣意必ずしも可否を決するに非ざるものは会員の組を分たずして一団に席に就《つ》かしめ、銘々の見込に従いその利害得失の証を枚挙せしむることある可し。たゞしそのこれを害とし利とするの理は既に明《あきらか》なれどもその奥蘊〔ママ〕を発せんとするの趣意なり。[30]

「雑会」は自ら思うところを述べ、あるいは自他の著述について講義し、かつその演説や講義について会員から批評を受ける会である。聞き手による批評の機会が用意され、話し手の一方的な講義に終わらせないかたちとしているところに特色がある。「弁論会」はあらかじめ提示された課題（宿題）についての討論をする会である。「弁論会」（討論会）には三つの類型が設定されている。第一は、自身の持論とは関係なく、くじ引きにより論題についての可否二組に分かれ、それぞれの立場に立って順次発言するもの、第二は、各自の持論に従い可否二組に分かれて自由に発言するもの、第三は、論題について参加者が自由に発言するものであった。

三田演説会の発会から演説館が開館するまでの全四十四回の演説会のうち、弁論会十九回、雑会十五回、その他十回（弁論会、雑会の区別が示されていない会、会務のための集会）が記録されている。草創期の三田演説会では弁論会（討論会）の実施にかなり重きが置かれていた。(31) 小幡篤次郎が演説館開館の祝賀演説で、「欧州に行わるゝところのテベイチングソサイエティに倣《なら》い」と述べたのはそのことを意味している。(32) 討論も話し手と聞き手が相互に立場を変えながら話しを仕合う、語り合うという意味において演説に他ならないものであった。

「三田演説日記」を見ると、演説会が発足してまもなく、「雑会」の持ち方を改変することがしばしば提案されて議論のあったことが記録されている。

たとえば、明治七年九月十二日の例会で、福澤諭吉が「申し出したる存意を決するに、立《たっ》と立《たた》ざるにて可否を示し来りしを暫く止め、その儘にて同意不同意を云ては如何」と発言し、「衆説」により決定したとある。また同じく福澤から「今暫《いましばらく》雑会法を少しく寛《ゆるやか》にし、自由に談論し、若《も》し余り混雑せし時は会頭より止めては如何」という発言があり、「衆議の上」決定したと記されている。また翌月の十月十七日の集会では小幡篤次郎が、「雑会」の時に取り上げる書籍について、「雑会の時に当りては銘々我読了《わがよみおわ》りたる一章の文を書籍を用ずして平常の談話の如く、文章の大意に非《あら》ずしてその一語一字をも脱せず成丈《なるた》け文章の語意に随て一章ずつを講説せば如何。尤《もっとも》成丈けは原書を可なりとす」と提案して採用されている。(33)

福澤の提案は、前掲の式目・第十四にあるように発言者はそれぞれの席において発言し、議長としての会頭を仲立ちにして言葉を交わすという会議場における議論の規則の厳密な適用に止まってしまってはかえって演説に期待された成果が望めない、原則として自由に談論する場としたいということであろう。(34)欧米の会議運営のマニュアルを参考にして作られた三田演説会の規則について、実際の運用の過程で問題点が確認されたのである。小幡の提案は雑会での講義について、なるべく原書を取り上げたい、そしてその実際は、原書を離れてしかもその内容を明確に「平常の談話」のごとくに聴衆に語りかける講義者自身の「ことば」と「方法」を生み出すようにしたいということであろう。このことについてはすでに式目・第十六に、「議論の言葉は都《すべ》て明白を主とす。横文を読む者と雖《いえ》ども慢《みだり》(漫)に原語を用ゆるを許さず。若《も》し止《やむ》を得ずしてこれを用るときは言の間にこれを解き、俗間無学の人にも解し易《やす》からしむ可し(35)」と規定されているが、小幡の提案もおそらくはそうした規定の趣旨を実際の体験をふまえてなお確かなものとしようという発言であったと考えられる。

さらに、同年十一月二十一日の例会では、「会頭福澤君会議の仕方に付左の案文を会員に示す」として、

第一　会員書物を携えずして嘗《かっ》て調べたる書中の意を詳《つまびらか》に弁じて洩らすことなきを旨とす。

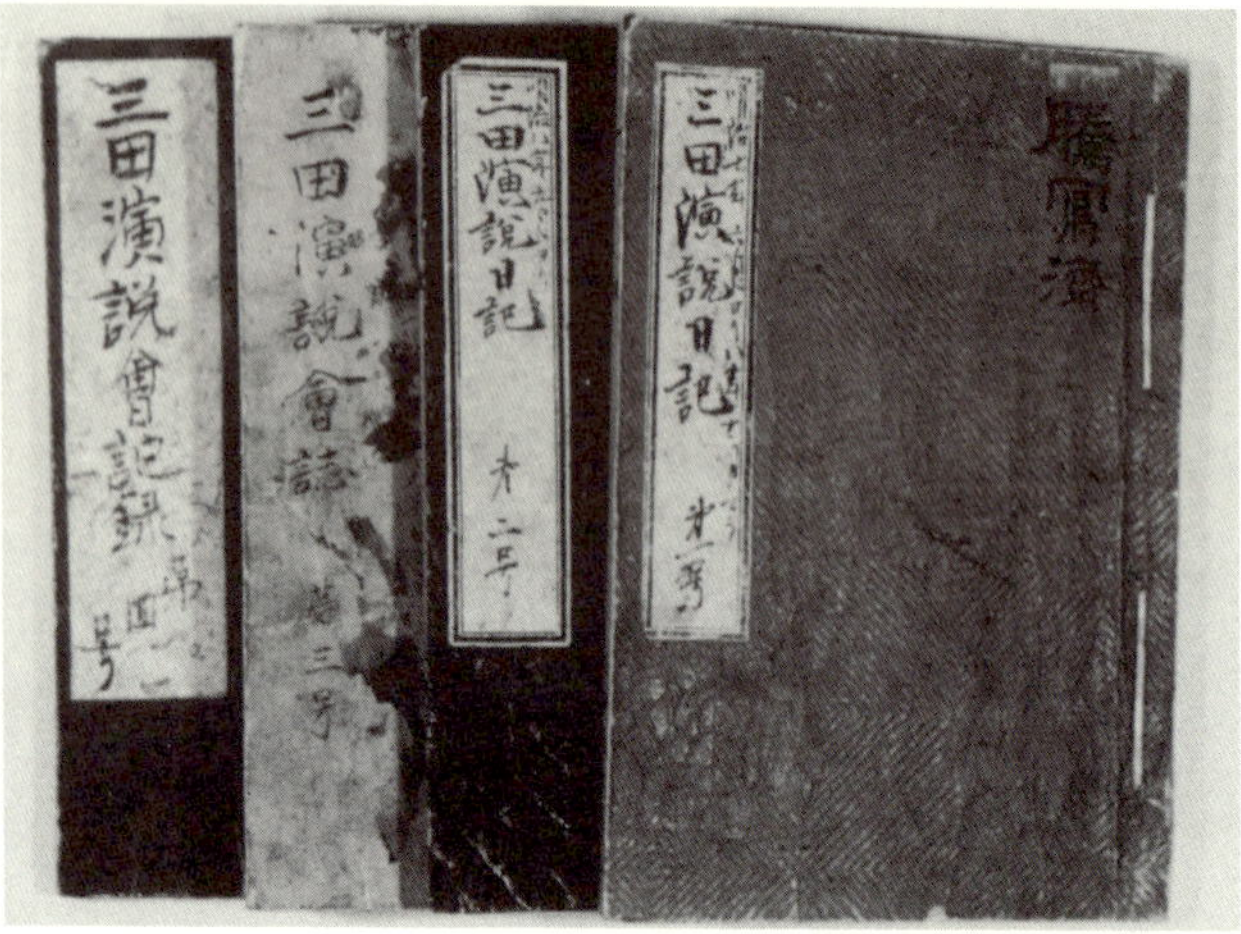

「三田演説日記」第 1 号〜4 号　表紙

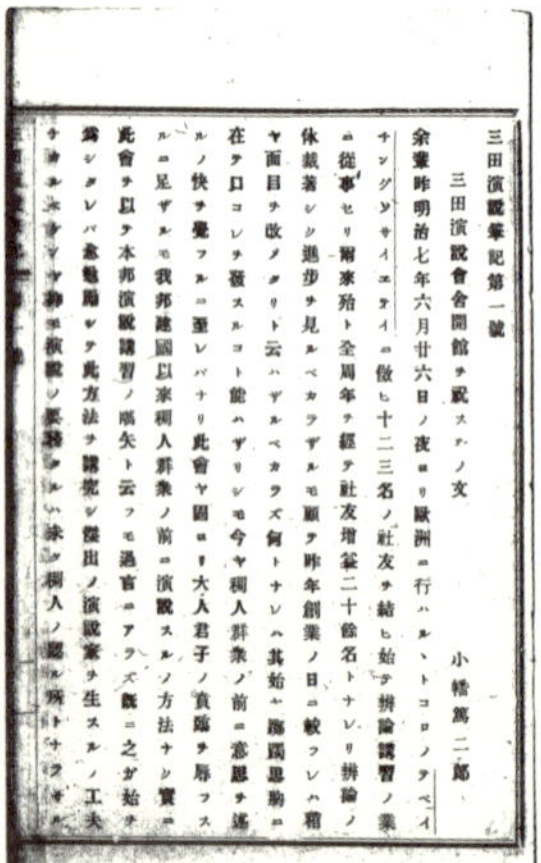

三田演說筆記第一號
三田演說會會開館ヲ祝スルノ文　小幡篤二郎
余輩昨明治七年六月廿六日ノ夜ヨリ歐洲ニ行ハルヽトコロノデベイナングソサイエテイニ倣ヒ十二三名ノ社友ヲ結ヒ始テ辨論講習ノ業ニ從事セリ爾來殆ト全周年ヲ經テ社友增益二十餘名トナレリ辨論ノ体裁著シク進歩ヲ見ルヘカラザルモ頗ル昨年創業ノ日ニ較フレハ稍ヤ面目ヲ改ノタリト云ハザルベカラズ何トナレハ其始ハ[illegible]思[illegible]ニ在テ口コレヲ發スルコト能ハザリシモ今ヤ稠人群集ノ前ニ意思ヲ述ルノ快ヲ覺フルニ至レバナリ此會ヤ固ヨリ大人君子ノ貴臨ヲ辱フスルニ足ザルモ我邦建國以來稠人群集ノ前ニ演說スルノ方法ナシ實ニ此會ヲ以テ本邦演說講習ノ嚆矢ト云フモ過言ニアラズ既ニ之ガ始ヲ露シタレバ永續[illegible]テ此方法ヲ講究シ傑出ノ演說家ヲ生スルノ工夫ナカルベカラ[illegible]抑モ[illegible]ノ[illegible]タルハ決シテ稠人ノ認ル所トナ[illegible]

「三田演説筆記」第 1 号　表紙　第 1 丁表

第二　銘々見込の説を文書に記しこれを読むにあらず、その意を話にして弁ずるなり、但し書物は銘々の覚書なるゆえ敢て席上にて出すに及ばざれども、或は出版し若《もし》くは新聞紙屋に投ずる場合に至れば最も妙なり。

第三　和漢洋の書を携て出席し勉めて俗耳に解し易きようこれを説くこと、即ち論義《ママ》にあらず話にあらず拠《よりどころ》ある弁論なり。

第四は従前の弁論会なり。

という四項目が提示されている。次回までにそれぞれに検討することになり、同月二十八日には、第三項について牛場卓蔵から、会頭提案のうちの「弁論仕方」について、「第三会は前会の設題に答る銘々の説を覚書に記しこれを弁論ずべし」とするとの修正提案があったことが記録されている。福澤が「会議の仕方」といい、牛場が「弁論仕方」といっているのはいずれも演説会の持ち方と解してよい。

その演説会について、四類型が設定されている。第四は従来通りの弁論会（討論会）である。第一は「嘗《かつ》て調べたる書中の意」を「書物を携えずして」弁ずるというのであるから、十月十七日の小幡の提案を規定として取り込んだことになる。これに対して、第三の類型は「和漢洋の書を携て」講義するものである。牛場はこれを、前会の設題に答える銘々の説を覚書にして論ずるものと替える提案をしている。書籍の講義より自己の見解を述べることに意義を認めていることになる。福澤提案の第二は、自己の見解をあらかじめ整理して覚書を用意し、しかもこの覚書を離れて弁じ、その覚書は出版もしくは新聞投稿の原稿となればよいというものである。要するに福澤提案の第一〜第三と、牛場の修正提案は式目・第十四に「或は存意を述べ或は自分の著書又は他の史籍等を講じて会員の批評を乞う」と規定された雑会の趣旨を、演説会の実践を通してより具体化したものと見ることが出来る。

この後、これらの提案がどのように取り扱われたのかは必ずしも明瞭ではないが、「三田演説日記」を見ると、明治八年一月〜三月の毎土曜日に開催された三田演説会について、第一週から第四週まで順次、第一種会〜第四種会の別が記されており、演説会の持ち方、とくに雑会のかたちに関する福澤・小幡の提案がほぼ実行に移されたことを示していると考えられる。(36)

(二) 書物の講義を演説のように話すということ

前項に述べた、草創期の三田演説会のとくに「雑会」の具体的な実施方法に関する議論の意味がどこにあったのか、やや分かりにくいところがあるが、その点で、鎌田栄吉の回顧談が一つの手がかりを与えてくれるように思われる。以下、少しく検討してみたい。

鎌田は和歌山県出身の人物である。明治七年四月に十八歳で慶應義塾に入り翌年三月に卒業した。九年から慶應義塾の教員となったが、十一年三月より九月まで和歌山自修学校長、また十四年八月より十六年一月までは鹿児島県鹿児島学校教頭に転じている。(37) 次に示すのは、鎌田が和歌山自修学校長を辞して義塾に帰った頃の回想の一節である。

それから慶應義塾でまだ演説ということが巧く出来そうにないから、書物の講義を演説のように話して見ようではないかというので、仲間が四、五人出来ましてそれを始めました。そこで私が「デモクラシーの亜米利加」というトクヴィルの話をしました。和歌山で以て私はベンザムを

鎌田栄吉

やった覚えがありますが、書物は見ながらやっても書物に書いてあることを演説のようにいうのが学生に喜ばれ、外からも多く聴きに来るようですから和歌山では書物に依らず演説をすることをやりましたが、そうやっても矢張り書物に書いてあることを覚えて居っていう位のことであった。それで福澤先生も頻りに演説をしなくてはいかんといわれます。どうも演説はしたいが演説のサブジェクトが無くて困るといったところが「何でも宜い、その時の塾のプロブレムでも宜いではないか」といわれたから「それではやりましょう」といってやったところが、それが案外上出来だったといわれました。その私の演説を最近石河さんが朝鮮人の来た時代のことを調べる関係で調べまして、私のやっただけの演説の題を書いて来ました。社会雅俗論というのだの兎に角明治十二年から十四年位までの私のやった演説の演題を書抜いて来て呉れました。私が演説する時に小泉信吉君が入って来た。これは悪い人が来たなと思って見て居ると、そっと隅の方に腰を掛けて聴いて居る。後で会った時「貴方は演説を聴きに来て居たではないか」といったら「君に知られると気の毒だと思ってソット聴いて居たが、人の顔をチャント見分けるようになったカイ」といって褒められたことがありました。そうして演説もして見て、演説も相当に出来るという自信もついて度々やる方の仲間になりました。こんなことが十一年秋から十二年にかけて続きました。[38]

明治十一年の秋といえば、すでに三田演説会が発足して四年余りが経過している。前述したように、演説会規則の「雑会」に関する規定が数次の検討を経て改められ、演説会の持ち方についての手直しが行われている。また、明治九年四月一日の第八〇回演説会を最後として弁論会（討論会）は行われなくなり、以後は、個々の演説者が登壇してそれぞれのテーマで演説をするという形式が定まり、引き続き回を重ねて行くことになる。(39)「まだ演説ということが巧く出来そうにないから」というのは、あくまでも鎌田たち個々に関わる自覚であったと思われる。

この回顧談で鎌田のいう「書物の講義」とは、江戸時代以来のいわば伝統的な学問の方法を意味するものであろう。漢学、国学、洋学のいずれにしても、伝統的な修学方法は、あくまでもそれぞれの古典ないしは原書につくことであった。具体的な学習の形態としては、まずそれぞれのテキストの読み方そのものを学習する「素読」に始まり、ついで、「講釈」ないしは「講授」と呼ばれる段階に進む。これはテキストの一章ないしは一節ずつの意味内容について、師より講義を受けるものである。一般的には「講釈」は一斉授業形態、「講授」は個別教授であった。さらに、学習者数名がテキストを協同学習する形態として「会業」ないしは「輪講」という方法があった。(40)

鎌田が「書物は見ながらやっても書物に書いてあることを演説のようにいう」と述べているのは、結局、「講釈」あるいは「講授」について、書物に依りながらも書物をいわば自家薬籠中のものとして、講義内容が鎌田自身のものとなっているということであろうと考えられる。和歌山時代の鎌田の講義が学生に喜ばれたというのは、書物によって先師の学問を祖述するというこれまでのかたちではなく、いわば文字の世界を離れて、演説すなわち音声によって新しい知識を享受しうるということへの新鮮な驚きによるものであったのではなかろうか。そうした体験をし、さらに書物をはなれた演説に挑戦をした鎌田は、義塾に戻り演説のテーマについての福澤の忠告にも従いながら、なおも練習を重ねた。和歌山自修学校から帰任し、再び鹿児島学校に転ずるまでの期間に鎌田が三田演説会に登壇した記録は次の通りである。[41] 演題の記録は残されていないが、帰任直後に二回連続して演説会に出ている。その後、約一年の空白があって、十二年九月以後、頻繁に演壇に立っていることが分かる。演説に自信がついて「度々やる方の仲間」になったとは、このことを意味するものであろう。

年・月・日	演説会回数	演題
一一・九・二八	(一二三)	(演題記録なし)
一〇・一二	(一二四)	(演題記録なし)
一二・九・一三	(一三六)	「社会雅俗の関係」
一〇・二五	(一三九)	「社会動静論」
一三・二・一四	(一四五)	「貧富の説」
六・二六	(一五二)	「自尊の説」
七・一〇	(一五三)	「門閥論」
九・二五	(一五六)	「歴史の説」
一〇・九	(一五七)	「生活論」
一四・二・一二	(一六四)	「人文の説」
二・二六	(一六五)	「祝詞」(演説会開館以来通算第一〇〇回演説会記念)
三・二六	(一六七)	「社会党の説」

五・二八（一七〇）　「元気論」

六・二五（一七一）　「思ったより思の外」

鎌田が「書物の講義を演説のように」話す仲間が出来て実践したと述べているのは、明治十一年十月八日に始まった公開講義会のことと考えられる。十月七日付『郵便報知新聞』に次のような広告が掲載されている。

来る八日初会。講義会。毎火曜金曜両日午後二時より。

今般、当塾教員の者四、五名申合せ、邸内演説館に於て一週二度の講義会を催し、勉て世人の傾向に適切なる書籍を選び、成る可き丈《だけ》原語を用いず、その大意要領を説明して、以て世の欧文を解せざる者、或は欧文を解するも事務繁忙にして高尚なる書籍を講究する能《あた》わざる者の為に便せんと欲す。仍《よっ》て広告す。但し謝金の如きはこれを要せず。

スペンセル氏　哲学大本《□□□スト　プリンシプル》　浜野定四郎　○仏国民法《ナポレヲン、コード》　門野幾之進

モンテスキュー氏　万法精理《□□□ト、ヲフ、ロー》　猪飼麻次郎　○道徳源理　本多孫四郎

トークビル氏　米国民治論《デモクラシー、イン、アメリカ》　鎌田栄吉　○英国政体《イングリス、コンスチ、ウシヨン》　須田辰次郎

ベジホット氏　政理論《ロジック、エンド、ポリチック》　雨山達也

三田二丁目二番地　慶應義塾　講義会社中

この「講義会社中」七名の三田演説会での登壇記録を見ると、須田は明治八年九月、猪飼は十一年一月以降、ほぼ恒常的に演壇に立っている。猪飼と須田は七年六月の三田演説会発足時からの会員であった。鎌田は前述のように十二年九月に再登場してのち頻繁に登壇しているが、他の四名もこれに

合わせるかのようにたびたび登壇するようになっている。雨山は同年九月、浜野は十月、門野は十三年二月、本多は十四年二月以降である。(42) 書物の講義を演説のように話すことを繰り返すことによって、演説に自信がついた結果と見るべきことなのであろう。

毎週二回の実施を予定したこの講義会が具体的にどのように行われたのか、またどれほどの期間続けられたものなのかなど詳細は明らかではないが、明治十一年十月十二日付の『郵便報知新聞』の府下雑報欄に、初回の講義の様子を「義塾中屈指の教員にて読書の力に於ては天下に譲る者なき手揃なれば、至難の洋籍を容易《むぞうさ》に和解《わげ》して俗耳にも入り易く講ぜられしは流石に平日の勉強故《ゆえ》と聴講人一同感じ合えり」と伝える記事を見ることが出来る。

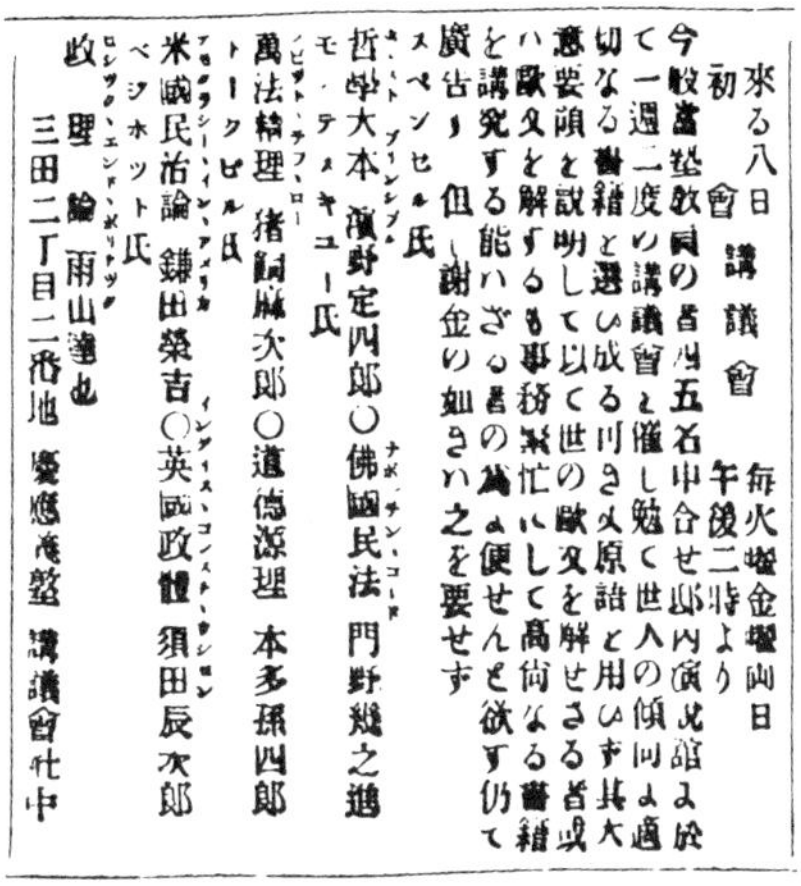
來る八日　毎火曜金曜両日
初會　講議會　午後二時より
今般當塾教員の者凡五名申合せ此内演説館に於て一週二度の講議會を催し勉て世人の傾向に適切なる書籍を選び成る可く原語を用ひず其大意要領を説明して以て世の歐文を解せさる者或ハ歐文を解するも事務繁忙にして高尚なる書籍を講究する能ハざる者の爲に便せんと欲す仍て廣告す但し謝金の如きハ之を要せす
スペンセル氏
哲學大本　濱野定四郎○佛國民法　門野幾之進
モ・テスキユー氏
萬法精理　猪飼麻次郎○道德源理　本多孫四郎
トークビル氏
米國民治論　鎌田榮吉○英國政體　須田辰次郎
ベンホット氏
政理論　雨山達也
三田二丁目二番地　慶應義塾　講議會社中

講義会広告　『郵便報知新聞』
明治11年10月7日付

また、明治十一年十月三十一日付頸城《くびき》社《しゃ》の笠原恵宛の福澤書簡でもこのことが話題となっている。近頃数名の教員が演説館で洋書の講義を開始したが、原語を全く用いずに「俗耳に入り易き様、和解演述」したので、「素人にもよく分る」と見えて「聴聞の人」がきわめて多いといい、また福澤自身も毎月十の日には自著の講義を始めてこれもまた聴講者が多いとも述べられている。笠原は新潟県の出身で、明治七年十一月に慶應義塾に入学し、丸善や貿易商会の社中となったが、この頃は帰郷して「頸城社」を結成して地域の人心開発に努めていた。同じ書簡で福澤は、「必ずしも演説の度毎《たびごと》に、無理に新説を絞り出して述るよりも、他の原書、著書の意味を拡めて談ずる方、却て双方の便利かと存《ぞんじ》候《そうろう》。故に頸城社にても、定式演説会の外か又は同時に、講談を始ては如何と存候」とも述べている。[43] これはおそらく笠原が頸城社の活動についての助言を求めてきたことに応じた返書であった。演説とは英語にて「スピイチ」といい大勢の人を会して説を述べることだと福澤が述べているように、「演説」に望まれるのは自説の開陳であったが、必ずしも容易なことではなかった。演説会のたびごとに無理に「新説」を絞り出さなくともよい。むしろ「原書、著書の意味を拡めて談ずる」「講談」から始めるとよいというのである。それはまさに鎌田が得意としたところであった。

毎月十日の福澤の講義は、鎌田等の講義会に並行して始められているが、十月二日、九日、十日の『郵便報知新聞』に掲載された次の広告に見るようにその趣旨は若干異なるようである。

福澤諭吉事、毎月十の日午後三時半より慶應義塾内万来舎《ばんらいしゃ》に於て、著書の演義講釈致す事。

但十月十日初会文明論の概略を以て始る事。

聴講の人は義塾の社中社外を問わず随意に出席不苦《くるしからず》候《そうろう》事。現に義塾内にて教を受る歟《か》、又は通学する生徒は月謝なし。その余、社外の人及び旧社中にても毎月一円宛納る事。聴講切手は義塾出板社、報知新聞社、丸屋善七、その外にて渡す可し。或は即日万来舎にて求るも差支《さしつかえ》なし。

講議所　幹事

『福澤諭吉伝』に引用されていることに関する十月一日付の新聞広告は、掲載紙名が示されていないが、その冒頭に「人の著書を読めば固《もと》より不審なきを得ず。著者も亦その書中に意を尽さゞるもの甚《はなは》だ多し」とあって、さらに『郵便報知新聞』の広告とほぼ同文の文言が続いている。(44) 文字（書きことば）を媒介として結ばれた「著者」と「読者」が、さらに音声（話しことば）によって出会う場を新たに創り出そうという試みであった。会場に予定された万来舎は演説館に隣接し、廊下で演説館の控え室に連絡していた。木造平屋建て、二十畳ぐらいの広間と八畳ぐらいの小部屋の二間の建築で、内外に開かれた集会所として利用されていた施設であった。(45)

この講義を塾生として聴講した渋江保（明治十二年十一月入学、十三年十二月卒業）の回想によれば、福澤は『文明論之概略』を敷衍した講義を行ったが、実際には興に乗ると午後二時から四時までの約束をこえて、五時、六時まで延長することもたびたびであった。本はただ机の上に置いただけで古今東西の政治論、社会論、英雄論から独立自尊の必要なことなど限りなく講述し、聴講者の質問、議論もあって時にはどちらが先生か生徒か分からぬようなこともあったという。また、福澤の身なりは綿服に紬ぐらいの羽織という質素なもので、あまり高くはない銀側時計に凧の二枚糸の紐をつけたものを小さな机の上に載せて講義をした。さらに、「先生の講義といえば甚《はなは》だ厳粛らしく聞こえるが、いつも大胡坐《おおあぐら》をかいて、恐ろしく太い煙管で煙草を吹かし講義を

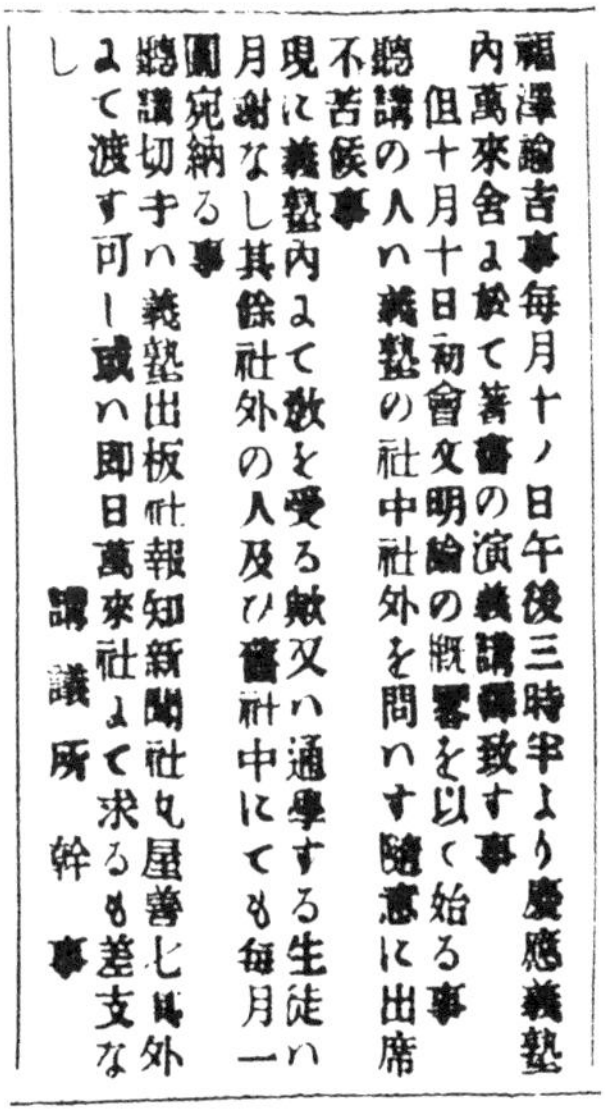
福澤諭吉事毎月十ノ日午後三時半より慶應義塾
内萬來舍に於て著書の演義講釋致す事
但十月十日初會文明論の概略を以て始る事
聽講の人ハ義塾の社中社外を問ハす隨意に出席
不苦候事
現に義塾内にて教を受る歟又ハ通學する生徒ハ
月謝なし其餘社外の人及ひ當社中にても毎月一
圓宛納る事
聽講切手ハ義塾出板社報知新聞社丸屋善七其外
にて渡す可し或ハ即日萬來社にて求るも差支な
し
講議所幹事

福澤公開講義広告　『郵便報知新聞』
明治 11 年 10 月 2 日付

される格好はあまり厳粛の方でなかった。それゆえ中には山賊のようだなど〻蔭口をきく者もあった」として、その講義が全く肩肘の張らないものであったことを伝えている。(46)

福澤の公開講義は前年の明治十年三月にも行われている。同年三月五日付『郵便報知新聞』に掲載された広告によれば、毎週火曜日の午後四時より「慶應義塾演説所」（演説館）において、未定稿のまま写本として流布している福澤の「分権論」について、その不備を補い「著者自から本書の文面を講じ更に語を足し義を拡めて了解に便ならしめ」たいので、「世間の学者士君子は勿論、不文無学の男女たりとも、苟《いやしく》も世の中の事に心を用いて学問に志ある者」は聴講してほしい。そのことにより、聴講者は「時勢の方向、一身の進退」について理解を深めることになり、かつ「諸学校の教師、生徒等は時文の講法を学ぶにも大に益する所」があるであろうと告げている。また、「聴講切手」（十銭）の売捌所として郵便報知新聞社、清水《みずほや》卯三郎、丸屋善七、慶應義塾内出版社の名が挙げられている。士族反乱が繰り返される中で、政府に反抗する士族のエネルギーを地方自治に活用すべきことを説いた「分権論」は、明治九年十二月に脱稿していたが刊行されないでいたものである。福澤自身も山口広江宛の書簡（九年十二月二十日付）で「この書は何分《なにぶん》条令に触る〻の恐あるに付、出版は出来不申《もうさず》」と述べている。(47)出版が実現したのは十年十一月のことであった。三月十二日付の『郵便報知新聞』の告知欄によれば、初回の講義は同月六日に実施されているが、以後の講義は「世情の動揺鎮静に至るまで」見合わせるとあり、西南戦争の進行中にあっては講義の継続は無理な状況にあったようである。翌十一年の『文明論之概略』の講義はこうした公開講義の試みを改めて始めたことになる。文明論の講義は前述の回想を残した渋江の在塾期間からすると、十三年頃までは続けられていたと考えられる。

(三) 「慶應義塾社中之約束」——義塾学問の法

慶應義塾の諸規則を定めた「慶應義塾社中之約束」という規定集がある。今日の用語でいえば、規約、学則、学生心得などの集成である。現存最古のものは明治四年四月の稿本で、この稿本と若干の字句の違いのある同年四月以降の刊行と推定される木版本もある。その冒頭に慶應義塾の学塾としての基本理念を述べる三項目が示されている。また、「教授の規則」全十四ヶ条のうち、「義塾学問の法」の主な取り決めが六ヶ条ある。以下、いずれも稿本によって示す。句読点は引用者による。

一東京三田二丁目慶應義塾は、慶応年中芝新銭座に設けし塾を移したるものなり。その地面は福澤諭吉の名を以て官に借りしと雖ども、私塾を開き生徒を教るが為めにとて官より貸渡し、その建物は塾の有金《ありがね》並塾の名を以て借りたる金を出して買受しものなれば、福澤氏の私有にあらず。社中公同の有にして、法を立て法を行われしむるもの、その地位に居てその事を執《と》るの間、これを管轄するなり。故に社中の人はこの塾を三田二丁目の学問所と唱う可し。

一我義塾学問の法は、博く洋書を読み、或はその文を講じて人に伝え、或はこれを翻訳して世に示すのみにて、心を以て心に伝うるの奥義あるに非ざれば、人の才不才に由り、今日は人に学ぶも明日は又却《かえっ》てその人に教ることあり、故に師弟の分を定めず、教る者も学ぶ者も、概してこれを社中と唱うるなり。

一社中教る者を教授の員或は教授方と唱え、学ぶ者を生徒と唱う。故に一名の人にてこの学科を学で彼の学科を教る者は、一方より見れば生徒にして、一方より見れば教授方なり。

「教授の規則」

第一条　初学の生徒へは理学初歩或は文典等を素読せしむ。

第二条　次で文典会読、究理書、地理書、歴史等の講義に尚《なお》一歩を進めば、経済書、歴史等の会読に出席せしむ。この会読を終りし者は、この塾にて業を終りたる者なれば定りの科業なし。若しその後も業を研《みが》かんと欲する者あらば、第四条の講義に出席し、或は同社に謀りて翻訳の業を勉む可し。

第三条　各等の業に付きその書籍の種類を定めたれば、此等《これら》の者彼等の業に就《つ》くを許さず。唯自分の勉強を以てするときは、何等の書を読むも勝手たる可きが、等を移すの日に至り、その等科業の書は独見にて既に通読せしものと訟うるも、教授の規則に従い、定りの業に就かざるを得ず。

第四条　社中一般の為めに、一、二科の講義を設けたれば、等の上下を問わず勝手に出席すべし。但しこの講義には稍《や》や高科の書を用るなり。

第五条　文典の会読終りし者は、次第に上等の講義に出席し、毎月一六の日を除き、一日に二科ずつ一ヶ月に四十八度出席す可し。

第六条　会読は毎月六度に限る。会読に出席する者は講義の出席二十四度なり。(48)

要するに、義塾における学問は、基本的には「洋書」の「素読」に始まり、さらに「会読」ないし「講義」へ進むという前代以来の学習方法に従いながらも、「心を以て心に伝うるの奥義」を師から弟

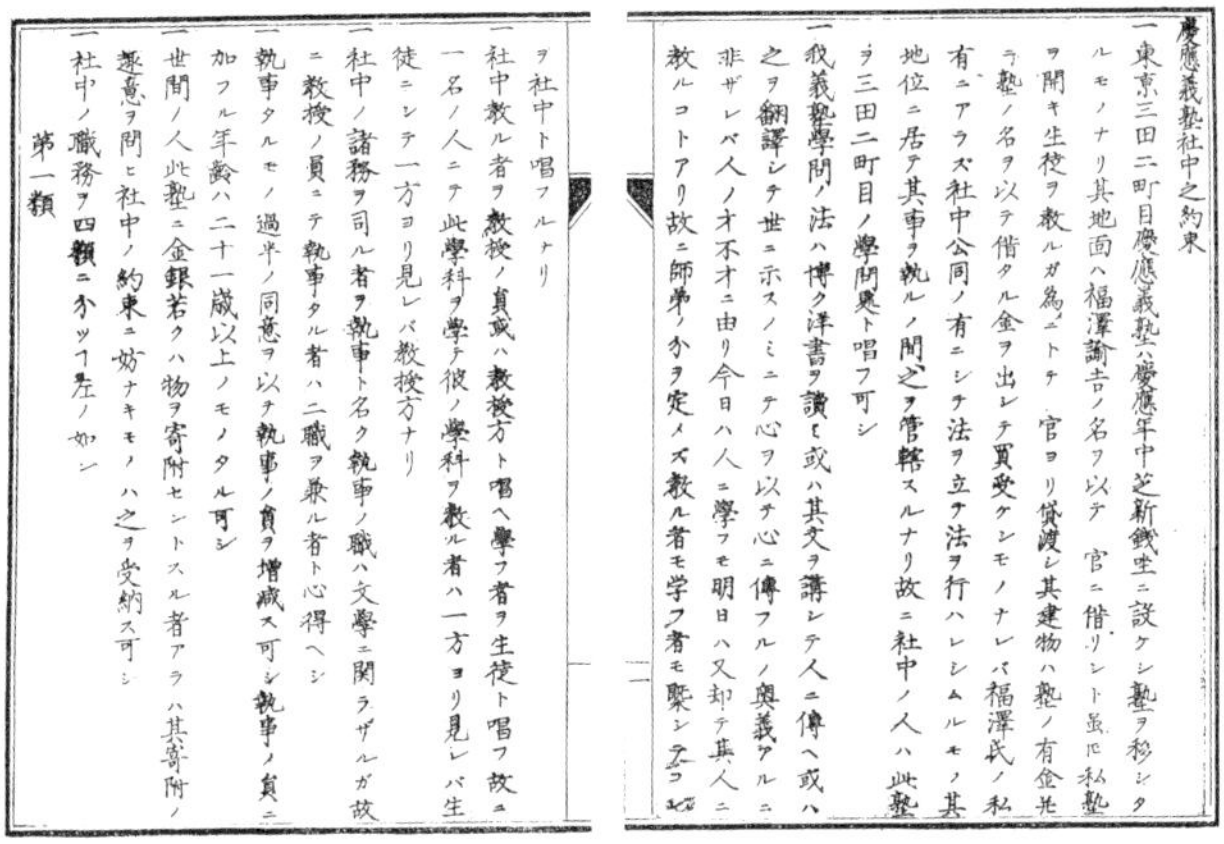
慶應義塾社中之約束

一東京三田二町目慶應義塾ハ慶應年中芝新錢坐ニ設ケシ塾ヲ移シタルモノナリ其地面ハ福澤諭吉ノ名ヲ以テ　官ニ借リシト雖𪜈私塾ヲ開キ生徒ヲ教ルガ爲ニトテ　官ヨリ貸渡シ其建物ハ塾ノ有金并ニ塾ノ名ヲ以テ借タル金ヲ出シテ買受ケシモノナレバ福澤氏ノ私有ニアラズ社中公同ノ有ニシテ法ヲ立テ法ヲ行ハレシムルモノ其地位ニ居テ其事ヲ執ルノ間之ヲ管轄スルナリ故ニ社中ノ人ハ此塾ヲ三田二町目ノ學問所ト唱フ可シ

一我義塾學問ノ法ハ博ク洋書ヲ讀ミ或ハ其文ヲ講シテ人ニ傳ヘ或ハ之ヲ翻譯シテ世ニ示スノミニテ心ヲ以テ心ニ傳フルノ奥義アルニ非ザレバ人ノ才不才ニ由リ今日ハ人ニ學フモ明日ハ又却テ其人ニ教ルコトアリ故ニ師弟ノ分ヲ定メズ教ル者モ学フ者モ聚シテ之ヲ社中ト唱フルナリ

一社中教ル者ヲ教授ノ員或ハ教授方ト唱ヘ學フ者ヲ生徒ト唱フ故ニ一名ノ人ニテ此學科ヲ學テ彼ノ學科ヲ教ル者ハ一方ヨリ見レバ生徒ニシテ一方ヨリ見レバ教授方ナリ

一社中ノ諸務ヲ司ル者ヲ執事ト名ク執事ノ職ハ文學ニ関ラザルガ故ニ教授ノ員ニテ執事タル者ハ二職ヲ兼ル者ト心得ヘシ

一執事タルモノ過半ノ同意ヲ以テ執事ノ員ヲ増減ス可シ執事ノ員ニ加フル年齢ハ二十一歳以上ノモノタル可シ

一世間ノ人此塾ニ金銀若クハ物ヲ寄附セントスル者アラハ其寄附ノ趣意ヲ問ヒ社中ノ約束ニ妨ナキモノハ之ヲ受納ス可シ

一社中ノ職務ヲ四類ニ分ツヿ左ノ如シ

第一類

「慶應義塾社中之約束」木版本　冒頭部分　明治4年4月以降

子へと継承して行くという、これも古来重視されて来たことは目的としない。もっぱら、「洋書」の読解と翻訳に幅広い能力を持ち、そこで得た知識を世に広く知らしめることの出来る人材を養成することに本領があるというのである。そしてそれは、ともに洋学を志す人々の自発的な結社としての義塾社中において、相互に教えかつ学び合うところで果たされるものであった。

「社中之約束」は以後、改定を重ねて明治三十年頃まで存続している。前掲の基本理念三項目は明治五年八月以降の刊行と推定される活字本にも継承されているが、翌六年三月刊行本以後には見えない。これはおそらく、六年以降の「社中之約束」が、どちらかといえばかなり実務的な規定として次第に整序されて行くことによるものであって、この理念自体が義塾の教育の中に引き続き継承されていることは、他の関連資料によっても明らかである。

六年三月改定の主眼は修業年限七年制の正則科と、年齢十七歳以上の者を対象として年限を定めない変則科の両科を置くことにあった。この改定の趣旨について福澤諭吉は次のように説明している。

我輩の学び教る所の学問を区別すれば、これを二に分つべし。第一、広く西洋の書を読み、或はこれを口に講じ、或はこれを書に訳して、彼の文明の風を速に世に伝え、以て国力を増さんとするに急なれば、西洋の学校に行わるゝ学問の順序を顧るに遑《いとま》あらず。先ずその文典を読み、直に地理書を学ぶ者あり、経済論を講ずる者あり、唯本国の時勢を察してその急務に供するのみ。今のその趣恰《あたか》も儒者の漢書を読むが如し。教授の順序に拘《かか》わらずして急成を主とするものなり。所謂洋学者は大概皆是《これ》なり。これを変則とも名《なつ》くべき歟《か》。凡《およそ》天下の読書生、年齢二十二、三を過ぎ、その才気既に発生したる者は必ずこの変則に由らざるべからず。その学問不規則なりと雖《いえど》も、三、五年の勉強を以て業を成し、世教に益あること挙て云うべからず。

右の如く変則より洋学に入りたる者は、学問の順序を経ざる故《ゆえ》、一に明なるも二を知らず、西洋にては十歳の童子も諳誦する事柄に遭てその弁解に困却すること少からず。故にこの輩の人は今日の用を達するには有功なるも、真にこれを目して学者と云うべからず。方今、学問の道漸く開け、世の士君子その子弟を教えんとする者多ければ、少年の為《ため》更に学風を改め教則を設けざるべからず。その法は全く西洋学校の風に倣《ならい》てその真面目を写し、児童をして十歳前後の時より本則の学科に就《つ》かしめ、唯横文のみならず日本の文をも学ばしめ、七、八年の間に大成を期するものなり。(49)

すでに、「今日の用を達する」ための速成の洋学修行としての変則教育の時代を相当に経過して、いよいよ本格的な洋学教育のための条件整備が必要となったのである。年少者が横文のみでなく日本文もあわせて段階を踏んで、速成ではなく、ある程度の期間を学んで行くという正則教育へ重点を移す必要に迫られての改定であった。この改定では、前年六月に義塾初めての外国人教師として就任したクリストファー・カロザスの意見が参考とされたといわれているが、むしろそれだけではなく、明治五年八月の学制の公布などもあり、ようやく一般の学問、教育への関心も深まってきたことを背景として、義塾の教育をそれまでの十数年の積み重ねの上にさらに展開させた結果であったと見るべきであろう。(50)

ちょうど、この六年三月版「社中之約束」の改定が成った時期に、三田演説会の発足に向けた動きが生まれていることに改めて目を向けてみたい。福澤諭吉の手になる明治十六年版「慶應義塾紀事」中の「学規之事」の一節に、三田演説会の創設について触れた次のような記述がある。

明治七年夏の頃、本塾の教員相会し学術進歩の事を議して謂《いえ》らく、西洋諸国には「スピーチュ」の法あり(即ち今日の演説なり)、学塾教場の教のみにては未だ以て足れりとす可らず、「スピーチュ」「デベート」(討論)の如き、学術中最も大切なる部分なれば、この法を我国に行われしめては如何との相談にて、衆皆これに同意し、何事にても世に普通ならしめんとするには吾よりこれを始るに若《し》かず、然《しか》らばこの原語を何と訳して妥当ならん、談論、講談、弁説、問答等、様々に文字を案じて遂に「スピーチュ」を演説、「デベート」を討論と訳して、その方法の大概を一小冊子に綴り、社中窃《ひそか》にこれを演習したるは明治七年五月より凡《およ》そ半年の間なり。この間に方法も稍《や》や整頓したるを以て、翌明治八年春、本塾邸内に始て演説館なるものを新築して、演説討論演習の用に供したり。但しその趣意は演説を以て直に聴衆を益するの目的に非ず、唯この所に公衆を集め又は内の生徒を会して公然所思《しょし》を演《のべ》るの法に慣れ、以て他日の用に供せんとするものにして、演説討論を稽古する場所なり。開館以来既に九年、月次《つきなみ》公衆を集めて学術上の事を演説す。即ち今の三田演説会、これにして、この公衆演説の外に又或は塾中の生徒が課業の傍《かたわら》に討論会を催うす等の事も多し。(51)

「学術進歩」のためには「教場の教」に止まってはならないのであって、「公然所思を演る」こと、すなわち「学術上の事」を「演説」「討論」することが必要であるという議論が教員間に起こり、三田演説会が組織され、またその実践の場として演説館が新築されたという経緯が説明されている。ただここで、これらのことが「明治七年夏の頃」に始まるとしているのは、事実とは若干異なっている。前項で見たように、三田演説会の発足に向けた機運がすでに明治六年にあったことは明らかである。

荘田平五郎に宛てた明治七年二月二十三日付の福澤書簡に次のような一節がある。

毎月第二ソンデイの集会を、隔ソンデイの夜と定め、出版局に集り、銭を費やさぬよう談話いたし、この後は専らスピーチュの稽古と、精々煽動いたし居候。行々は彼《か》の民撰議院か、又は役人院か書生院か、何か出来可申《もうすべく》、その節は義塾の社中に限り明弁流るゝが如しとて、落《おち》を取らんとするの下拵《したごしらえ》なり。(52)

すなわち、それまで毎月第二日曜日に行われていた「集会」を隔週の日曜日とし、さらにその内容について、これからは専ら「スピーチュの稽古」に充てるようにすることを勧めており、「行々は」「義塾の社中に限り明弁流るゝが如しとて、落を取らんとするの下拵」としたいというのである。民選議院設立の建白書が板垣退助らによって左院に提出されたのは、この年の一月十七日のことであった。

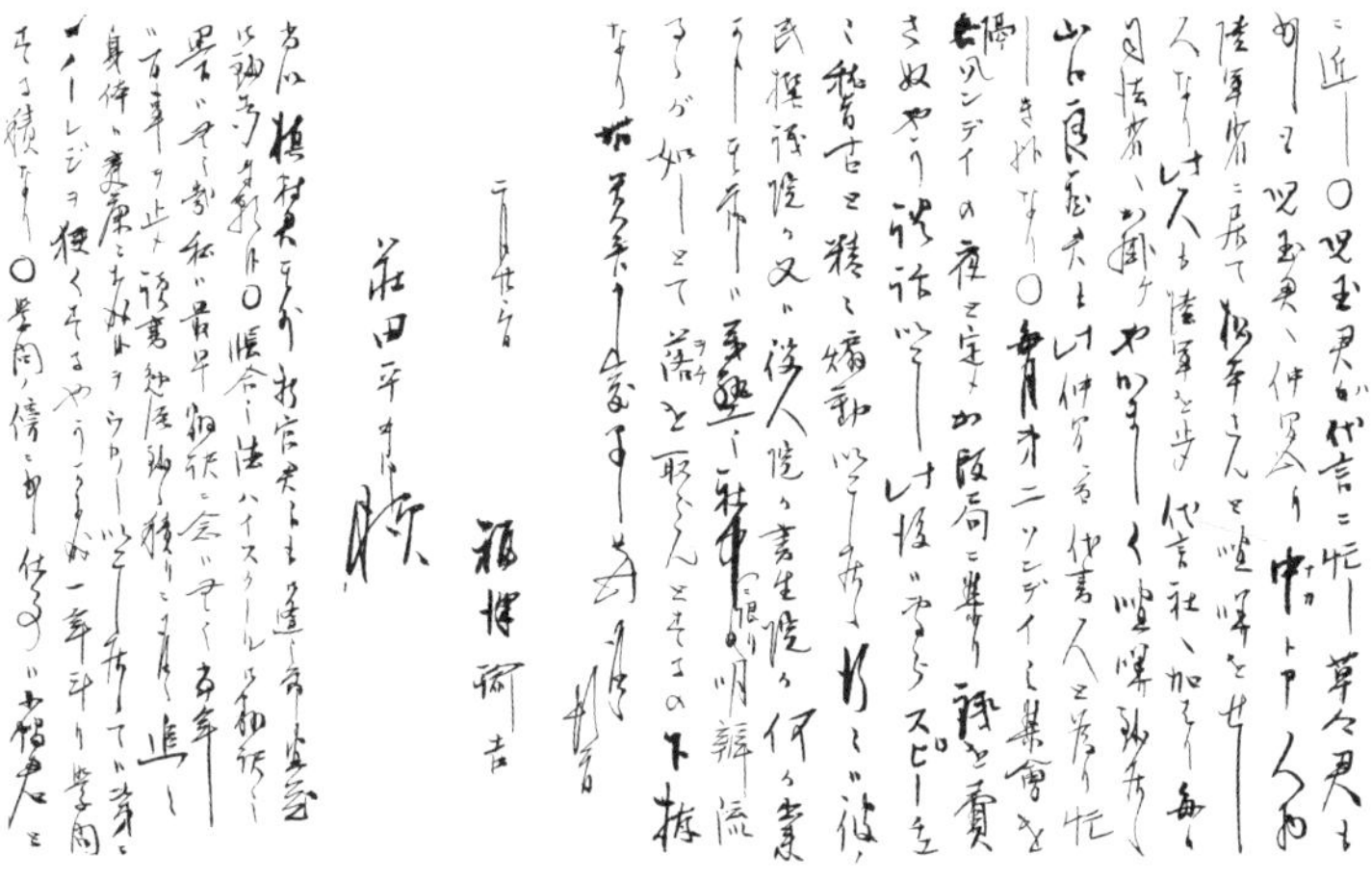

荘田平五郎宛福澤書簡（部分）　明治7年2月23日付

その翌日に建白書の全文が『日新真事誌』に掲載され大きな反響を呼び起こすことになるが、こうしたことも義塾内に演説、討論の実践に向けた気運を一層高めることになったことは間違いないであろう。ともあれ「学規之事」が「明治七年夏の頃」といっているのは、あくまでも明治六年以来の義塾内の動きがさらに一歩進んで「三田演説会」という組織を出発させ、実際にその活動が本格的になったことを述べたものと考えられる。

前章にも述べたように『学問のすゝめ』十二編に、「学問の本趣意は読書のみに非ずして精神の働に在り。この働を活用して実地に施すには様々の工夫なかる可らず」とあり、さらにその「工夫」についてこれを敷衍して「視察、推究、読書は以て智見を集め、談話は以て智見を交易し、著書、演説は以て智見を散ずるの術なり。然り而して《しこう》この諸術の中に、或は一人の私を以て能《よく》す可きものありと雖《いえ》ども、談話と演説とに至ては必ずしも人と共にせざるを得ず。

演説会の要用なること以て知る可きなり」と記されている。(53) 学問の方法の一つとしての「演説」と「演説会」の効用の発見とその実践の提起であった。明治六、七年は義塾の学問の新たな展開の時であったのである。六年三月の「社中之約束」の改定はそうした中に位置づけられるものであった。

明治九年三月に福澤が記した「慶應義塾改革の議案」の冒頭に次の個条がある。

一、我《わが》慶應義塾教育の本旨は、人の上に立て人を治るの道を学ぶに非《あら》ず、又人の下に立て人に治めらるゝの道を学ぶに非ず、正《まさ》に社会の中に居り躬《みず》からその身を保全して一個人の職分を勤め以て社会の義務を尽さんとするものなれば、常にその精神を高尚の地位に安置せざる可らず。

一、学問の目的を爰《ここ》に定め、その術は読書を以て第一歩とす。而《しこう》してその書は有形学及び数学より始む。地学、窮理学、化学、算術等、是《これ》なり。次で史学、経済学、修身学等、諸科の理学に至る可し。何等の事故あるもこの順序を誤る可らず。

一、この他東西作文の法も学ばざる可らず、語学も伝習せざる可らず、演説弁論にも慣れざる可らず。学者の事業頗《すこぶ》る繁多なりと云う可し。目今の有様を見るに、社中の生徒のみならず、教師の員に在る者と雖《いえ》ども、その学業固《もと》より不十分にして未だ学者の名を下だす可らざる者と云う可し。

一、社中素《もと》より学費に乏しければ、少しく読書に上達したる者は半学半教の法を以て今日に至るまで勉強したることなり。この法は資本なき学塾に於て今後も尚《なお》存す可きものなり。(54)

慶應義塾の教育の目的は「躬からその身を保全して一個人の職分を勤め以て社会の義務を尽さんとする」人材を育てることにあるとし、そのための学問の方法はまず「読書」であり、さらに「東西作文の法」「語学」そして「演説弁論」の法の修得であるとする。まさに「学者の事業頗る繁多なり」といわざるを得ないのであるが、現状を冷静に見れば、塾中の生徒も教師もその「事業」に力を尽くしているとはいい難い。互いに教えかつ学び合う「半学半教の法」によってさらなる努力が求められるというのである。

すでに述べたように、「演説」の実践は必ずしも容易なことではなかった。三田演説会が発足して間もない明治七年九月から十一月にかけて、「演説の法」をめぐる検討が重ねられたことは前述の通りであるが、その後も引き続き試行錯誤が続けられている。「三田演説日記」によれば、明治八年四月二十四日、演説館の開館を目前にして「会の体裁を改正する」として、

第一土曜日を以て演説会とし、中外の差別なくその出席及びその演説するを許し、第二土曜日には宿題に由て社員各々その説を述べ、第三土曜日は社員各その持論を文章に綴り来りてこれを述べ、第四土曜には社員三名を組み、必ずその内の二人はその説を文章に筆し来りてこれを演説して、その駁議討論を俟《ま》つ可し。第五土曜日は前会にこれを定む。

と決められている。(55) 再び演説会の持ち方についての改変が行われたのである。毎月の土曜日ごとに異なる形態の演説会の開催が想定されている。

第一土曜日は、義塾内外の差別なくその出席と演説を許可する公開の「演説会」である。第二、第三土曜日の「演説会」は、各自の持論をあらかじめ示された課題に沿い、あるいは全く自由に述べる会である。この場合の前者は先に見た福澤提案の第三に対する牛場の修正提案の形態がそのまま継承

されていることを示す。後者は福澤提案の第二の形態と見てよいであろう。第四土曜日の「討論会」は、社員（会員）三名がグループを作り、うち二名がその説をあらかじめ原稿として用意してそれを演説し、「駁議討論」を待つという。このことを受けて五月八日には、「第四会立論当番割」として、五月から九月まで各三名、十月分として四名のグループ分けがなされている。「第四会」とは第四土曜日に予定される討論会を意味するものであろう。

「三田演説日記」の八年六月二十六日（第四土曜日）の記事によれば、この日に行われた「討論会」では、五月に決められていた通りの三名が「発論」の当番に当たっており、牛場は政府の冗費節減の問題、小杉は汽車路線の建設問題、湯川は英国の銀行のことについて取り上げたようである[56]。ただこれらの問題をどのように「駁議討論」したのか、また改定した取り決めで三名の内の二名が演説するということの意味など、具体的な記録はなく、よく分からない。この後の十一月十三日の三田演説会は「持論会」として行われているが、またこの日、第四土曜日の討論会を「旧の弁論と為す」との決定がなされており、同月二十八日には、「今の日本の有様にて学者たるものは知識聞見を自から積む歟《か》、或は積て随て散ずるの方便に心を尽す可きや」との論題に対して会員を二分してディベート型の討論が行われたようである[57]。したがって、六月二十六日の討論は、すでに見た演説会規則に規定された三類型のいずれかによったものではなく、当番の人物の「発論」について、自由なディスカッションを行ったのではないかと思われる。

先の八年四月二十四日に決められた演説会の形態についての改正は、さらに、翌月二十二日には六月より実施するものとして次のように手直しされている。

第一土曜日 演説会。会員を半折しその半数の中より演説す。

第二土曜日 持論会。銘々得意の説を演述する事。但し一名の時間十分時を限る。

第三土曜日 演説会。右第一土曜日の如し。

第四土曜日 討論会。従前の如し。(58)

第一・第三土曜日の「演説会」、第二土曜日の「持論会」、第四土曜日の「討論会」という三形態に整理されている。また六月二十四日付の『郵便報知新聞』雑報記事によれば、「三田演述会は是迄月々第一の土曜日のみ勝手に聴聞を許す事なりしが、以来は第一と第三と両次の土曜日には外来聴聞を許し、第二、第四の土曜日は社中の事務もあれば外来を許さずと改定せりと云う」とあり、この改正の重点が演説会の公開にあったことが分かる。なお、先に触れたように、十一月十三日には討論会は再び従前の形式に復している。ただし、三田演説会における討論会は、この後、十二月から翌九年三月に至るまで一回も実施されていない。また、持論会についても「三田演説日記」の明治九年一月十五日および二月十二日の記録に出席者が少なく流会となったと記されており、事実上行われなくなったようである。(59) 持論会は演説の練習のための内輪の会合としての性格が強く、その意味で必要度が薄れてきたものであろう。

同年三月十八日には、再び演説会開催要領の改正が行われている。同日の「三田演説日記」には次のように記されている。

本日午後三時より福澤諭吉宅へ集会。同宅にて一同食事。

欠席は牛場、高木、岩田なり。

同席にて左の通決議。

毎月第一、第三土曜日演説会旧の通り。第二会を廃し、第四土曜日弁論会の事。

追て又決す。

毎月第二、第四の土曜日を演説会日と定、午後二時より開席。弁論会は第一土曜日の夜なり。

本日演説者。

中村茂吉、鹿島秀麿、小幡篤次郎、森下岩楠、芦野巻蔵、竹内正志、村松山三郎。(60)

第一土曜日に「討論会」、第二・第四土曜日に「演説会」を開催し、これまで第二土曜日に実施されていた「持論会」を廃止するという取り決めである。また、「討論会」は夜間の開催であるが「演説会」は午後二時の開会と定められている。このことについては、三月二十日付の『郵便報知新聞』の雑報記事に、「三田の演説会はこれまで夜分にて遠方の人には不都合なりしが、当四月より毎月第二、第四土曜日の午後二時より演説なし勝手に傍聴を許すとのこと。定て相替らず繁昌しましょう」とあり、一般公開の演説会として大きな意味のある変更であった。この改正後の最初の三田演説会として「討論会」が行われているが、「三田演説日記」には次のように記されている。

四月一〔日〕　土曜日　第八十会

欠　藤田、箕浦、高木、牛場、小杉、和田、松山、〆七名。

本日討論の題　耶蘇教の利害。

駁する方　小幡、森下、四屋、須田、朝吹。

主張する方　小川、中野、坪井、芦野。(61)

明治九年四月のこの会は、三田演説会の発足から一年九か月、演説館の開館からはほぼ一年を経て、通算八十回目となる節目の演説会であった。開催要領の改正のための集会が福澤宅で食事をともにして行われたというのも一つの意味を持つものであったと思われる。そしてこの後、三田演説会での「討論会」は行われなくなり、結果的に毎月二回の「演説会」開催がほぼ恒例となって続けられて行くことになる。討論会が行われなくなった事情については、三田演説会に関わる「三田演説日記」などの記録類は何も伝えていない。また関係者の証言なども残されていないようである。

そしてさらに、先に述べた鎌田等による公開講義の試みが行われた明治十一年の後半頃から、三田演説会は再び転機を迎えたようである。たとえば、同年十二月から、『郵便報知新聞』紙上に毎回の演説者と演題を次のように告知することが始まっている。

演説会、来る十四日午後二時より開場。福澤諭吉・宗教の説、小幡篤次郎・保護税論、猪飼麻次郎・貨幣の説、加藤政之助・外交の説、四屋純三郎・兵制の説、古渡資秀・警察の説、吉良亨・勢の説、本山彦一・漕運変遷論。三田演説会幹事。(『郵便報知新聞』十一年十二月十二日付、告知欄)

演説発会、来る十一日午後二時より。外交論・福澤諭吉、競争論・須田辰次郎、通貨論・猪飼麻次郎、憲法論・加藤政之助、新年の感・四屋純三郎、改宗の利害・門野幾之進、琉球藩処分・古渡資秀、関東論・真中直道。演説発会前、午後一時より二時迄例年の通試文褒賞授与式を執行。三田演説会幹事。(『郵便報知新聞』十二年一月十日付、告知欄)

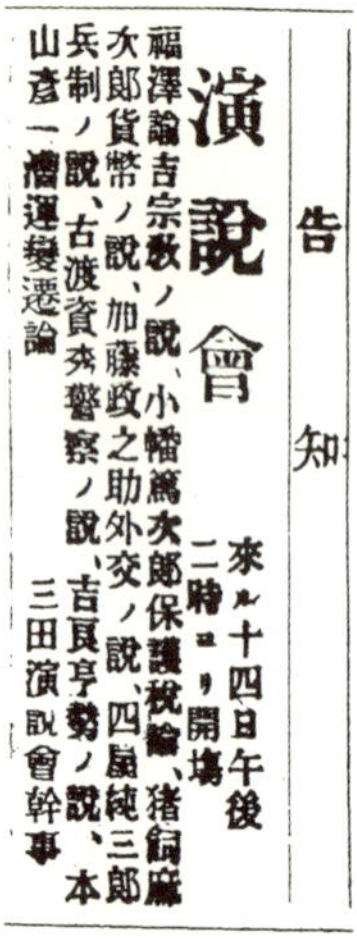

告知

演説會　來ル十四日午後二時ヨリ開場

福澤諭吉宗教ノ説、小幡篤次郎保護税論、猪飼麻次郎貨幣ノ説、加藤政之助外交ノ説、四屋純三郎兵制ノ説、古渡資秀警察ノ説、吉良亨勢ノ説、本山彦一檣運變遷論

三田演説會幹事

三田演説会告知　『郵便報知新聞』明治11年12月12日付

この十二月十四日の演説会は「三田演説日記」には記録がなく、告知広告のみで実際には開催されなかったようである。またこれらの告知が「幹事」の名で掲載されていることに注目したい。さらに十二年三月から七月までは幹事として「加藤政之助」、九月から十三年三月までは「中村英吉」の名が残されている。また、演説会の記録である「三田演説日記」も、それまでは会務記録や会員の出欠記録を主とするものであったが、たとえば十二年九月からは、

九月十三日　第百卅六会　演説七十三会

本日は十二年後半期発の処《ところ》、大雨にて聴衆甚少し。演説者左の通り。

朋党論	伊東茂右衛門
学問の解	中村　英吉
社会雅俗の関係	鎌田　栄吉
欲の世の中	永田　一二
人間処世の要訣	尾崎　行雄
教育論	小幡　篤次郎
門閥論	福澤　諭吉[62]

とあるように、その記事は毎回の演説会の演説者と演題を記録することが主になってほぼ定型化している。三田演説会が一般公開を前提として組織的にも整えられて開催されるようになったことの反映であろう。

こうして、さまざまな試行錯誤を重ねた結果として、ようやく多くの聴衆を前にして演説者がその主張を自らのことばによって述べるという「演説」と「演説会」のかたちが定着したと考えられる。「書物の講義を演説のように話して見よう」という鎌田らの試みの、またさらに遡れば、句読点を多用し「ござる」でむすぶ口語体の演説草稿を印刷するという福澤の試みの一つの到達点であった。ただ、弁論会（討論会）が続けられなかったことに見るように、三田演説会が当初想定していた「演説者」と「聴衆」の相互交流の場としての知的な言語空間をより広く創り出すということについては十分に達成出来なかったといわなければならない。

（1）『全集』①五四頁。
（2）宮村治雄「『御誓文』と『会議弁』の間―「維新の精神」をめぐって―」『みすず』三三四号（みすず書房、一九八八年十二月）、再録、『福澤諭吉年鑑』一七号（福澤諭吉協会、一九九〇年十二月）参照。
（3）慶應義塾福澤研究センター所蔵。
（4）『日本演説之由来』三〜四頁。
（5）小幡篤次郎「下手と自慢」『慶應義塾学報』二三号（慶應義塾、一九〇〇年一月）。
（6）『三田演説筆記』一号。『全集』⑳一三四〜一三五頁、『三田演説会資料』（慶應義塾福澤研究センター資料4、編集・解説＝松崎欣一、改訂版、二〇〇三年）九一〜九三頁。

（7）須田辰次郎「余の在塾中に於ける珍談奇聞」『三田評論』二二三号（慶應義塾、一九一六年二月）。
（8）石河幹明『福澤諭吉伝』②（岩波書店、一九三二年）二〇二頁。
（9）『三田演説会資料』七六〜七七頁。
（10）鎌田栄吉「三田演説会第四百回期」『慶應義塾学報』二三号（一八九九年十二月）。
（11）『鎌田栄吉全集』①（鎌田栄吉先生伝記及全集刊行会、一九三五年）一五五〜一五六頁。
（12）「三田演説第百回の記」。『全集』④四七六〜四八〇頁。
（13）『全集』⑦二七一頁。
（14）柳父章『日本語をどう書くか』（法政大学出版局、二〇〇三年）第三章「句読法の歴史」参照。
（15）福澤研究センター所蔵。
（16）福澤研究センター所蔵。『全集』③五六〇、五六七、六〇九、六一〇〜六一一頁。
（17）福澤研究センター所蔵。『全集』③六一九、六二二、六二四、六二五、六二九、六三三、六三五頁。
（18）『明治文学全集』㉓（筑摩書房、一九七一年）一一〜一八頁。
（19）『春汀全集』②（博文館、一九〇九年）三七八〜三七九頁。
（20）福澤研究センター所蔵。『全集』⑦一一頁。
（21）山本正秀『近代文体発生の史的研究』（岩波書店、一九六五年）、『言文一致の歴史論考』（桜楓社、一九七一年）参照。
（22）野口武彦『三人称の発見まで』（筑摩書房、一九九四年）一九四〜一九六頁参照。
（23）大槻文彦編『箕作麟祥君伝』（丸善、一九〇七年）九五〜一一〇頁。
（24）神田寿美子「言文一致史上における速記演説文の研究」『日本文学』19（東京女子大学学会日本文学部会、一九六二年十一月）。
（25）「チョン髷ばかりは」明治十六年八月一日。『全集』⑨一〇八〜一〇九頁。
（26）「米策」明治二十三年七月二十一日。『全集』⑫四七八〜四七九頁。

(27)「殿様将棋」明治二十七年六月二十七日。『全集』⑭四二五〜四二六頁。
(28)福澤研究センター所蔵。
(29)『全集』⑥四三七〜四六〇頁。
(30)『三田演説会資料』一二九頁。
(31)松崎欣一『三田演説会と慶應義塾系演説会』(慶應義塾大学出版会、一九九八年)六二頁参照。
(32)『三田演説筆記』一号。『三田演説会資料』七八頁。
(33)『三田演説会資料』一一、一五頁。
(34)宮村前掲論文参照。
(35)『三田演説会資料』一二九〜一三〇頁。
(36)『三田演説会資料』一八〜一九頁。松崎前掲書、五三〜五四頁、表Ⅱ・3・2参照。
(37)『鎌田栄吉全集』①年譜、一〜八頁参照。
(38)『鎌田栄吉全集』①一八六〜一八七頁。
(39)『三田演説会資料』四四、一三五頁。
(40)武田勘治『近世日本学習方法の研究』(講談社、一九六九年)参照。
(41)『三田演説会資料』二〇一頁。
(42)『三田演説会資料』一八八、一九一〜一九二、二〇〇、二〇一、二一〇、二二一、二三一頁。
(43)『書簡集』②書簡番号二七六。
(44)『福澤諭吉伝』②六四四頁。
(45)『慶應義塾百年史』上巻(慶應義塾、一九五八年)六一八〜六一九頁。
(46)『福澤諭吉伝』②六四四〜六四五頁。
(47)『書簡集』①書簡番号一九六。
(48)『慶應義塾社中之約束』(慶應義塾福澤研究センター資料2、解題＝佐志傳、一九八六年、および9(影印版）、解題＝米山光儀、二〇〇四年）。
(49)『全集』⑲三八八～三八九頁。
(50) 会田倉吉「カロザスの慶應義塾に対する影響」『史学』三一巻一―四号（三田史学会、一九五八年十月）、『慶應義塾七十五年史』（慶應義塾、一九三二年）八六頁。
(51)『全集』⑲四一四～四一五頁。
(52)『書簡集』①書簡番号一六一、『福澤諭吉の手紙』（岩波文庫、二〇〇四年）七七～八一頁。
(53)『全集』③一〇三頁。
(54)『全集』⑲三九一頁。
(55)『三田演説会資料』二六～二七頁。
(56)『三田演説会資料』三一頁。
(57)『三田演説会資料』三九、四〇頁。
(58)『三田演説会資料』二九頁。
(59)『三田演説会資料』四二、四三頁。
(60)『三田演説会資料』四三～四四頁。
(61)『三田演説会資料』四四頁。
(62)『三田演説会資料』一四一頁。

第Ⅲ章　「語り手」としての福澤諭吉　その一

一　英吉利法律学校開校式の祝辞

(一)　英吉利法律学校開校式

現在の中央大学の前身となる英吉利法律学校が東京神田錦町に開設されたのは明治十八年九月十日のことであった。入校生は百五十余名、講義録の予約購読申し込み者は七百五十余名に及んでいる。同月十九日には、開校式が隅田川河畔に面した両国橋近くの中村楼において行われている。玉乃世履大審院長、鶴田皓参事院司法部長、渡辺驥検事長、渡辺洪基東京府知事、福澤諭吉を始めとして、在横浜の英国領事ロバートソン、代言人ラウダル、ヘラルド紙記者ブルーク、メール紙記者ブリンクリーなど内外の著名人や新聞記者が集まり、来会者は総勢三百名ほどであったという。『明法志林』第一〇冊一〇五号に、「雑報」として当日の模様と、式典での挨拶と祝辞が掲載されている(1)。登壇順にそれぞれの挨拶、祝辞の前書きを摘記すれば次の通りである。高橋、増島、穂積、渋谷は設立発起人

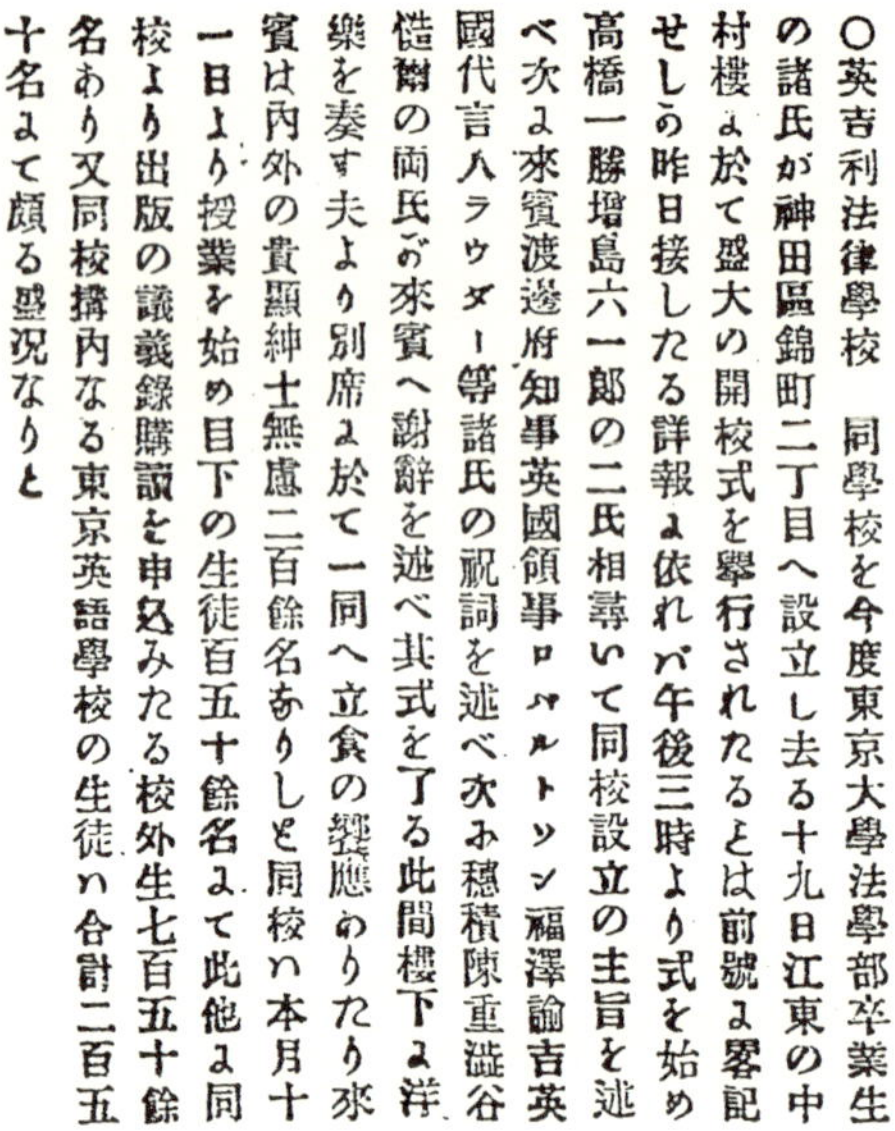

○英吉利法律學校　同學校を今度東京大學法學部卒業生の諸氏が神田區錦町二丁目へ設立し去る十九日江東の中村樓に於て盛大の開校式を擧行されたるとは前號に畧記せしが昨日接したる詳報に依れバ午後三時より式を始め高橋一勝増島六一郎の二氏相尋いて同校設立の主旨を述べ次に來賓渡邊府知事英國領事ロバルトソン福澤諭吉英國代言人ラウダー等諸氏の祝詞を述べ次に穗積陳重澁谷慥爾の兩氏が來賓へ謝辭を述べ其式を了る此間樓下に洋樂を奏す夫より別席に於て一同へ立食の饗應ありたり來賓は内外の貴顯紳士無慮二百餘名ありしと同校ハ本月十一日より授業を始め目下の生徒百五十餘名にて此他に同校より出版の講義錄購讀を申込みたる校外生七百五十餘名あり又同校構内なる東京英語學校の生徒ハ合計二百五十名にて頗る盛況なりと

英吉利法律学校開校式の記事　『郵便報知新聞』明治18年9月23日付

の一員であり、増島は校長であった。

①　高橋一勝（発起人、代言人）
　本校設立の主意を述べらる。その弁極めて沈着清和にして聴衆は容易に設立の主意を領得せしが如し。演述の要旨は左に掲ぐるが如し。

②　増島六一郎（発起人・校長、東京大学講師、代言人）　英語にて同じく本校設立の主意を述べらる。語意共に明確にして、来賓英米人も耳を敧《そばだ》て黙聴せり。今その大要を邦文に翻えして左に掲ぐ。

③　渡辺洪基（東京府知事）　この祝詞は例の速記法に由りて、若林玵蔵氏外一名の府知事が演述の儘を筆記されしものゆえ、これを読めば面〔ママ〕のあたり渡辺氏の演述を聴けるに同じ。

④　ラッセル・ロバートソン（英国領事）　英語にて演説す。その要旨は左に訳出せるが如し。

⑤　福澤諭吉　例の達弁にて、将来法学校の生徒に望まるゝところを縦横に述べらる。これ亦、若林玵蔵氏外一名の筆記を得たれば、その儘を左に載す。

⑥ ラウダル（代言人） 英語にて左の演説をなしたり。
⑦ 穂積陳重（発起人、東京大学教授兼法学部長） 英語にて来賓に簡短〔ママ〕なる謝辞。
⑧ 渋谷慥爾（発起人、代言人） 左の謝詞を朗読せらる。

八名のうち増島、穂積を含む四名が英語による挨拶であった。増島の英語による挨拶も聴衆はよくその趣旨を理解出来るものであったという。もっとも、府知事の渡辺は祝辞の中で、「私の考は只今申《もうす》通り甚《はなは》だ不学で、法律の学問をしたことはありません。且《かつ》その他の学問は僅に仏蘭西の書を読み、又慶應義塾に於て変則の〔英、脱カ〕語を少々読んだ位で、それから先は字典に拠って少し本を読んだばかりでありますから、今の増島君の演説も殆んど半分解った位であります」と述べている。「変則の語」とは、渡辺の学習法が書籍の読解を専らとするものであったために英語の聞き取りに困難があったということであろう。渡辺の慶應義塾への入学は慶応元（一八六五）年十一月のことであった。渋谷は謝辞を読み上げている。渡辺府知事と福澤の祝辞はともに速記による記録が収録され、英語による挨拶はその訳文の要旨が掲載されている。来賓の祝辞のうち、日本語によるものが全文を記録されたことになる。法律学校の開校式という場で、演説とその記録のさまざまなかたちが一

中村楼外観

明治21年に建てられた英吉利法律学校新校舎

通りそろった感がある。前述のように、初期の三田演説会ではその規則の改変がしばしば行われている事実があった。それは、福澤を中心とした人々による演説のかたちを作り出すための試行錯誤であった。[2] 三田演説会が発足して、すでに十年が経過している時期に行われた英吉利法律学校の開校式には、当時の日本社会に演説の法が機能し始めていることが示されていることを見てよいのであろう。

渡辺と福澤の祝辞は「例の速記法」によって、「演述の儘」を筆記したという。

田鎖鋼紀が「楳《うめ》の家《や》元園子《もとぞのし》」の名で、『時事新報』に「日本傍聴《ジャパネースホノ》記録法《グラフヒー》」を投稿して日本語速記法の誕生を宣言したのは明治十五年九月十九日のことであった。翌月から普及のための講習会が始められている。十六年七月には、立憲改進党系の東京議政会演説会について自由党系の『自由新聞』が報じた記事を巡る議政会と自由党の紛争をめぐり、議政会側が両者の交渉の経過を速記により記録して『郵便報知新聞』に掲載した。速記法実用化の最初であった。十七年二月には矢野龍渓『経国美談』後編が口述速記により刊行され、七月から三遊亭円朝の「怪談牡丹灯籠」の口演速記十三篇が相次いで刊行されている。[3] 英吉利法律学校開校式の祝辞の速記による記録は、速記法の実用化黎明期の所産ということになる。「例の速記法」によって筆記したという『明法志林』の表現には、田鎖等によって開発されたばかりの新しい記録法に対する当時の注目の度合いが示されているように思われる。

若林玵蔵は酒井昇造、林茂淳とならんで田鎖直門の三羽烏といわれた人物の一人である。(4)「これを読めば面《ママ》のあたり渡辺氏の演述を聴けるに同じ」というのが若林等の速記によってどこまで実現しているのか、渡辺と福澤の話し振りの違いをどこまで忠実に再現出来ているのかはにわかに判断出来ない。

明治十八年十一月の大阪事件をめぐる裁判について、各新聞が速記者による傍聴筆記を競って掲載しているが、谷川恵一や後藤孝夫はこれらを比較検討して、公判における同じはずの証言が新聞により異なっており、個々の速記者によって一つの声がさまざまに変容して改めて発信されていることを跡づけている。(5)速記者の速記能力、伝えるべき事実に対する理解や態度の違いが異なる記録を生み出したのである。仮に音声言語を速記法によって厳密に記録出来たとしても、それが文字に書き起こされてそのまま首尾整った達意の文章には必ずしもならないのもまた事実である。英吉利法律学校の開校式における渡辺と福澤の演説筆記の主語はいずれも「私」であり、また文末も基本的には同じように「ます」で結ばれてほぼ同じような口語文体となっている。それに対して、その他の演説要旨の訳文の主語は「生等」「余」「余輩」で、基調が文語文体である。当然のことながら、速記記録の翻字に当たってかなり統一的な整序が行われていることが窺えるのである。しかしそのような限界があるにもせよ、若林等が残した記録は式典会場における演説の実際を知る貴重な史料であることはいうまでもないであろう。

渡辺の祝辞の論旨はおよそ次の通りである。法律は各国の歴史と民俗（ネーション）の中に培われた慣習を背景として作られるものである。渡辺はこのことを敷衍して、「今茲《ここ》に故《こと》さらに民俗と云うのは、先程増島君の中されたる通り米国も英国も殆んど法律は同じである、それと云うのがこの二国は民俗が同一である、然《しか》らば民俗より慣習が成立ちて来てその法律は慣習の出来栄《できばえ》から成立つものであるから、歴史民俗の違う処からして法律も亦《また》違わなければなりませんことは明瞭であろうと考える故に、欧羅巴の耶蘇教を奉ずる国は殆《ほと》んど成立ちが同じもので、一つの民俗にて同じ歴史を践《ふ》んで来るけれども、それでも国々多少法律上に違いが有るに依て、米国、英国、仏国、独国等各法律に多少の違が有ます」と述べ、さらに次のように続けている。

ヨーロッパ近代の達成を目標とする日本にとって、現在は英独仏各国の慣習と慣習から成り立っている法律を学んで、「我国の一種特別の歴史を満足させて、是非とも英米各国と同じ様にやりたいと考えて日本国中その用意をして居る」ところなのであって、「今日各国の歴史法律を講究して、而《しこう》して少々は無理でも、我国に適用し得べきだけの事を取て我国の進まんと欲する所を賛成して、文明の針路を進むることを得せしめまして、日本の安寧幸福を望む」より他には方法がないのである。独逸学協会がドイツの法律経済を、また明治法律学校がフランスの法律を講究し、さらに英吉利法律学校が新たにイギリスの法律を研究することが求められているのである。それぞれの研究の進展によって、「我々の最も冀望《きぼう》する処の進歩の道に進みて、日本に最も適当したる一種文明なる法律が出来て、社会を支配する様になるであろうと思います」と述べるものである。

渡辺の祝辞は大学総理加藤弘之の代理として務めるものであった。あるいは速記とその翻字の仕方自体にも問題があったのかも知れないが、議論がやや回りくどく、同じことばの反復が目立ち趣旨が把握しにくいものとなっている。また、聴衆としての学生に直接呼びかける話法ではなく一般論としての話し方になっている。

福澤の祝辞の要点はやはりなぜ法律を学ぶのかということであるが、渡辺とはその必要を説く視点が異なっている。また、「こゝにお出なさるお方は、英国の法律を学ぼうと云う存念であろうが、その人々は何《ど》うするでありましょう」とまず入学者自身に問いかける話し方になっており、この点で渡辺とは際だった特徴のある祝辞となっている。そして「今日開校式に於て斯《こ》う云うことを申すのは芽出たくないが」として、法律学校を卒業しても、現実の問題としてそのまま判事なり、役人なり、代言人なりになることは難しい。また生涯それを貫ける者は少ないのだと述べる。祝辞としてはかなり大胆に聴衆の関心に踏み込んだ話法である。しかし、だからといって法律を学ぶことが無駄であるということにはならない。「法律は何になるかと云うに、凡《およ》そ法律は何と云ったら宜しかろう、先ず人間の学ぶべき世渡り即ち処世に入用のもので在って必用のものである」と述べている。そして「法律の切れることは昔しの武断政治の刀よりも能く切れるもの」であって、「真実《ホントウ》の撃剣家《ケンジツツカイ》」は生涯刀を抜かないといわれるように、切れる刀を使うには「深く学び込んで矢鱈《やたら》にすっぱ抜をしては困ります」と戒めて祝辞を結んでいる。

福澤のこの時の祝辞については、『明法志林』の速記記録とは別に『時事新報』掲載のテキストがあり、次項においてこの二つの記録の対比をしてみたい。

(二) 福澤の祝辞――二つの記録

英吉利法律学校の開校式における福澤の祝辞は、開校式から三日後の二十二日付『時事新報』社説欄にも、「左の一篇は福澤先生が去る十九日向両国《むこうりょうごく》中村楼に於て英吉利法律学校の開校式の席にて述べたる演説の大意なり」として掲載されている。『明法志林』と『時事新報』の二つのテキストの論旨の展開を追って見ると、八つの段落（①〜⑧）に区分することが出来る。『明法志林』（A）と、『時事新報』（B）を順に対比してみると次のようになる。用字は漢字、仮名ともに通行体とした。平仮名と片仮名の使い分け、および清濁は原文のままである。『明法志林』には句読点が施されている。原文のままに示した。『時事新報』には句読点がほとんど打たれていないが、『福澤諭吉全集』により補った。(6) 振り仮名は『明法志林』『時事新報』ともに原文のままに残した。引用者による振り仮名はつけていない。

①

A　今日英吉利法律学校ノ開場式ガアルニ就キマシテ二三日前増島君カラ御案内デ参リマシタガ、先ヅ此開校式ニ就キマシテハ私ハお芽出度ト申スハ、日本ニ法律ノ行ハレタルハ今ヲ去ルコト十八年以前デ在ツテ、決シテ其前ハ法律ト云フモノハナカツタガ、十八年ノ其間ニ漸々ト欧羅巴ノ法律カ侵入シテ来テ、今日ハ政府ニ於テモ文部ノ大学校ヤ司法省ノ法学校ニテ法律ヲ教ヘ其他私立ノ法律学校ノ設ハ一二ニ止マリマセン又高尚ノ学校ニ於テハ法律ノ科ヲ設ケテ在ツテ、全国至ル処隅カラ隅マテ法律学校カ出来タカト思フ位デアルニ、今度又英吉利法律学校カ出来マシタガ、法律ヲ教フル所ガ多ケレバ多キダケ芽出タクツテ祝サナヒデハ居ラレナヒト申ス訳ヲお話シ申マス

B　今日は英吉利法律学校の開校式とて御案内《ごあんない》を蒙《かうむ》り、幸にして諸君と席を同うするを得るは難有次《ありがたきし》

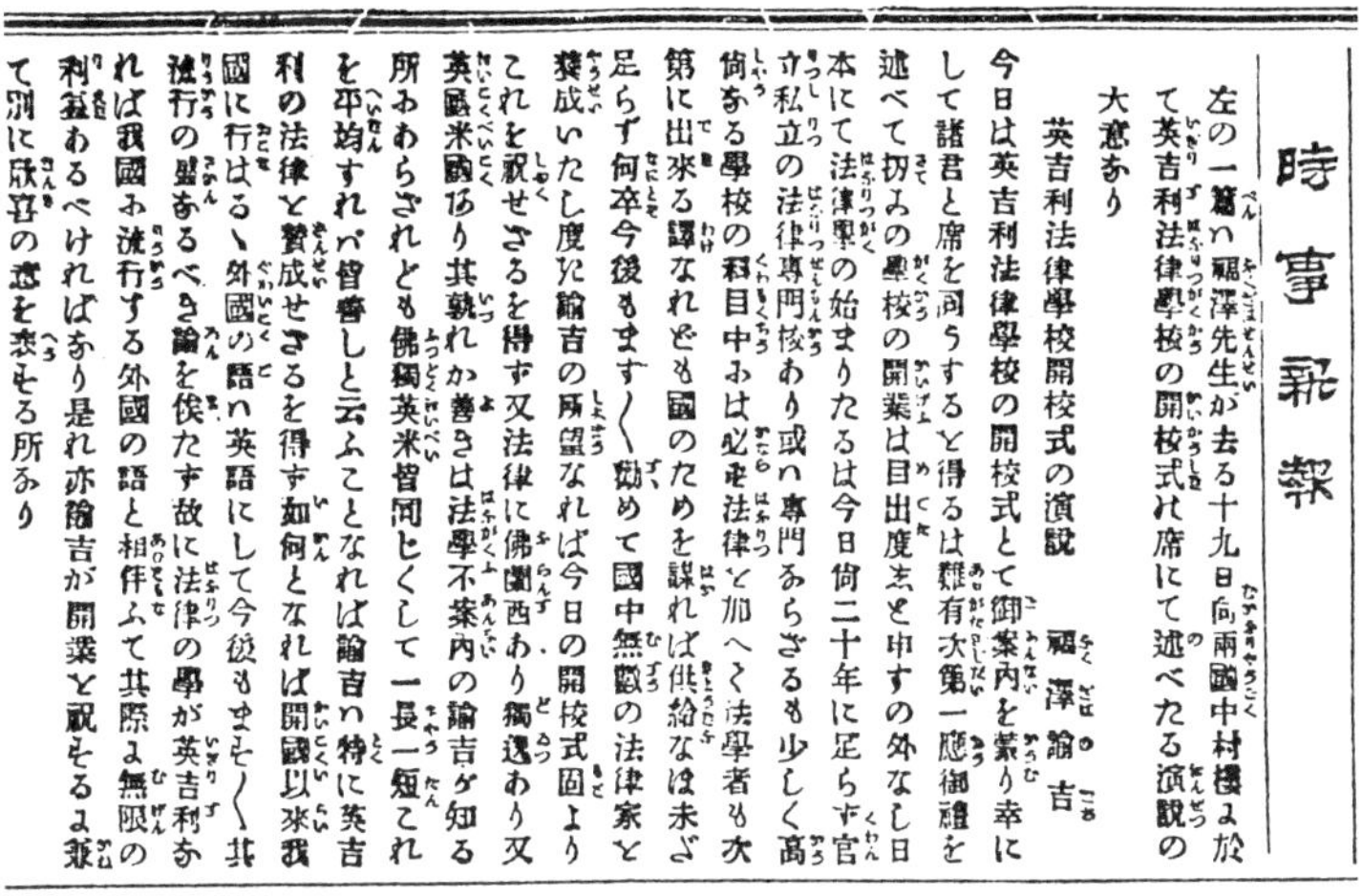

時事新報

左の一篇ハ福澤先生が去る十九日向両國中村樓ふ於て英吉利法律學校の開校式の席にて述べたる演説の大意あり

英吉利法律學校開校式の演説　福澤諭吉

今日は英吉利法律學校の開校式とて御案内を蒙り幸にして諸君と席を同うするを得るは難有次第一應御禮を述べて扨この學校の開業は目出度しと申すの外なし日本にて法律學の始まりたるは今日尚二十年に足らず官立私立の法律専門校あり或ハ専門ならざるも少しく高尚なる學校の科目中ふは必ず法律を加へて法學者も次第に出來る譯なれども國のためを謀れば供給なほ未だ足らず何卒今後もます〳〵勧めて國中無數の法律家を養成いたし度き諭吉の所望なれば今日の開校式固よりこれを祝せざるを得ず又法律に佛蘭西あり獨逸あり又英國米國あり其孰れか善きは法學不案内の諭吉が知る所ふあらざれども佛獨英米皆同じくして一長一短これを平均すれバ皆齊しと云ふことなれば諭吉ハ特に英吉利の法律と贊成せざるを得ず如何となれば開國以來我國に行はるゝ外國の語ハ英語にして今後もます〳〵其流行の盛なるべき論を俟たず故に法律の學が英吉利なれば我國ふ流行する外國の語と相伴ふて其際ふ無限の利益あるべければあり是れ亦諭吉が開業と祝そるふ兼て別に欣喜の意を表そる所あり

福澤諭吉「英吉利法律学校開校式の演説」冒頭部分
『時事新報』明治 18 年 9 月 22 日付

第《だい》、一応《おう》御礼を述べて、扨《さて》この学校《がくかう》の開業《かいげふ》は目出《めで》度《た》しと申すの外なし。日本にて法律学《はふりつがく》の始まりたるは今日尚二十年に足らず。官立私《くわんりつし》立《りつ》の法律専門校《はふりつせんもんかう》あり、或ハ専門ならざるも少しく高尚《かうしやう》なる学校の科目中《くわもくちう》には必《かなら》ず法律《はふりつ》を加へて、法学者も次第に出来《でき》る訳《わけ》なれども、国のためを謀《はか》れば供給《きようきふ》なほ未だ足らず。何卒《なにとぞ》今後もます〳〵勧《す》めて国中無数《むすう》の法律家を養成《やうせい》いたし度き諭吉の所望《しよまう》なれば、今日の開校式、固《もと》よりこれを祝《しゆく》せざるを得ず。

②

A　偖此法律ハ英吉利ノ法律デアロウカ仏蘭西ノ法律デアロウカ、何方《ドチラ》ガ宜シヒカ存シマセン。私ハ法律ハ不案内デアリマシテ法律専門学者デモナク、仏蘭西ノ法律ヨリ英吉利ノ法律カ便利カソコハ知リマセンガ、英国ノ法律モ米国ノ法律モ仏国ノ法律モ独逸ノ法律モ詰ル処ハ同シ様デアルト云ツタラ私ハ英吉利ノ法律ヲ賞ナケレバナリマセン。何故《ナゼ》ナラバ日本ニハ皆様御承知ノ通リ英語ガ能ク行ハル丶国デアルカラ法律ト語学ハ一致シナケレバナラヌカラ、我ガ国ニハ英国ノ法律ガ慥カニ行ハル丶コトデアル。別ニ仏蘭西ノ法律トカ独逸ノ法律トカゞ特ニ便利ガ宜シヒト云フ償フ所ガアレバイザ知ラズ、同ジモノデアレバ私ハ口ヲ放ツテ英国ノ法律ヲ賛成致シマス。

B　又法律に仏蘭西《ふらんす》あり、独逸《どいつ》あり、又英国《えいこく》、米国《べいこく》あり。其執《いづ》れか善《よ》きは、法学不案内《はふがくふあんない》の諭吉が知る所にあらざれども、仏独英米《ふつどくえいべい》、皆同じくして、一長《ちやう》一短《たん》、これを平均《へいきん》すれバ皆善しと云ふことなれば、諭吉ハ特《とく》に英吉利の法律を賛成《さんせい》せざるを得ず。如何《いかん》となれば開国以来《かいこくいらい》、我国に行《おこな》はる丶外国《ぐわいこく》の語《ご》ハ英語にして、今後もます／＼其流行《りうかう》の盛《さかん》なるべき、論《ろん》を俟《ま》たず。故に法律《はふりつ》の学が英吉利《いぎりす》なれば、我国に流行《りうかう》する外国の語と相伴《あひともな》ふて、其際に無限《むげん》の利益《りえき》あるべければなり。是れ亦諭吉が開業を祝するに兼《かね》て別に欣喜《きんき》の意を表《へう》する所なり。

③

A　ソレハお芽出タヒトシテ置キマシテコ丶ニお出ナサルお方ハ英国ノ法律ヲ学ボウト云フ存念デアラウガ、其人々ハ何《ド》ウスルデアリマセウ。之ハ祝詞ニ就テノお話シデアリマスガ大層法律ノ学者ガ出来テ段々殖ヘルトシテ、其人々ガ是カラ何《ド》ウスルカト云フ一ツノ疑問ガ起リマス。追々法律ヲ学ビテ其行ク先キハ判事ニナルノガ一番先キデアリマセウ。役人ニナルノハ六ケ敷訳デモナイガ、ソンナニ役人ニバカリナラレテハ困ル。日本ノ役人ハ今日デサヘ七万五千人余アルカラ、又其上ニ飛込ムカハ知リマセンガサウシタ日ニハ仕方ガアリマスマイ。是マデハ随分拙者ハ隠君子デヤルト云ツテモ、何《ド》ウカ斯《カ》ウカ無理ニモ政府ヘ潜リ込ミテ役人ニナリ、国民ノ租税ヲ食ムダガ、サウ沢山入《イリ》ルコトハ出来マイト思フ。

B　一応の謝辞《しやじ》祝詞《しゆくし》に兼て私の歓《よろこ》びの情《じやう》を述《の》べ終りたる処にて、満座《まんざ》の少年諸士《せうねんしよし》はこれより法律学に従事《じうじ》することならん、又教授《けうじゆ》の校員《かういん》も丁寧《ていねい》に教へ深切《しんせつ》に導《みちび》きて学問の進歩《しんぽ》は必ず速《すみやか》なることならん。扨《さて》学問は日に上達《じやうたつ》するとして、諸士の身《み》の行末《ゆくすえ》は何とせらるゝ積《つも》りなるや。法学卒業《はふがくそつげふ》したるその翌《よく》日判事《じつはんじ》となり、又他の官員《くわんいん》に拝命《はいめい》の胸算《きやうさん》か。若しも左様なる目的《もくてき》なれば、先づ以て違算《いさん》なるべしと云はざるを得ず。政府《せいふ》の官員《くわんいん》には定まりの数《かづ》ありて、迚《とて》も諸士の望《のぞみ》に応《おう》ずべき空位《くうい》なし。方今《はうこん》七万五千の官員、既《すで》に少なしとせず。尚この上に無限《むげん》の法学士を出来《しゆつたい》、次第《しだい》に官途《くわんと》に容《い》れんとするは物の数《すう》に於て叶《かな》はざることなり。

④

A　サウスルト自分ノ糊口ガ出来ナイカラ其次ギハ代言人ニナルデアリマセウ。ソレガ順当ノ道デアリマス。所ガ代言人ト人民トノ間ハ丁度医者ト病人ノ割合デ、医者ノ割合ニ病人ガナクテハ医者バカリ出来テモ困リマセウ。日本ハ医者ガ少ナヒカラ宜シカロウト思ヒマスガ、段々爰ニ居ル諸君ガ学問ノ進ムノハ存外早イモノデ、サウスルト病家ガナクテ医者ガ殖ヘテ困ルト云フダラウガ、私ハ少シモ恐レナイ政府ニ入《ハイ》ラナヒデモ宜シヒ、代言人ニナランデモ宜シヒト云フノハ、自分デ法律学校ヲ卒業シテずうつと貫ヒテ愈々役人カ代言人ニナツテ生涯生活ヲ終ルモノハ至ツテ尠ヒ。今日開校式ニ於テ斯ウ云フコトヲ申スノハ芽出タクナイガ、ソレヲ貫クモノハ尠ヒコトデアル。医者ニナラウト云フモノガ医学校ニ入ツテ初メハナンデモ開業医ニナル目的ニ違ヒナイガ、数年修学シテ卒業シタ所デ、卒業シタ時ヨリ開業スルマテノ間ニ色々ノ妨害ガ在ツテ開業ガ出来ズ、漸ク開業医ニナツタ所ガ流行スルトシナヒノ差ヒカアリテ、愈々医者ヲ開業スル人ノ数ト最初学校ニ入ツタ人ノ数トハ百分ノ一位デハナヒ二百分ノ一位ノモノデアル。

B　次に代言人《だいげんにん》は如何と云ふに、是れ亦限《かぎ》りなく入用のものに非ず。詞訟人《ししやうにん》は病家《びやうか》の如く、代言人《だいげんにん》ハ医師《いし》の如し。医師の数《かづ》、割合《わりあ》ひに多くして、病家の数、割合に少なければ、固《もと》より以て職業《しよくげふ》とするに足らず。左れば政府《せいふ》の官員なり代言人なり、其数は誠《まこと》に少々にして、法学者中の一部分《ぶぶん》を以て其席《せき》を充《みた》すべし。

⑤

A　サウスルト医者ヲ学ンデモ無駄ノモノガ多ヒカラ法律モ同ジク無駄デアルカト云フニ、決シテ無駄デハアリマセンカラ法律ハソコデ宜ヒノデアル。其身分ニ就テ見レバ法律ヲ学ビテソレカラ身ヲ起サウト云フ人カアリ。又法律ヲ学ビテ何カ身ヲ立ル種《タチ》ニシヤウト云フ人モアル。又必ラズ法律ヲ学ビテソレヲ売ツテ食ハンデモ宜イ人モアリマス。

然ラバ其人ノ身ニナツテ見レバ法律ハ何ニナルカト云フニ、凡ソ法律ハ何ト云ツタラ宜シカラウ。先ヅ人間ノ学フベキ世渡リ即チ処世ニ入用ノモノデ在ツテ必用ノモノデアル。譬ヘハ家ヲ一ツ買フニモ法律ガ入ルシ。地面ヲ一ツ売ルニモ法律ガ入ルシ。サウシテ見レバ「ペン」一本ヲ買フニモ法律ガ必用デアリマシテ人間世界ニ居レバ法律カナクテ宜シヒト云フ場所ハアリマセン。既ニ法律ノイラナヒ所ガ世界ニナヒトスレバ法律ヲ知ラナケレバナリマセン。

B　然らば則ち前に云へる国中無数《むすう》の法律家《はふりつか》は何の用に供《きよう》すべきやと尋《たづぬ》るに、諭吉自《おのづ》から説《せつ》あり。抑《そもそ》も法律学なるものは、必《かなら》ずしも法庭《はふてい》に訴《うつたへ》を聴《き》き又法庭に罷出《まかりい》で曲直《きよくちよく》を判断《はんだん》し勝敗《しやうはい》を争ふがためのミの用意《ようい》にあらず。凡そ商売工業《しやうばいこうげふ》の大事より居家世帯《きよかせたい》の些末《さまつ》に至るまでも、常に法理《はふり》の存《そん》せざる処あることなし。商工社会取引《しやうこうしやくわいとりひき》の約条《やくでう》等は無論《むろん》、僅《わづか》に幾百坪の地面《ちめん》を売買《ばい〱》し、一軒の家屋《かおく》を貸借《たいしやく》し、筆《ふで》一本墨《すみ》一挺《ちやう》の小買物《かひもの》なりとて、悉皆法理《しつかいはふり》の範囲内《はんいない》に在るものなれば、法律は人間生々《せい〱》必須《ひつす》の学と云ふも可なり。蓋《けだ》し彼《か》の判事《はんじ》となり代言人《だいげんにん》となるがために法律を学《まな》ぶと云ふ者は、未だこの学の区《く》域《いき》を知らざる人の考《かんがへ》たるに過ぎず。

⑥

A　鳥渡医者デ申セバ。医者ハ出来ナクモ人間ハ医者ノ心得カナクテハナラナイ。苟且ニモ自分ノ身体ヲ持ツテ居ルカラハ啻ニ医者ノミニ任セテ置クノハ不安心デアリマス。医者ノ道ヲ知ラナケレバ唯医者ガ呑マセル薬ヲ呑ミ、医者ノ云フ事ニノミ随ツテ居テ、若シ発狂デモシタ医者ニ逢フタ時ハ何《ド》ウシマセウカ。医者ニ一々聞カナヒデモ大抵医者ノ心得ガアレバ、今日ノ如キ虎列刺病ノ流行ル時分モ一々医者ニ聞カンデモ、養生位ハ出来マセウ。

B　喩《たと》へば医学《いがく》の如し。之を学び得て病人《びやうにん》に接し処方《しよはう》を授《さづく》るは開業医師《かいげふいし》の事なれども、凡《およ》そ人として自身《じしん》の大切《たいせつ》なるを知る者は、医業こそ本務《ほんむ》にせざれども医学一通《ひとゝほ》りの心得《こゝろえ》はなかるべからず。近くは目下《もくか》長崎《ながさき》のコレラ東漸《とうぜん》の恐あるときに、病気の取扱《とりあつか》ひハ医師の知る所なりとて、予《よ》防摂生《ぼうせっせい》都《すべ》て無《む》頓着《とんちゃく》にして漠然《ばくぜん》たるは智者の事にあらざるべし。而して其予《よ》防摂生《ぼうせっせい》は医学の範囲《はんい》にして、平生その学《がく》の心得《こゝろえ》ある者にして始めて誤《あやま》るなきを得べし。

⑦

A　是ト同ジデ法律ヲ学ンデ代言人ニナラナヒデモ、判事ニナラナヒデモ、法律ヲ知ツテ居レバ鳥渡医者デ申セバ病家ノモノガ満足デナクテハ却テ医者ガ困リ、又代言人デモ、頼ムヤツガ誠ニ粗末ナヤツデ訳ガ解ランデハ代言人モ困ルシ、訴ヘラレタ判事モ貴様ハ何ヲ訴ヘルノダト云ツテモ一向ニ解ラント云フヤツガ多クテハ困ルカラ、銘々自分デ法律ヲ心得テ居ナケレバナラン故、法律ヲ以テ身ヲ起シ家ヲ起スモノト思ハズ、政府ノ役人カ多ヒカラ法律ヲ学ブコトハ止メヤウ、代言人ガ多クナルカラ、法律ハ止《ヨ》サウ。ソレハ丁度医者ガ多クテ病家ガナヒノト同ジデアルカラ医者ニナルコトハヨサウト云フ心ヲ起スニハ及ビマセン。

法律ハ実ニ人間必須ノ学問デアルノミナラス最一ツ便利ノコトガアリマス。法律ハ鳥渡半分学ンデモソレダケノ役ニ立ツモノデ、一寸《イッスン》学ベバ一寸ダケノ役ニ立ツモノデアリマス。学問ニ依テハ半分デ役ニ立ヌモノガアリマス。譬ヘバ天文学ノ如キハ半文〔ママ〕学ンダノデハ何ニモナリマセン。然ルニ半分学ヒデモ半分ダケ役ニ立チ、一日学ベバ一日ダケ役ニ立ツモノハ法律デアルカラ、何卒《ドウゾ》諸君ハコレカラ一生懸命ニナツテ勉強ナサヒマシ。少シモ事ノナヒノヲ憂フルニ及ビマセン。人間ノ身体ノアル以上ハ法律ガ入リマスカラ、是非学バナケレバナリマセン。

B　故に凡そ人として己れの権理《けんり》の大切なるを知る者は、仮令《たと》へ判事代言人を職業《しよくげふ》とせざるも、法律《はふりつ》一通《ひととほ》りの心得はなかるべからず。若《も》しも然らずして漠然《ばくぜん》たるは、生命《せいめい》よりも重き権理《けんり》を守らずして、人事《じんじ》のコレラに向ひ、其予防摂生を忘《わす》るゝ者と云ふべし。医学《いがく》に暗《くら》きの極度《きよくど》は自から病《やまひ》に罹《かゝ》りて容《よう》体《だい》を述《のぶ》るの法を知らず、法学《はふがく》に暗きの極度は自から曲《きよく》を被《かうむ》りて其の不平を訴《うつたふ》るの法を知らず。今日の人事に甚だ珍《めづ》らしからぬ実例《じつれい》にして、医師も判事も代言人も、当局者《たうきよくしや》の苦痛《くつう》の在る所を推察《すいさつ》するには甚だ苦《くる》しむと云ふ。

法学を知らざるの不利《ふり》は殆《ほとん》ど言ひ尽《つく》すべからず。実に人生必須《じんせいひつすう》の学問なれば、諸士が本校に入りて勉強《べんきやう》するにも、各その身の有様《ありさま》もあるべきことなれば、必ずしも成業《せいげふ》の上、官吏代言人《くわんりだいげんにん》と限らずして、後年一日、社会《しやくわい》の表面《へうめん》に身を立るの時に当《あた》り、其所得《しよとく》の知見《ちけん》を百般《ひやくはん》の事業《じげふ》に適用《てきよう》して、以て一身を護《まも》り一家を護り、屹然《きつぜん》たる独立《どくりつ》の男子たらんことを冀望《きばう》に堪へざるなり。

A　⑧

是デ祝詞ハ仕舞デスガ尚ホ一言申上タヒト云フノハ、諸君ハ孰レモ勉強ナサルデアラウ又教フル人モ深切ニ教ヘルデアラウカラ何ンデモ法律ハ深ク学ブガ宜シヒト云フノハ、昔シ封建時代ニハ刀剣ヲ抜ヒテ人ヲ切ル稽古ヲシタモノデ、其撃剣家ノ様子ヲ見ルニ少シバカリ学ンダヤツハ毎時《イツ》デモ抜キタガリ、所謂生兵法デ無闇ニ市中ヘ出テ犬抔ヲ切リ、或ハ四ツ辻ヘ出テ人ヲアヤメタリスルモノガ在リマシタガ、能々ソレヲ探シテ見ルト極ク下手ナヤツデ、此間剣術ヲ初メタモノトカ又昔ハ士農工商ト分離《ワカレ》テ居ツテ農工商ノ如キ刀ヲサスコトノ出来ナイヤツカ、先生ノ御蔭デ漸ク刀ヲサシタカラ珍ラシガツテ無闇ニ刀ヲ抜ヒテ始末ニ行キマセンデシタ。真実《ホントウ》ノ撃剣家《ケンジツカイ》ハ決シテ抜キマセン。生涯刀ヲ抜カン人ガ多ヒ。サウ云フ人ハ抜ケバ必ス切リ損ナヒマセン。

全体法律ノ切レルコトハ昔シノ武断政治ノ刀ヨリモ能ク切レルモノデ、今ノ社会デハ法律デ何ンデモ殺セマス。金持抔ヲ切ルノハ容易テアリマスガ其切レル刀ヲ使ウニハ深ク学ビ込ンデ矢鱈ニすつぱ抜ヲシテハ困リマス。すつぱ抜ヲスルモノハ止メテモ止ラン禁ジテモ禁シラレナヒノハ学ビ様ガ足リナヒノデアリマスカラ、法律ヲ学フモノモ深ク学ベバ学ブ程抜ケナクナルカラ諸君ガ法律ヲ学フナラハ深ク学ンデすつぱ抜ヲシナヒ様ニシマセント代言人ニナルニモ名前カ悪クナリ、生兵法ハ大傷ノ基デアリマスカラ、法律ヲ学ブニモ深ク学ベハ側《ソバ》デすつぱ抜ヲシロト云ツテモ自分デ抜ケナクナリマスカラ、拙者ノ云フマデモナク勉強ハスルデアラウト思ヒマスガ、深ク勉強シテ行先ハ唯人間デ居サヘスレバ、ソレデ法律ハ役ニ立ツモノデアリマスカラ、何ンデモ諸君ハ深ク学バレンコトヲ望ミマス

B　但し尚終《おはり》に一言すべきは、諸士《しょし》が法律を学ぶに深《ふか》く、之を学で容易《ようい》に之を用るなきの一事なり。在昔封建武士《ざいせきほうけんぶし》の時代に、佩刀《はいたう》を抜いて犬を切る者は必ず近来剣《きんらいけん》を学で未熟《みじゅく》なる若武者《わかむしゃ》に限ると云ふ。蓋《けだ》し真成《しんせい》の武人ハ終身刀《しゅうしんかたな》を抜《ぬ》かず、抜けば即《すなは》ち必ず敵《てき》を切て誤《あやま》らず。武辺《ぶへん》の奥意《おくい》なり。

故に今の諸士もこの真成《しんせい》の武人《ぶじん》を学び、法律を以て犬を切る勿《なか》れ。常に黙《もく》して法理《ハふり》を言はず、言へば則ち必ず法敵《はふてき》を斃《たふ》して自家《じか》の権理栄誉《けんりえいよ》を護《まも》るべきなり。其然ると然らざるとは唯学識《がくしき》の深浅《しんせん》に在るものなれば、諭吉は特に諸士の学問《がくもん》の深《ふか》からんことを祈《いの》る者なり。

九月十九日に行われた開校式当日の速記による記録（A）は全文で約三、三〇〇字である。福澤の祝辞は、仮に一分間に三〇〇字程度の速さで演説したとすれば時間にして十数分ほどであったと思われる。これを収録した『明法志林』第一〇冊一〇五号の刊行は十月一日である。開校式の三日後、九月二十二日発行の『時事新報』に「演説の大意」として掲載されたもの（B）は約二、二〇〇字である。約一、〇〇〇字分圧縮されていることになる。開校式は十九日の午後三時より行われている。開校式と（A）（B）それぞれの発表日時との時間的関係から見て、福澤が『時事新報』の刊行以前に何らかの方法で若林等による速記記録に目を通していることは考えにくい。（A）（B）二つの原稿はそれぞれ独立に成立したものと考えられる。

両者を比較してみると、（A）（B）の文体は異なっているが、伝えられる趣旨は（A）（B）ともに寸分違わぬといってよいほどであり、また同じように順を追って話が展開していることが分かる。第四段落、第八段落のように、『時事新報』（B）に比べて速記記録（A）の字数がかなり多くなっているところでも、（B）にない話題が（A）で触れられているようなことはない。あくまでも（B）に示された骨組みを敷衍し、ことばを費やして丁寧に説明していると見ることが出来る。このことからすると、福澤の祝辞には事前に草稿が用意されており、それに沿ってほぼ忠実に当日の挨拶がなされたこと、そしてその草稿がそのまま『時事新報』のための原稿として用意されたこと、さらに若林等の速記法が福澤の祝辞の論旨を伝える上でかなり確かなものであったことを想定してよいと考えられる。

福澤が予め演説の原稿を用意したということは、石河幹明が次のように伝えている。

先生の演説はかくの如く談話体にして自然に口を銜《つ》いて発するようであるので、或は弁に任せて即座の思いつきを述べられるのではないかと思われるけれども、決してそうでなく、大抵の場合には草稿に就《つい》て述べられるその草稿は、新聞雑誌の論説として掲載せらるゝを例とし、しかもその草稿は文語体で書かれてあるが、これを読んで見ると文字も口調も演説とさまで変りなく、たゞ口語が文語となっているのみで、自から言文一致の妙が見られるのである。(7)

ここに石河が指摘していることは、英吉利法律学校開校式の祝辞の場合にも、そのまま現れているといってよい。また、福澤諭吉が岡本貞烋に宛てた明治十三年二月八日付の次の書簡がある。『交詢雑誌』の原稿として四屋純三郎に渡した演説草稿に訂正個所があるので、すぐには掲載せずそのまま留め置くよう依頼したものである。

昨夕演説の手控は、四屋氏へ相渡置候得共《あいわたしおきそうらえども》、右は雑誌第二号に出す積《つも》りにあらず。且《かつ》草稿の中に、一、二文字改度処《あらためたきところ》も有之《これあり》、何《いず》れ一両日中出社いたし候間《そうろうあいだ》、先ずその儘お預り置被下候《くだされおきそうろう》様《よう》、お取計奉願候《とりはからいねがいたてまつりそうろう》。頓首《とんしゅ》。(8)

二月八日

四屋は『交詢雑誌』の編集主任格であった人物である。また岡本は交詢社の事務責任者であった。福澤の演説は二月七日に築地の寿美屋において行われたもので、会合は前月二十五日に行われた交詢社発会式の後で、創立委員や常議員有志の親睦友誼をはかるための集まりであった。ここでも演説の草稿が前もって用意されており、それがそのまま雑誌に掲載されるものとして執筆されていたことが分かる。なお、この演説草稿は『交詢雑誌』第三号に「明治十三年二月七日東京築地寿美屋に於て演

説」と題して掲載されている。(9)

祝辞の（Ａ）（Ｂ）二つのテキストについて、さらに比較して見よう。祝辞第一段落（Ｂ）に、「国中無数の法律家を養成いたし度き諭吉の所望」云々とある。（Ａ）では、「法律ヲ教フル所ガ多ケレバ多キダケ芽出タクツテ祝サナヒデハ居ラレナヒト申ス訳ヲお話シ申マス」となっている。第三段落（Ｂ）の「満座の少年諸士」は、（Ａ）では「コ、ニお出ナサルお方」である。そして（Ｂ）「諸士の身の行末は何とせらるゝ積りなるや」は、（Ａ）「其人々ガ是カラ何《ド》ウスルカト云フ一ツノ疑問ガ起リマス」である。式典出席者中の過半を占めたであろう聞き手としての学生に対して、話者としての福澤の問いかけのメッセージが平易な言葉遣いで巧みに送り出されている。最終の第八段落（Ａ）でも、「是デ祝詞ハ仕舞デスガ」とあり、ここでも、話しの先を予測させて聞き手を自然に引きつけておいて、実際には全八段落のうちで最も長い語りになっている。「近来剣を学で未熟なる若武者」（Ｂ）になりかねない法学生たちに、（Ａ）において、「少シバカリ学ンダヤツ」「極ク下手ナヤツ」は「矢鱈ニすつぱ抜」をして困る。「真実《ホントウ》ノ撃剣家《ケンジツカイ》」は決して抜かない。「深ク学ンデすつぱ抜ヲシナヒ様ニ」と戒めている。開校式典という場にあってはいささか乱暴なことば遣いではあるが、聞き手の理解を容易にする話になったのではなかろうか。

第七、八段落の（Ｂ）に見える「己れの権理」「重き権理」「自家の権理」については、（Ａ）には直接に対応することばが見えない。（Ａ）（Ｂ）二つのテキストについて注目すべき点である。滅多に抜いてはいけない鋭い刀としての法律を学ばねばならないという表現の裏側に、そのことの意味が込められているのであろうが、この演説のキーワードの一つともいうべき「権理」の語が社説（Ｂ）にのみあって、速記記録（A）には見られないだけでなく、その概念ないし語義について、法律によって守られるものがあるという間接的な説明に止まって、より具体的に踏み込み、解きほぐして話すことをしていないのである。

後年、「権利」として一般に訳語が定着するまで、福澤自身もこの訳語の選定に苦心して、「権理」「通義」「権理通義」「権義」などさまざまな語を使用している。『西洋事情初編』巻之二において、アメリカの独立宣言の一節を、「天の人を生ずるは億兆皆同一轍にて、これに附与するに動かす可からざるの通義を以てす。即ちその通義とは人の自から生命を保し自由を求め幸福を祈るの類にて、他よりこれを如何ともす可らざるものなり。人間に政府を立る所以は、この通義を固くするための趣旨にて、政府たらんものはその臣民に満足を得せしめ初て真に権威あると云うべし[10]」と訳している。また、同書二編巻之一の「例言」でも、「洋書を翻訳するに臨み、或は妥当の訳字なくして訳者の困却すること常に少なからず。譬《たと》えば訳書中に往々自由原語「リベルチ」通義原語「ライト」の字を用いたること多しと雖《いえ》ども、実は是等《これら》の訳字を以て原意を尽すに足らず。就中《なかんずく》、この篇の巻首には専ら自由通義の議論を記したるものなれば、特に先ずこの二字の義を註解して訳書を読む者の便覧に供すること左の如し」として、まず第一に「リベルチ」の意を説き、続いて「ライト」について次のように述べている。

「ライト」とは元来正直の義なり。漢人の訳にも正の字を用い、或は非の字に反して是非と対用せしもあり。正理に従て人間の職分を勤め邪曲なきの趣意なり。又この字義より転じて、求む可き理と云う義に用ることとあり。漢訳に達義、通義等の字を用いたれども、詳に解し難し。元来求む可き理とは、催促する筈、又は求ても当然のことと云う義なり。譬《たと》えば至当の職分なくして求む可きの通義なしと云う語あり。即ち己が身に為す可き事をば為さずして他人へ向い求め催促する筈はなしと云う義なり。又事を為す可き権と云う義あり。即ち罪人を取押るは市中廻方の権なり。又当然に所持する筈のことと云う義あり。即ち私有の通義と云えば、私有の物を所持する筈の通義と云うことなり。理外の物に対しては我通義なしとは、道理に叶わぬ物を取る筈はなしと云う義なり。人生の自由はその通義なりとは、人は生ながら独立不羈にして、束縛を被るの由縁なく、自由自在なる可き筈の道理を持つと云うことなり。(11)

また、本文の冒頭においても改めて「人間の通義」の一章を立てて詳述している。「権利」を意味すると同時に「正義」や「法」の意を併せ持っているという、ヨーロッパ諸言語における right（英）、regt（蘭）、droit（仏）、Recht（独）などの多義的な語に対応する的確な訳語として、日本語のこれらの訳語が十分に成熟していないことに配慮して、開校式の祝辞において福澤はあえて話しことばとしては詳しい説明を避けたのであろうか。(12)

「法律の文字」と題する明治二十二年八月一日付『時事新報』に掲載された論説において福澤は次のように述べている。(13)

顧《おも》うに古来我日本は鎖国にして、世界の交通を絶ち、支那より外に思想を持込むものとてはなく、随て言語文字も和漢に限りたりしが、三十年前国を開いて西洋と交際を始むるに当り、彼の言語を解し彼の文字を翻訳するの必要に迫りたれども、茲《ここ》に不都合なるは思想の相異にして彼我互に恰当せざる所より、往々訳して訳す可らざるもの多く、当時の翻訳者は別して大にこれに困りたりと云う。例えば Right 即ち権利の如きも、今日にありては殆《ほと》んど何人《なんぴと》にも通用する様なれども、この普通の文字は三十年前になかりしが故に、Right を何と訳して然るべきや、古来武士の一分と申すその一分の字義は稍《や》やこれに近きものなれども、武士より以下百姓乃至《ないし》乞丐《きつかい》などに至ては所謂一分なるものあるを聞かず、遂に何人か権利と云える新字を作り出してこれに当箝《あては》めたるよし。その他義務、主義、社会、干渉、代言、版権等、何れも翻訳者を困却せしめて、数年の間、読む者をして了解に苦ましめ、近年に至りて纔《わずか》に通用するを得たることなれども、西洋の文字にして日本人の脳髄に入りたるものは極めて少なく、昨今の訳書とても相替わらず渋難詰《きつ》屈《くつ》にして意味の容易に移らざるは、皆これ、以上の理由に非ざるはなし。

「三田演説会規則」のうちに、「議論の言葉は都て明白を主とす。横文を読む者と雖《いえ》ども慢《みだり》〔漫〕に原語を用ゆるを許さず。若《も》し止を得ずしてこれを用るときは言の間にこれを解き、俗間無学の人にも解し易《やす》からしむ可し」（式目・第十六）という一項がある。(14) 演説の際にみだりに原語を使ってはならない。もし使わざるを得ない時には、無学の人にも理解しやすいように十分な説明をしなければならないというう。この場合、原語とは主として英語をいうのであろうが、『学問のすゝめ』十七編にも、努めて平易な言葉で話をすべきだという具体的な主張がある。教師が訳書の講義をする際に、たとえば「円き水晶の玉」とあるのを、分かり切ったこととして、「唯むずかしき顔」をして子供を睨み付け「円き水晶の玉」というばかりではだめであって、「円きとは角の取れて団子の様なと云うこと、水晶とは山から掘出す硝子の様な物で甲州なぞから幾らも出ます、この水晶で拵《こしら》えたごろ〳〵する団子の様な玉」と解き聞かせればよいというのである。そして、「或は書生が日本の言語は不便利にして文章も演説も出来ぬゆえ、英語を使い英文を用るなぞと、取るにも足らぬ馬鹿を云う者あり。按ずるにこの書生は日本に生れて未だ十分に日本語を用いたることなき男ならん。国の言葉はその国に事物の繁多なる割合に従て次第に増加し、毫《ごう》も不自由なき筈のものなり。何はさておき今の日本人は今の日本語を巧に用いて弁舌の上達せんことを勉む可きなり」といい、「用いて不自由なき言葉を用いずして不自由するは、必竟《ひっきょう》演説を学ばざるの罪なり」と述べている。(15)「日常語」を駆使して自ら思うところを相手に伝える方法としての演説の法を身に付けなければならないというのである。英吉利法律学校開校式における福澤の祝辞は、そのような福澤の主張を具体的に実践するものとなったといってよい。ただ、この時点で、「権理」あるいは「通義」ということばをめぐって、福澤の話しことばと書きことばの間にある間隙が埋められていないことに留意しなければならないであろう。

二　第三八五回三田演説会における演説

(一)　最後の演説——法律と時勢

明治三十一年九月二十四日に開催された第三八五回三田演説会において、福澤は「法律と時勢」と題する演説をしている。この演説については、「法律の事」と題する福澤自筆の草稿と、(16)『慶應義塾学報』第八号に掲載された演説記録が残されている。(17)前者は、全文約六〇〇字ほどの短い覚書ともいうべきもの、後者は約四、三〇〇字の速記記録と考えられるものである。演説会直後の九月二十六日に福澤は脳溢血で倒れている。この時には幸いに再起したが、以後、福澤は再び演壇に立つことはなかったので、これは福澤の生涯最後の演説であったことになる。『慶應義塾学報』第八号の刊行日は十

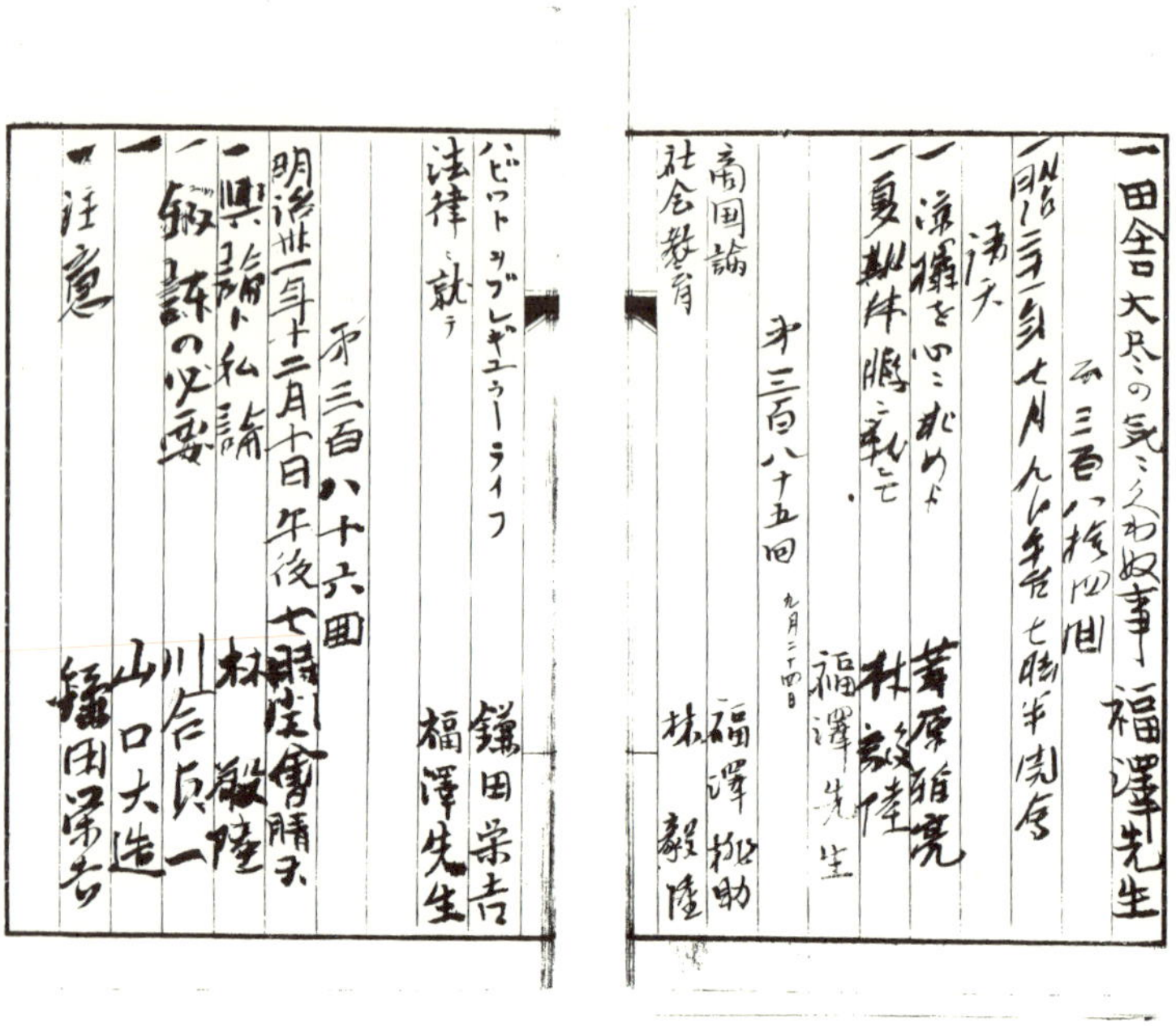

第385回三田演説会記録 「三田演説会記録」第4号

月十日である。したがって、この演説記録の公表に当たって、福澤自身が目を通したり手を入れたりしたことはないと考えられる。速記者ないし編集者による補訂の要素も考慮しなければならないが、福澤の演説の実際がかなりそのままに伝えられているであろうという点では貴重な記録となったということが出来る。

「三田演説会記録」第四号によれば、この日の福澤の演題は「法律ニ就テ」と記載されている。さらに福澤桃助〔介〕「商国論」、林毅陸「社会教育」、鎌田栄吉「ハビットヲブレギュラーライフ」の演説があったことが示されている。開会時間が記載されていないが、この前後の演説会の場合と同じく午後七時であったと思われる。(18) この時の演説会については、明治三十一年五月に普通部に入学した高橋誠一郎が、後年昭和七年十一月九日に開催された福澤先生研究会において次のように振り返っている。高橋の参照した記録は何か未詳であるが、「三田演説会記録」とは別のものであったようで、演説者の演題が若干異なることや、「少年喫飯の害」云々といった「三田演説会記録」には記されていない演説の具体的な内容を伝えている。

私の入学致しましたのは明治三十一年のことでありまして、私は先生の三田演説会に於ける最後の講演を拝聴することが出来たのであります。これが明治三十一年の九月二十四日のことであります。記録に拠りますると、この日は雨天であったと記されて居ります。私の記憶は少しぼんやりして居りまするが、その時先生の前に福澤桃介氏が「商閥論」と云う講演をして居られます。その次には当時普通部の先生をして居られた林毅陸氏が「社会的教育」と云う演題に就《つ》いて述べて居られます。それから第三席が鎌田栄吉先生、これは記録に「日本人の時間を違えるの弊を述べ、大に塾生に時間のパンクチュアリテーを守るべきを勧め、且《か》つ少年喫飯の害をも述べて大に警告す」と記されています。「時間のパンクチュアリテーを守るべきこと〔マヽ〕を勧め」は分って居りますが、「少年喫飯の害」と云うのは何かの誤字であろうかと思いますが能く分りません。幾ら少年でも飯を食って害ありと云う訳はないのであります。恐らくは、「喫飲」と云う文字の誤りではないかと思います。詰り煙草を吸ったり酒を飲んだりしてはならぬと云うことを言って居られるのではないかと思います。

それからその後に福澤先生が立たれまして、「法律と時勢」と云う演題に就《つ》いて述べて居られるのであります。この速記録も今日伝わって居りますが、本題に入る前に、一両日前から病気であった、令息福澤捨次郎氏が愈々《いよいよ》赤痢と診断せられ、愛宕下町の伝染病研究所に入院せられたことを述べ、それが為に自分の出講の時間が少し遅れたと云う前置があり、又長々と捨次郎氏の不摂生、親不孝を詰《なじ》って居られました。この前置は大分長いものでありましたが、これは速記録には残って居りません。(19)

福澤は次男捨次郎の病状について、九月二十二日の夜中の発病から二十六日の福澤自身の発病直前まで、簡単な心覚えではあるが日を追った記録を残している。捨次郎の入院は演説会当日の二十四日午後のことであった。同日の記事は次の通りである。

廿四日　午後腹痛を発す。北里氏の診察を乞い真症赤痢と断じ、依て伝染病研究所へ入院。療法は、第一カロメル下剤を与え、次で灌腸を行い、その跡にて硝酸ビス〔ミ〕ュットを与うる趣向なりと、午後四時半の頃、北里氏来訪して詳《つまびらか》に語り、尚誰れか相談立会医に説なきやと云うに付、疑わしき病症にあらず、唯治療の実験に富む人を頼みたし、故に立会とあれば松山氏を煩わしたしと申し、北里氏も同意にて去る。同夜松山氏も来る。(20)

数時間後に演説会を控えたその日の午後四時半頃に、北里の来訪を受けて病状の報告を聞き立会医師として松山棟庵を依頼している。身辺きわめて慌ただしい中での演説会への出席だったことになる。前置きが長かったということも肯けるところである。

また、この日の夕方の来訪者は北里だけではなかった。神戸《かんべ》寅次郎が教員人事についての相談のため福澤を訪ね、その後、演説会に出向く福澤に同道しているのである。昭和九年に行われた福澤生誕

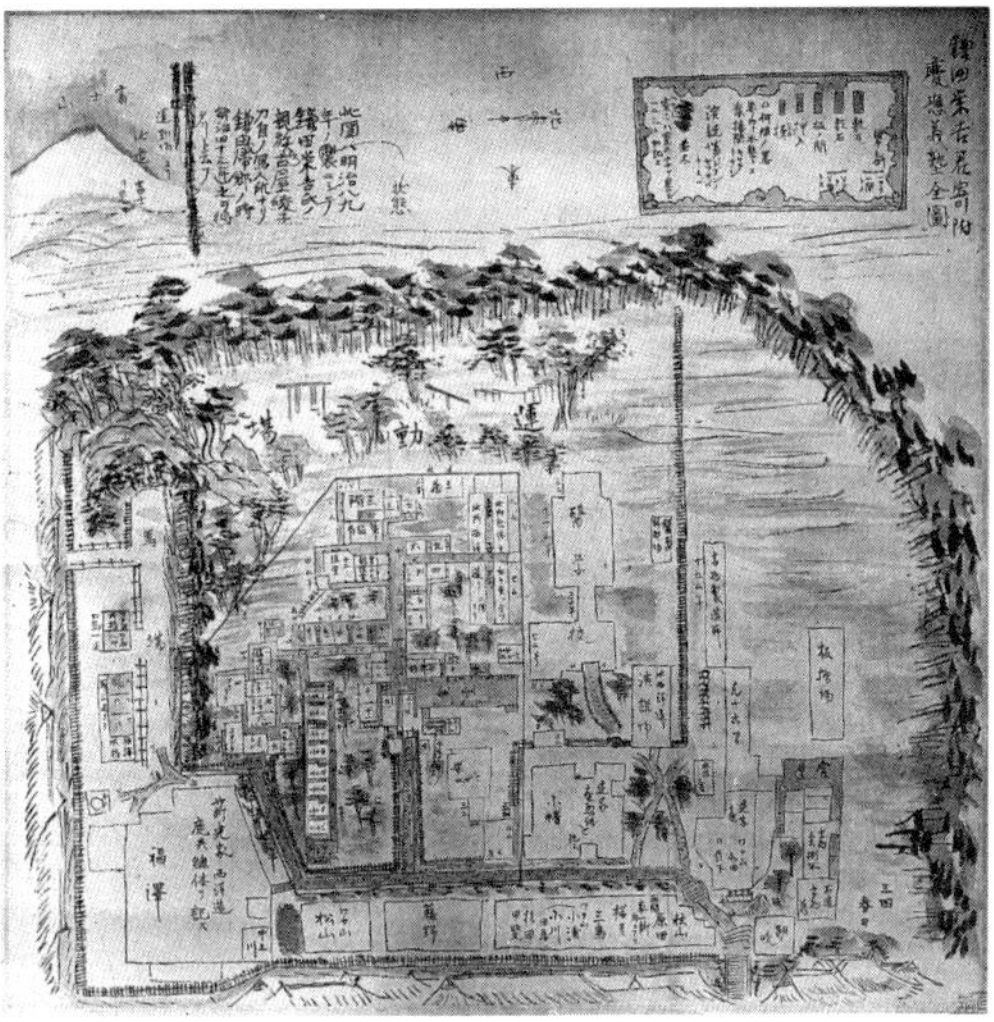

上　明治９年頃の慶應義塾構内図
下　演説館　外観および内部（現在地への移築以前、大正年間撮影）

百年を記念する講演会で、神戸はこの日のことを回顧している。[21] この点について詳しくは後述するが（一四三～一四五頁）、神戸によれば、いつもは一時間程度であった福澤の演説がこの日に限り「一時間と約五十分程」もかかったという。高橋の伝えている、長い前置きを含むものであろう。先にも記したように『慶應義塾学報』に掲載された演説記録は約四、三〇〇字である。ここに翻刻された限りの分量での本論が、仮に一分間に二〇〇～三〇〇字程度の速さで話されたとすると、所要時間は十五分～三十分程度ということになる。また一方で、演説の本論が仮に「一時間と約五十分程」の半分であったとしても、残された記録の四、三〇〇字の分量はかなり少ない。演説記録が、速記者ないし編集者によって整えられまた圧縮されている可能性もあるが、記録自体にはあまり不自然さはなく極端に短縮されていることは考えにくい。推測が重なることになるが、福澤の演説はかなりゆっくりとした口調で進んだものと思われる。

（二） 草稿と速記記録

ここで、福澤自筆の草稿「法律の事」（A）と、『慶應義塾学報』に掲載された記録（B）について検討してみよう。（A）の原文に句読点はない。（B）の原文には読点が打たれて、振り仮名が施されている。ともに論旨の展開によって六段落（①～⑥）に区分することが出来るが、（A）（B）を対比すると次の通りとなる。なお、引用に当たり漢字を通行体に改めるほかは原則として典拠のままとし、引用者が新たに振り仮名をつけること、新仮名遣いに改めることなどはしていない。

①

A　法律を学ぶと云へば直ニ法官たり弁護士たるが為めなりと思ふ者もあらんかなれども是れは大なる誤なり

B　偖今日演説しやうと思ふことは法律の話だが、皆法律を研究するやうにしたいと云ふので、何も法律に限つてやれと云ふ訳ではないが、法律を学ぶのは今日の得策ではないかと思ふから其法律のことを御話するが、此塾にも法律科もあり文学科もある、ドレも必要のものであるが、聞く所に依れば法律を学ぶ方が少ないと云ふことである、私は大変多からうと思つて居たのに少ないと云ふは何の訳であらうか、私の法律を学べと云ふのは、直ぐに法官になれ検事になれ弁護士になれと云ふ、

『慶應義塾学報』第8号　表紙
明治31年10月10日

斯う云ふばかりの積りじやないので、決してソレばかりの趣意で法律は学ぶべきものでない、

②

A　在昔専制の封建時代にハ君主の思即ち長上一個人の心手〔手心〕を以て民を治めしことなれバ特ニ法律書とてもなく

B　昔封建の時代、専制の世の中には君主と云ふものがあつて、即ち君主と云ふものがあつて此長上の人一人の手心で以て民を治めると云ふ訳で、長上一己人の手心を以て民を治めたものだから、特に法律と云ふものはありはしない、何も書物がある訳でもない、

③

A　稀ニ或ハ似寄りのものありても恰も官辺の秘書にして人民は之を知らず仮令ひ之を知りても其法律を楯にして官吏と争ふことは叶はず故ニ民間に法律を学ぶなどハ存じ寄らぬことにて

B　或はソレに似よりの物が求めたらあるかも知れないが、則ち御大法百ケ条とか又北条の時の式目十七ケ条とか云ふやうな法律に似よりのものもあつた、併し仮令さう云ふものがあつても是は官辺の秘書だ、御大法百ケ条と言ふて書物屋を尋ねて買はうと思つてもありはしない、唯何かの手蔓で民間に有ることはあるけれども、兎に角皆写本で官辺の秘書として人民は知らない筈のものである又仮令其時に御大法百ケ条を知て居つてもソレを楯にして裁判所に出て争ふことは出来ない此裁判は間違つて居る、御大法百ケ条にかう云ふことがあると言ふてもソレは決して採上げはしない、迚

も役人と争ふことは出来ない、ソレだから到底学んでも役には立たない、法律を学ぶと云ふやうなことは存じも寄らぬ話であるから、法律を学ぶと云ふ者もなければ、総てに法律の思想と云ふものがない、是れは決して昔の話ではない、私共が若い時でも法律学と云ふのは是れはオカシイじやないか、法律の学問とは何を言ふのかしら、法律を学ぶと云ふのは一体どう云ふ訳であらうか、法律は役人の知て居るべきもので民間の者が之を学ぶと云ふのはオカシイと思つて居た（笑声起る）

④

A 随て其思想もなく人間万事利害得喪運を天ニ任せるでハなく生殺与奪を君主一人の手心に任せて世を渡りしことなるに我開国以来殊ニ王政維新の初より政体こゝニ一変して法律の世の中となり云々 幾度か改正遂ニ商法民法の発行ニ至る

B ソコで法律の思想が無いから人間の万事が運を天に任すことになる、生殺与奪の権は君主に委したものであるから、物を貫へば有難い、之を取られゝば不幸、此の首も幸に繋いであるので之れは君主の御蔭であると云ふ漠たる話であつた、所が日本も四十年前までは其通りであつたけれども王政維新と云ふことになつて、政体が変つて今日は最早法律の世の中となつた、

⑤

A 扨今日となれバ吏界ハ勿論商売工業法律を知らざれバ共ニ語るニ足らず否な法律の思想なければバ家計を処理し家ニ居ることも叶はず知らぬ間ニ金を失ひ田地屋敷を取られ甚だしきハ親兄弟を失ひ

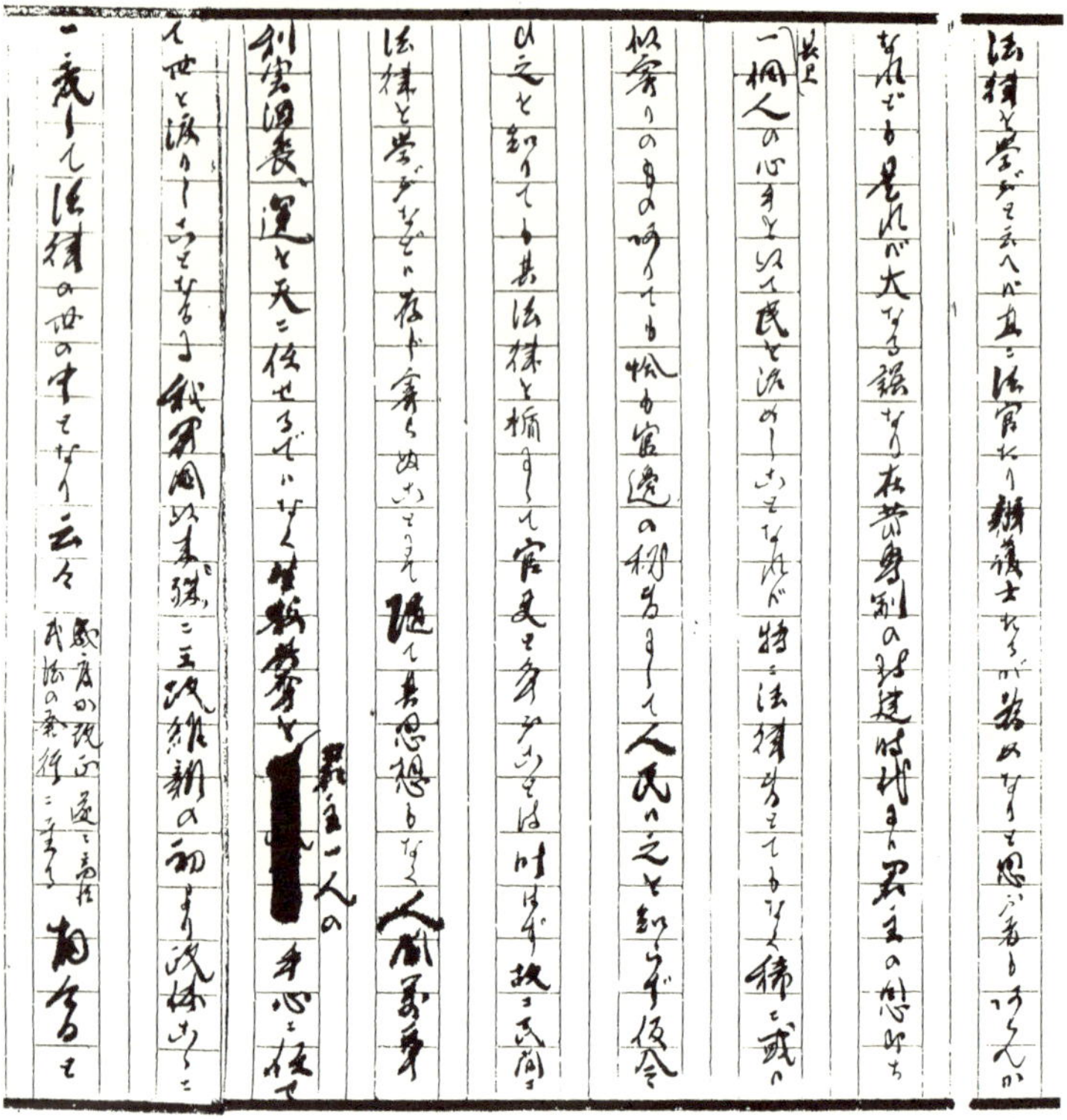

「法律の事」自筆草稿　冒頭部分

妻を取られ子を取られて狼狽するのみか浮気な男ハ金を出して買た妾ニ肱鉄砲を喰せられてマダ其上ニ金を捏取られ一寸の洒落に夫婦約束した鼻紙の書付が物を言ふて法庭に呼出

B—1　法律の世の中となつたのは御大法百ヶ条は御廃めになつて新律綱領と云ふものが出来始り、又変つた〳〵と段々変つて来て、当今では商法だの民法だのと云ふものが出来て、誠に細かいもので千何百ヶ条と云ふ大変なものが出来て仕舞つた、ソコで斯う云ふやうに法律が大変出て来て昔の人の夢にも見ないこと、夢にも見ない法律学と云ふのはオカシかつたと言へば、今日では其オカシかつ〔た〕と言ふ方がオカシイやうに思はれる（笑声起る）今と昔とは何とも云ひやうのない程相違して居る、

B—2　今日の世になつて見ると政府の役人になるにも商売をするにも工業をするにも一切万事法律を知らなければ話が出来ない、法律の考のない奴は何としても話が出来ない、アノ会社はどんなものだか、アノ株式はどう云う有様だか、貸金借金がどうであるか、又相続婚姻、何もかも法律に係らないものはない、一事一物法律づくめである、早い話がこんな約束をしたと云ふて弁護士に見せると、其中に一字か二字有ると無いで約束が間違つて居つたと云ふやうなことで、中々素人では分らないことになつて来たと云ふ今日の有様であります、

ソコで法律の考が無ければ自分の家の始末をすることが出来ない、商売をすることが出来ない、然らば家に居て何もせずに居れば宜しいかと云へば、安じて家に居ることも出来ない、何となれば知らぬ間《ま》に何時《いつ》の間《ま》にやら金が無くなる、何時《いつ》の間《ま》にやら田地も屋敷も他人に取られて仕舞うと云ふやうなことが起る、罪もないに先祖代々持伝へた財産は何時《いつ》の間《ま》にか無くなつて仕舞つたと云ふ

ことが起る、甚だしきに至ると親兄弟の間でも、親であると思ふて居つても戸籍面を調べて見ると親ではない、『親の届けやうが悪るいのだから罰金を出さなければアノ人の子にはなれぬ』と云ふやうな訳になる、又知らぬ間《ま》におかみさんを取られて仕舞ふ、永年連添つて子供も出来て居る、ダガどうも戸籍面にはさうなつて居らないから『お前の妻ではない』妻〔が〕死んで葬ひをする　時にも『妻とは言はれないから親類とか同居人とか何とかなさらなければなるまい』『イヤ〳〵家内に相違ない』と云つてもさうはいかない、親も失ひ子も失ひ妻も失ふと云ふやうなことが、今でも随分間違つてマゴ〳〵して居る者が幾らもある是れは法律の考が無いからソンな間抜けた事が幾らも起るのであります、

少し諸君の前では言ひにくいやうな話だが、金を出して抱へた妾の如きも忽ち妾に肱鉄砲を喰はされて、妾だと言へば、ソンな失敬なことを言ふなと剣突を喰ひ、威張り出されてからに金を出した上にアヤまらなければならぬと云ふやうなことが必ず起りませう、世間に随分あるやうになる、或は又夫婦約束と云ふやうなことがあるが、此約束をしたと言つてもチョト洒落に書いたので、鼻紙に取換せた起証誓紙は役に立たぬとか、又法律を知らない為に肱鉄砲を喰はされた上に金を遣つてアヤまらなければならぬと云ふやうな事が起る、法律を知らないと不品行もすることが出来ない、法律を知らなければ道楽も出来ないと云ふことになる、是れが事実で、間違のない話、夫れから又家に居るにも、商売をしない人でも法律を知らなければならぬと云ふのは、啻に男子が法律を知らなければならぬのみならず、婦人も知らなければならない、家を持て一家の主人となつた日には、女でも法律の思想と云ふものがなければならぬ、是れは明々白々争ふべからざることだ、

⑥

A　されバ青年書生が地位を求るニ法律を学ばざれバ物の用を為さず否な直ニ法律を仕事ニするも今正ニ好時節なり即ち右の如く並立たる法ニ係ることにして世ニ法を知る者少し云と

B—1　ソコで私が青年諸氏の為に計るに、此若い人達が仕事が無い、卒業をしても仕事が無くつてどうしたら宜いか分らぬと心配をする人もあらう、財産の豊かな人は宜しいが、ヤットコセイ修業をして卒業したと云ふやうな人は、翌日からどうしても銭を取らなければならぬと云ふやうなことが起つて来やう、仕事を求めると云ふのも苦労の一つだ、総て軍事《いくさ》の流行る時には武人になるが宜い、歌が流行る時には三十一文字を研究するが宜い、剣術の流行る時は剣術を学ぶが一番売れ口が早い、若い者は売れ口の早い方に取つて掛るが宜いではないかと私は思ふ、

B—2　ソコで今日法律を学ばなければ共に語るに足らないと云ふ程になつて居る世の中、之を学ばなければ家に安んじて居ることも出来ぬと云ふ位の今日、此世の中に立つにはどうしても弁護士でなくても裁判官でなくても、法律を知らなければ世の中に立つことは出来ない、無言で居れば宜からうと思ふが無言で居てもいけないイツか知らぬ間《ま》におかみさんを取られて仕舞ふ、親も子も取られて仕舞ふと云ふやうな世の中になつて来て、どうしても法律を知らなければならぬと云ふ世の中であるのに、世間の人が法律の思想の無いこそ面白いじやないか、

B—3　ソコで法律を知つて居るから、其人の代人をして相談相手になつてやらうと云ふのが弁護士、之を裁断《さばい》てやらうと云ふのが裁判官、ソコで私が今世間で法律のことを考へず其思想が無くして漠

然として居ると云ふ証拠を言へば、民法の発布以来マダ二三ケ月にもならないが、此間アノ民法の家族編、其中に離婚の訴を起し得る箇条が二十ケ条ばかりあるが、訴へた者は殆ど無い、阿波の徳島に一人、東京に一人、前後でタツタ二人出たよ、亭主が乱暴をして仕方がないから離縁をしやうと言ふ、一方ではイヤだと言ふ、然らば則ちと言つて法庭に訴へたのが今日まで二人しかない、日本全国の広き、亭主が飲んだくれて暴れて、嬶アが困りぬいて居るのは二つや二十ではありますまい、二千も二万も必ずあるに違ひないが、是等はマダ法律のあるを知らないのだ、是れが法律思想の無いと云ふ証拠、此の法律が出て居るのに日本全国大層の夫婦で居ながら、亭主に毎日ドヤされて居る所の嬶アが二人とはどうだ、誠に漠然としたことで、煩つても薬を飲むことを知らぬのである世間には医者があると云ふことを知らぬのだ、

其医者は誰だと云へば法律家、法律を知つて居る者が法庭に出て往く、之れを世間に拡め、世間の人をして法律の思想を起さしめるのも矢張り先にやる奴が家を成すと云ふことの緒《いとぐち》になるので、是れは極り切つたことであるが、ソレを何故やらないか、訳のないことで二三年も勉強すれば雑作もない、裁判官も宜しいし弁護士も宜しい、大層な病人もあることで、法律に訴へる病人は恰も流行病と同じく幾らあるか分らない程であるから、若い者の身を立て家を立てる為に学ぶには法律が一番必要であらうと思ふ、能く考へて御覧なさい、仮令さう云ふ詳しいことをしないでも、極く柔順しくして居れば宜いやうにも思ふが、さうすると田地が何時《いつ》の間《ま》にか無くなつた、アノ財産が無くなつた、金を貸してあるに違ひないが法律の上に於てどうもコチラで思ふやうにはいかぬ『お前さんの約束のしやうが悪るかつたのだから諦めなさい』と云ふことになる昔は君主一人の手心で仔

方がない『諦めなさい』と云ふことであつたが、今日では『お前さんが間抜であつたから馬鹿であつたから、法律を知らなかつたから諦めなさい』と云ふことになる、お父ッさんも女房もなくなつた『これもお前が手抜であつたから諦めなさい』と云ふことになる、

B―4　故に今後法律を知らない位馬鹿な目に逢ふものはないと思ふ、皆さんもどうか法律を十分に御学びになるやうにしたい、弁護士、裁判官になる為ばかりでない、一般の人が法律を知つて居らなければならぬと云ふ、ソレ丈けの御話であります、（拍手喝采）

（A）（B）二つのテキストを対比してみるといくつかの特色が見られる。

第一に、すでに見た英吉利法律学校での祝辞の場合と同じように、全体の流れとしては予め用意された構想にほぼ忠実にしたがって話しが進められていることである。草稿（A）は、演説の記録（B）に比べて七分の一ほどの短いものであるが、第四段落までは（A）（B）の字数がほぼ対応しているのに対して、第五、第六段落の（B）がかなり長くなっている。英吉利法律学校の場合とは違って、おそらく聴衆の大部分は塾生たちであって、いわば内輪の会合としての気安さもあったかも知れない。演説は身近なきわめて具体的な事例を次々に取り上げてかなり自由奔放に展開し、草稿の骨組みを十二分に敷衍しふくらませている。しかしまた、かなり大胆なレトリックを駆使した話は脱線しているかのように見えて、実際には草稿の基本的な枠組みを全く逸脱していないのである。

第二に、演説の趣旨は法律を学ぶことの必要を説くものであるが、そのことについて、福澤が塾生たちに対して率直な語り口で話しかけていることである。たとえば第三段落の末尾に、「私共が若い

時でも法律学と云ふのは、是れはオカシイじゃないか、法律の学問とは何を言ふのかしら、法律を学ぶと云ふのは一体どう云ふ訳であらうか、法律は役人の知て居るべきもので、民間の者が之を学ぶと云ふのはオカシイと思つて居た」などとある。当の福澤自身にしても若い時にはそんなことには思いも及ばなかったと述べているように、話者と聴衆との距離を全く感じさせない話し振りが随所に見られるのである。先に見た英吉利法律学校での祝辞の場合と同様である。

第三に、「亭主が飲んだくれて暴れて、嬶アが困りぬいて居る」などとあるように相当に乱暴なことば遣いであるが、日常語、俗語を駆使していることである。しかもそれらのことばを畳み込むように次々に繰り出している。たとえば第五段落に、「御大法百ヶ条は御廃めになつて、新律綱領と云ふものが出来始り、又変つた〳〵と段々変つて来て、当今では商法だの民法だのと云ふものが出来て、誠に細かいもので、千何百ヶ条と云ふ大変なものが出来て仕舞つた。ソコで斯う云ふやうに法律が大変出て来て、昔の人の夢にも見ないこと、夢にも見ない法律学と言ふのはオカシかつたと言へば、今日では其オカシかつ〔た〕と言ふ方がオカシイやうに思はれる」など、同じことばが重ねられている個所が随所に見られる。

先に一部を紹介した高橋誠一郎の回想でも、「『法律と時勢』に就いての先生の議論と云うものは、極く単純なものでありまして、唯、常識的の見地から法律研究の必要を説いて居られたのであります。只今千葉亀雄さんから先生の文章に就いてのお話しがございましたが、千葉さんの仰る通り先生の文章は洵《まこと》に名文でありまするが、先生晩年の講演の速記録を見ますると実に乱暴な言葉の連続であることにおどろかされるのであります。随分無駄も多い。能《よ》くも斯《こ》う饒舌を振われたものであると思われるのであります」と述べられている。たしかに、文字にしてみるとやや平板な繰り返しで無駄が多いともいえるが、むしろ実際はテンポ良く語りかける口調となって、聞き手の理解を助ける効果を上げていたように思われるのである。

前章に述べた、肥田昭作宅における福澤の演説、初期の三田演説会における演説の法をめぐる種々の問題点の検討の経過にあわせて、ここでは福澤の「演説」について、それがどのように準備され、またどのように行われたのかについての二つの事例を見てきた。初期の演説の法の模索時代から、速記術の実用化によって演説記録が残されるようになった時代を経て、さらに晩年の三田演説会での話に至るまで、その実際は一様ではない。福澤の演説の聴衆についてみても、第一の事例は演説法の確立に向けた試行の過程における、いわば同志十数人程度の内輪の集会であったと考えられるし、第二の事例は英吉利法律学校の開校祝賀式典での賓客と学生を聞き手とする機会であった。第三の場合は慶應義塾構内の演説館という身近な場所での塾生を主要な聴衆とする演説であった。しかし、いずれの場合にも、日常語や時にはかなり卑俗な言葉をふんだんに使った、演説者と聴衆の間に距離を置かない話であったこと、また演説のための草稿が予め用意されており、とくに実際の演説記録もあわせて残されている二例では、演説が草稿の枠組みをはずさない話となっていたことが確認出来るということにも注目したい。

演説者と聴衆が、話しことばを媒介として知的な言語空間を共有し、新たな知識と思想を構築するための「演説」という方法が、このようにして啓蒙思想家・教育者としての福澤の実践の中に創り上げられて行ったのである。ただ、書きことばとして示された「権理」「通義」の語が、話しことばでは直接には触れられていなかったことに見るように、福澤の草稿（書きことば）と演説（話しことば）は全く同一のものではない。それぞれの伝えるメッセージが読者ないし聴衆にどのように届いたのか、果たして福澤の意図通りに伝達されたのかという問題についてはなお検討すべき課題を残していると考える。

三　壇上の福澤諭吉

（一）　和田英作原画・「演説姿」の福澤像

福澤諭吉が「演説」をしているさまを描いたと伝えられている肖像画がある。[22] 和田英作によって制作され、かつて、慶應義塾大学三田キャンパスの大講堂の舞台正面に掲出されていたものである（口絵・一三一頁参照）。福澤の全身立像で、羽織を着ているが袴はつけていない。いわゆる和服の着流しである。両腕を胸高に組み、右足を心持ち踏み出してやや厳しい表情で前方を見据えている姿である。この油彩の肖像画は、戦災によって失われてしまったが、なお松村菊麿による和田の原画からの模写が残されており（口絵・一三一頁参照）、また和田作品の写真をもとにして角南松生《すなみしょうせい》・近馬《こんま》勘五《かんご》の両人により復元制作された作品が伝えられている（口絵・一三一頁参照）。現在、前者は大学三田キャンパスの演説館、後者は志木高等学校体育館のいずれも舞台正面に掲げられている。

和田作品の制作時期や、制作事情などについて知ることの出来る資料は必ずしも十分に残されていないが、『三田新聞』に次のような記事が見える。

○今回塾員有志の寄付により義塾大ホール演壇の後方に福澤先生演説姿の大壁画を掲ぐる事となり、肖像は画伯和田英作氏に揮毫を嘱託せりと。右に付画伯は材料を集蒐折角研究中。（大正八年八月三十一日付）

○大ホール正面に掲げられたる二間に一間の福澤先生の大写真、成瀬正行氏寄贈、和田英作画伯苦心の作。（大正九年五月十一日付）

また、『三田評論』（二七五号、一九二〇年六月）の伝えるところによれば、

塾員成瀬正行氏は本塾大講堂正面に掲ぐる為め、今回福澤先生全身立像大額を本塾に寄贈せられたり、同額は塾員洋画家夏井潔氏が先生の生前に描かれたるスケッチを基礎とし、先生が両手を組み演説し居らるゝ様をうつしたるものにして額の高さ二間余幅一間あり、重量六十貫近く、和田英作氏が苦心の作にして先生の風丰《ふうぼう》真に生けるが如し。

和田英作

とある。さらに、同誌大正九年七月号には寄贈された肖像画が、「壇上の福澤先生」と題する口絵写真として掲載されている。当初より大講堂演壇を飾るための福澤の「演説」の姿を写した作品が求められていたこと、制作は大正八年の後半から翌年の前半にかけての時期であったことが分かる。

寄贈者は塾員の成瀬正行であった。成瀬は香川県三木郡

井戸村（現木田郡三木町）の出身で、明治九年十月に生まれ、二十二年九月に慶應義塾に入学している。二十七年十二月に正科を卒業し、翌年農商務省海外実業練習生に選抜され渡米した。三十三年帰国後、川崎造船所に入社、その後東邦電力、千代田火災保険等の取締役を務めるなど実業界で活躍した人物である。兄の正恭、甥の溝淵国義もともに義塾に学んでいる。(23)福澤諭吉は、正恭がアメリカのコーネル大学留学を終えて帰国したことを悦び、明治二十三年七月十三日付で父岩太郎に対して、

老生抔《など》も壮年の時は勝手次第に遊歴、外国へも三度参り、故郷の事は少しも思わざりしなれ共、扨《さて》自分の子を海外に手放して見れば、これを思うこと甚《はなは》だしく、赤面の至とは存候得共《ぞんじそうらえども》、至情自から禁ずる能わず。この情は今に至り、御同前にて始めて解すべし。聊《いささ》かお歓《よろこび》の微意を表し度《たく》、態《わざ》と一書を呈し候。

と述べる書簡を送っている。(24)また、明治生命の阿部泰蔵に宛てた同年十二月十八日付の書簡で、帰国後の正恭を紹介して、「唯今実弟も姪《おい》も本塾へ入学中、旁《かたがた》塾には因縁深きものなれば、可相成《あいなるべく》は塾の筋にて仕事致度《いたしたく》」と述べ、適当な仕事を斡旋するよう依頼している。正行が肖像画を寄贈するに至る事情は不明であるが、福澤のいうこのような兄弟、甥そろって「塾には因縁深きもの」という背景が関わっていたかも知れない。(25)

義塾構内の西端にあった大講堂は昭和二十年五月二十六日の米軍による空襲によって破壊されてしまったが、大正四年四月に竣工したゴシック式鉄骨煉瓦造りの建築で、総坪数二二五坪余、三階席まであり聴衆は二千人以上を収容出来たという。(26)

この講堂の福澤像は多くの人にきわめて強い印象を与えていたようである。

松村菊麿画

角南松生・近馬勘五画

和田英作画

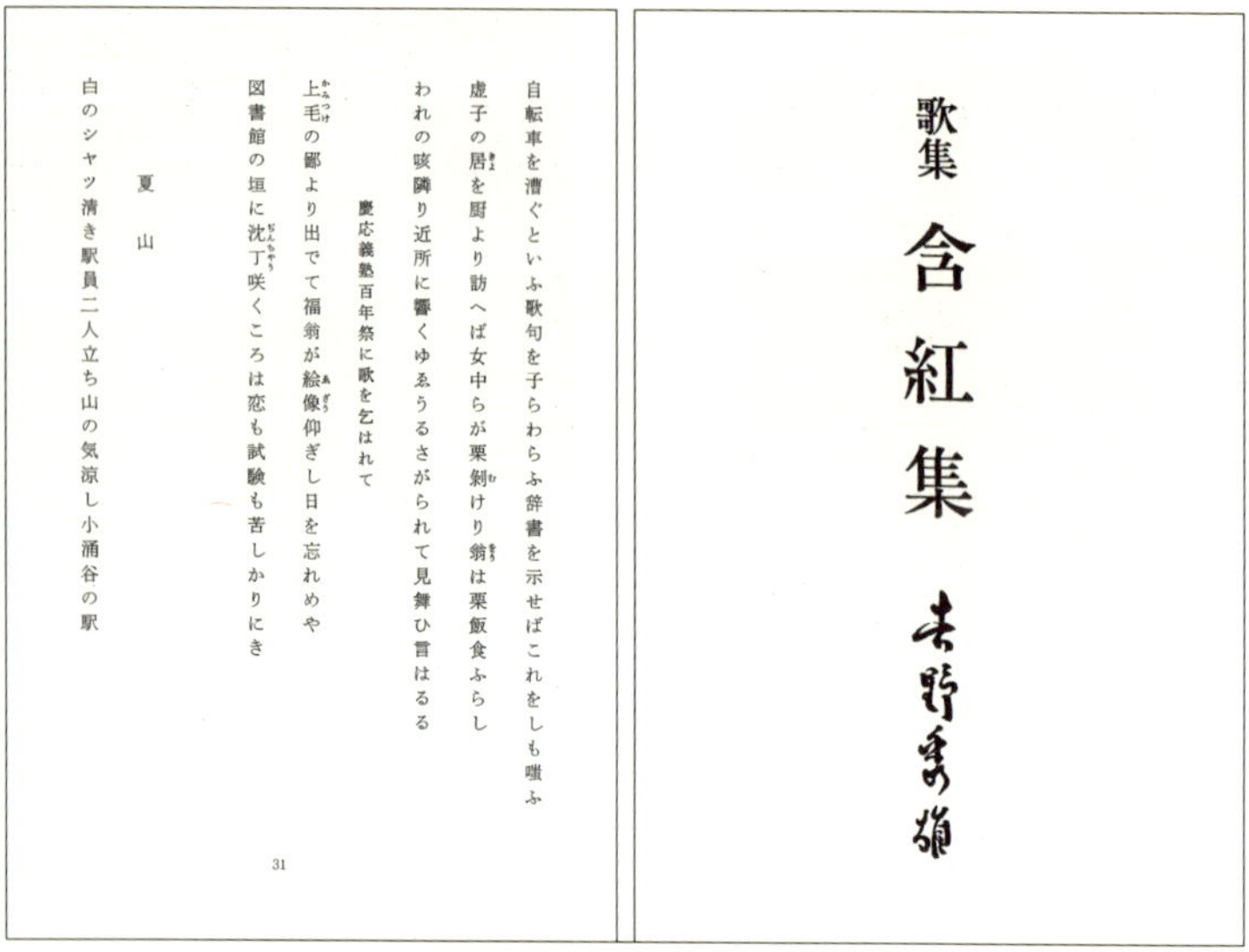

歌集 含紅集

吉野秀雄

自転車を漕ぐといふ歌句を子らわらふ辞書を示せばこれをしも嗤ふ

虚子の居《きよ》を厨より訪へば女中らが栗剝《む》けり翁《をう》は栗飯食ふらし

われの咳隣り近所に響くゆゑうるさがられて見舞ひ言はるる

慶応義塾百年祭に歌を乞はれて

上毛《かみつけ》の鄙より出でて福翁が絵像《ゑざう》仰ぎし日を忘れめや

図書館の垣に沈丁《ぢんちやう》咲くころは恋も試験も苦しかりにき

夏　山

白のシャツ清き駅員二人立ち山の気涼し小涌谷の駅

31

吉野秀雄『含虹集』扉・本文

たとえば、歌人吉野秀雄がその思い出を語っている。尋常五年の頃、祖父母の家にあった『福翁自伝』を読み強く興味をそそられ、いくたびか耽読して何とかあの福澤先生のこしらえた学校へ行きたいと念願を立て、大正九年に高崎商業から義塾理財科予科に入学を果たしたという。そして、「三田の大講堂で福澤先生の角帯丸腰の油絵肖像を仰ぎ見た時は格別な感慨をおさえきれませんでした」と述べている。(27)そして、後年母校の創立百年の折に、「慶應義塾百年祭に歌を乞われて」と詞書して「上毛《かみつけ》の鄙より出でて福翁が絵像《えぞう》仰ぎし日を忘れめや」という作品を残している。(28)

また、作家の安岡章太郎も『三田評論』(八一三号、一九八一年四月)紙上で行われた佐伯彰一、松島栄一との「『福翁自伝』に学ぶ」と題する鼎談で、次のような感想を

慶應義塾大講堂　外観および内部

述べている。

僕は慶應義塾というのは実際は入りたくて入ったわけじゃなくて、各種の学校を落第しているうちに偶然パチンコの玉みたいに入っちゃったわけですよ。（笑）それで、だけど入学式というのだけは出て行ったわけね。そうすると講堂に福澤諭吉の前垂れ掛けの大きな肖像画がありましたよ。僕はそれ見たら非常に感激した。ああ自分はこういう学校へ入ったのかと思ったですけど。……（略）……これね、和田英作の作品ですが、僕は肖像画の中の傑作だろうと思っていますけど。何が僕を打ったかと考えると、結局あの前垂れ掛けの恰好をして、つまり見方によれば、わざとらしいわけだ。あるいはキザで、子どもっぽいかもしれない、その種の反逆はね。しかしそういうことを思わせないだけの威厳があるんだよ。ディグニティがね。これは僕は福澤さんの本当の個性的な特色だろうと思うな。威厳はたいていなくなっちゃうのね、自由奔放に振舞うとね。

これは確信は持てないけど、例えば僕は中江兆民ていう人物が好きで興味を持っているわけですよ。しかし彼にはあの種の威厳は余り期待できないように思うな。

「前垂れ掛けの」肖像画というのは明らかに記憶違いである。それは、福澤の着流しの姿が講堂に掲げられる肖像画としては、かなりくだけたものという印象を安岡に残したことから生じたものであろう。安岡は初めてこの肖像に接して、その感動からあまり期待はしていなかったはずの慶應義塾という学校へ入学したことに、改めて大きな感慨を覚えたというのである。また、佐伯彰一に「それは今も置いてあるわけですか」と尋ねられて、「いやそれが焼けちゃってね、今置いてあるのは小型の小さい模造品が置いてある。それは全然迫力がない」とも答えている。「小さい模造品」とは松村菊

磨による模写作品のことであろうと思われるが、今はない和田の原画の印象を伝える貴重な証言ということが出来る。(29)

　肖像の制作者和田英作は、明治七年に鹿児島県大隅郡垂水村（現垂水市）に生まれている。二十年に上京し、明治学院に入り、のち曾山幸彦に洋画を学んだ。ついで原田直次郎、黒田清輝の指導を受け、二十九年東京美術学校西洋画科助教授に推されたが辞退し、同科専科四年級に入り翌年卒業した。三十三年文部省留学生としてフランスに渡り、パリでラファエル・コランに学んだ。三十六年に帰国し東京美術学校教授に就任し、昭和七年同校校長となり、十八年には文化勲章を受章した。美術学校卒業制作「渡頭の夕暮れ」をはじめ、堅実温雅な写実性に富む画風で知られた洋画家である。(30)

　和田英作の父秀豊は慶應義塾に学んでいる。明治五年十八歳で、県費生として英学修業のため上京し、はじめ海軍兵学校に学んだ。義塾への入学は明治六年八月である。英語を学ぶとともにキリスト教に開眼し、明治七年洗礼を受け、九年春に帰郷して女子師範学校の教壇に立った。西南戦争後、再び上京し、海軍兵学校で英語と数学を教えた。やがて牧師となって芝教会を預かり、またハンセン病の病院の設立など社会事業に生涯の情熱を傾けた人物である。

　先に引用した『三田評論』の記事には、肖像の制作は夏井潔の残した福澤生前のスケッチを基礎にしたと記されているが、後述するように高橋誠一郎に問われて和田自身の語ったところでは、父秀豊が福澤の演説を聴いており、かつてその父から聴いたところによって腕組みをした福澤像を描いたと述べている。「慶應義塾学業勤惰表」によれば、秀豊は明治六年の九月〜十二月期に変則第九等にその名がある。しかし以後は記載がなく、九年春以前のいつまで義塾に在籍していたのかは確認出来ない。いずれにせよ、秀豊が義塾に学んだ頃は、三田演説会の発会（明治七年）、三田演説館の開館（同八年）などが相次ぎ、義塾内に演説への関心が高まり、その実践が盛んであった頃である。秀豊もその渦中にあったわけであり、英作の聴いた話も具体性のあるものであったであろうことが推測される。(31)

慶應義塾内には、和田の作品としてこの立像の他に、ペンの塾章を手にしたヨーロッパ文明の象徴としての女神を、弓矢を持った旧時代の日本の表象としての鎧武者が白馬を降りて迎えているというユニークな図柄の三田の旧図書館ステンドグラスのための原画、幼稚舎所蔵の福澤像（口絵・一三七頁参照）、医学部北里講堂の北里柴三郎像がある。ステンドグラスの原画は明治四十五年頃の作品である。当時の塾長鎌田栄吉の、「泰西文明の移入による我国従来のミリタリズム・フューダリズムの没落を示す」という構想を、図書館監督（図書館長）田中一貞がパリで知り合った和田に伝えて制作を依頼し、実現したものという。小川三知により制作されたステンドグラスは大正四年十二月に完成している。図書館は義塾創立五十周年を記念して明治四十五年に建設されたものであった。田中が義塾派遣留学生として渡米したのは明治三十四年五月、さらにフランスに渡ったのは明治三十五年六月であり、翌年三月には帰国している。和田の慶應義塾との関わりはこの間に始まったということになる。幼稚舎所蔵の福澤像は大正九年の作品で、昭和十一年に成瀬正行により寄贈されている。大講堂の演説立像と同時期の作品であり、この立像の制作と何らかの関係があるものかも知れない。(32)

夏井潔は北海道函館の出身で、明治元年三月に生まれ、はじめ貞蔵を名乗りのち潔と改めた。十三年三月に義塾幼稚舎に入学している。幼稚舎から予科、本科へと順次進級し、二十一年第一期（一月から四月）に本科三等に進み、同年第二期（五月から七月）には別科に転じて、二十二年第三期に別科を卒業している。(33) この夏井と同年の六月に生まれ、二年半ほど遅れて十五年十月に義塾に入学した岩崎（のち福澤）桃介との間に、夏井が水彩画に巧みであったという次のようなエピソードを残している。

> 選手と云っても今のように一定の運動衣を着るのでないから、思い思いのシャツを着て背中にヒョットコ面を描いたのもあり、桃介氏は夏井潔と云う水彩画の巧い学生に頼んで、白いシャツにライオンを描いたのを着用に及んだのである。天成の眉目秀麗で背のスラリと高い青年が奇抜なライオンを背にして颯爽と駈け廻わる所は一際目立って誰が見ても、ほれ〳〵する位であったとは、五十年の老友田端氏が今でも繰返し嘆称する所である。(34)

和田英作画「福澤諭吉肖像」

また、各年度の『慶應義塾塾員姓名録』によれば、夏井について、二十九年版で東京本郷在住の「油絵士」、三十三年版で東京市赤坂区台町の「美術油画士」、四十四年版で函館区曙町の「洋画家」と記載されている。画業修業の経緯については未詳であるが、塾生時代からの特技を生かして洋画家となり、卒業後しばらくは東京に滞在して、やがて帰郷したものであろう。東京在住時代の夏井に宛てた、明治三十年六月二十五日付の福澤書簡がある。

薄暑の時節益《ますます》御清安奉賀《がしたてまつり》候。陳《のぶれ》ば過日は御染筆の肖像を本塾に御寄送被成下《なしくだされ》候よし、直に御礼も可申上《もうしあぐべき》の処《ところ》、前月以来豊前中津に在る姉の大病、毎日々々文書電信の往復等、心配ばかり致居《いたしおり》候中、本月十九日に至り医薬甲斐なく遂に永眠いたし候。旁《かたがた》にて実は肖像の事も忘却いたし候次第にて、昨日法事も終り候に付、塾に参りて始めて拝見致居候処、素人には何も不相分《あいわからず》候得共《そうらえども》、如何にも見事にして、その時召連れ候孫等の説にも、おじいさんに能《よ》く似て居ると申《もうし》囃《はやし》候。何《いず》れ拝眉万々御礼可申上《もうしあぐべく》候得共、不取敢《とりあえず》一書を呈して御挨拶延引申訳旁匆々如此《そうそうかくのごとく》に御座候。頓首。

三十年六月廿五日　　諭吉

夏井　潔　様　梧下(35)

夏井から肖像画を寄贈されたことへの礼状である。福澤の長姉小田部れいの病没の多事に取り紛れて挨拶の遅れたことも詫びている。「御染筆の肖像」「如何にも見事」とあり、寄贈された作品は本格的な油彩画であったと推定される。和田が制作の資料としたという夏井の「スケッチ」との関連も考えられるが詳らかではない。いずれにせよ、夏井の「スケッチ」は肖像制作の資料として意味のあるものであったと考えられる。「素人には何も不相分《あいわからず》候得共」というのも、美術にはあまり関心のなかったらしい福澤の感想として興味深いところである。「おじいさんに能く似て居る」とはやしたという孫は、この頃、福澤の身近にいた中村愛作（明治十七年十一月生まれ）、壮吉（二十二年五月生まれ）の兄弟であろう。福澤の長女里の夫中村貞吉が明治二十八年七月に没しており、残された親子を福澤は引き取っていた。愛作はこの頃幼稚舎生であった(36)。

和田英作門下の松村菊麿による模写が行われたのは昭和十二年である。それは、同年一月十日、神戸慶應倶楽部において「福澤先生の思い出」と題する高橋誠一郎の講演が行われたことを契機として、山口八左右鐘紡副社長の寄付金により和田作品の模写を制作することが立案されたことによるものであった[37]。大講堂において行われた模写について、松村が前後の事情を甲斐勝郎に書き送った書簡が残されている。それによれば、「五尺に三尺」の原画について、まず最初に「十五号の下絵」を模写し、それを引き延ばして「本画」を制作し前後三か月を要して十二年五月に完成している。同月二十八日に神戸慶應倶楽部において除幕式が行われ、同倶楽部のルームに掲げられた。昭和十九年秋、戦禍を恐れて鐘紡高砂人絹工場に移され、神戸慶應倶楽部に戻されたのは二十七年初秋であった[38]。戦後、和田の原画を失った三田のキャンパスに、同倶楽部より松村の模写像の寄贈の話がまとまり、三十五年、折から来日した西独首相アデナウアーへの名誉学位授与式が四月一日に行われたのを機会に演説館に掲出され、改めて公開されることになり現在に至っている。

ところで、先に示したように和田作品の大きさは「二間に一間」（『三田新聞』）、「額の高さ二間余幅一間」（『三田評論』[39]）と伝えられている。作品自体の大きさについては資料が残されていない。現存する大講堂の図面によると、作品が掲げられた舞台は幅四・五間、奥行二間となっている。舞台奥の壁面の幅は三間強である。作品の掲出された舞台写真[40]（一三三頁）から判断すると、額の大きさについて伝えられる数値はほぼ正しく、画面は高さ一間四尺、幅四尺ほど、すなわち約「300×120 cm」と見られる。松村作品について現在計測されている数値は「194.6×89.5 cm」である[41]。松村の模写は和田の原画をかなり縮小して行われたものと推定できる。なお、松村が「五尺に三尺」の原画と書き残しているのは、和田作品の大きさのことではなく、実際とは数字が異なるのであるが、制作すべき模写の大きさを示そうとしたものではなかろうか。またこの数字について、『三田評論』の紹介記事では和田作品の大きさとしているが、これは誤認と思われる。なお、この松村の作品とは別に、近年発見された和田原画の模写と考えられる小品がある。寸法は「656×460 mm」で、大正後期から昭和初期に制作されたと推定されているものである。(42)

角南松生・近馬勘五による復元作品の除幕式が行われたのは昭和二十二年十月五日のことであった。戦災により失われた和田の原画を再現しようという計画は、慶應義塾創立九十周年を記念して、当時の学生たちが企画したものであった。学生委員の一人であった理財科三年角南守道の提案が容れられ、角南の父角南松生に制作を依頼したという。守道の弟角南滋によれば、キャビネ版ほどのモノクロ写真をもとにして、時には天眼鏡で細部を確認しながら制作していたという。角南、近馬は兄弟の画家で、兄角南は春陽会、弟近馬は太平洋画会に所属していた。近馬が下地のデッサンを担当し、角南が肉付け、色付け、仕上げを担当して完成した作品は、福澤先生研究会とエビス三田会によって寄贈され、三田の大学第一校舎の吹き抜け部分の壁面に掲げられたが、昭和四十五年三月に、慶應義塾志木高等学校体育館へ移されて現在に至っている。(43)平成十四年に修復補修が行われたが、その報告書によれば、寸法は「2055×1060×30 mm」で、また、画面右下隅に認められる署名年記等の書き込みの痕跡はほとんど読み取れないが、画布裏面に書き込みがあり、これも肉眼では観察できないが、赤外ビジコンカメラにより、画面右下に縦書きで「福澤翁像　慶應義塾九十年　［判読不能］　昭和二十二年五月［判読不能］」「春陽会　角南松生　太平洋　近馬勘五　合作」とあることが確認されている。(44)

(二)　諸家の回想に見る福澤の「演説」その1

和田の作品が福澤の演説のさまを写したものであるといわれていることについて、疑問を呈した高橋誠一郎の発言がある。昭和四十年十月二十二日に行われた、三田演説館開館九十周年記念会における講演の中で触れられているもので、その一部を引用すれば次に見る通りである。

和田さんと生前にお話したことがあるのですが、あなたが描いた福澤先生の演説しておられる肖像が慶應義塾にあるが、福澤先生があゝいう格好で演説されたということを、どうしてあなたはご承知になったのかといって聞きましたところ、いや、自分は福澤先生の演説は聞いたことがない、自分の父が先生の演説を聞いたことがあるので、かつて父から聞いたところによってあゝいう恰好に描いたのだと言っておられたのです。なるほど福澤先生もこういう格好をして演説されたこともあったかも知れませんが、私どもの聞きました福澤先生の演説は、こんなにしゃっちょこばってはおられず、こんな鈴が森の権八のような手つきなどは一度もされませんでした。

先生は楽屋から、この右手の戸をあけて、ひょこひょこと出てこられ、腰を少し曲げ、この演壇に手をついて、べらべらしゃべり出されたのです。実によくしゃべる(笑声)。しかし、荘重さは感じられません。

これが慶應義塾流の演説とでも言うのでしょうか、われわれよく後になりまして、慶應義塾の演説というものはオレートするのではない、ナレートするのであると申したのでありますが、オレーションはあまり慶應義塾の諸君はやらなかったのでありましょう。福澤先生もよく話に残っておるのでありますが、寄席へ行って、噺家や講釈師の話を聞いたり、坊さんの説教を聞いたりして、演説のけいこをしたということなので、その影響もあったかもしれないのですが、まず噺家口調といっていいのでしょう。時によりますると、どうしてああいうげすばった言葉が使えるのかと思うほどひどい言葉を使っておられました。(45)

高橋誠一郎

高橋は明治三十一年五月に十五歳で普通部に入学、四十一年三月に大学部政治学科を卒業して義塾教員となった。戦後慶應義塾塾長代理を務め、また学者、文化人として、第一次吉田内閣で文部大臣に任じ、その後日本芸術院長、国立博物館長、文化財保護委員長等を歴任し、昭和五十四年には文化勲章を受章した人物である。(46)また、演説館における福澤最後の演説を聞いていた記憶の中にあるイメージと、肖像の印象とが重なることから、和田本人に問い質したのである。福澤の演説は荘重なものではなかった。肖像に見る芝居の「鈴が森の権八」のような手つきなどはしていない。演壇に手をついてべらべらとしゃべり、時々爆笑を誘ういわば講釈師流の巧みな話で聴衆を喜ばせていたと述べている。また、いわば福澤の「演説」を手本として、以後の慶應義塾流の演説はいわゆる雄弁を競うという種類のものではなかったことが強調されている。高橋はこの講演全体で、当時をきわめて鮮明に思い出しながらさまざまなことを語っている。寄宿舎生活をしていたが、舎監の厳しい指導があって普通部生は夜間の外出を禁じられていた。したがって三田演説会の傍聴も許されていなかった。しかし、入学後半年を経過した、休暇明けの九月二十四日に行われた演説会への出席を指示されて、寄宿生一同が演説館の二階席で聴講をしたという。福澤の演説は、前節においてその全文を検討した「法律と時勢」と題するものであった。それは高橋のいう通りの演説であった。この時以後、福澤が壇上に立つことはなかった。それだけに高橋の印象も強く残ったのであろうと考えられる。

ところで、昭和九年に行われた福澤生誕百年を記念する講演会で、高橋が聴講した同じ日のことを回顧した神戸《かんべ》寅次郎の講演記録が残されている。以下に示すように、神戸が提灯を提げて義塾構内にあった福澤宅から演説館へ福澤に同道したこと、演壇に立った福澤がまず、ランプの直射光線を避けるための工作をしたこと、そして胸高に両腕を組んで話しを始めたことなど福澤の演説の姿がきわめて具体的に描写されているが、福澤の演説の姿勢については肖像画の通りであるとして、高橋の印象とは全く異なる回想となっている(47)。神戸は明治二十年三月に義塾に入学した。同二十二年に正科を卒業、翌二十三年一月に新たに開設された大学部法律科に進み、二十五年十二月に卒業した。翌年から義塾教員として普通部の授業を担当し、あわせて大学部教務係に任じていた。三十二年八月に義塾最初の海外留学生として渡欧、三十五年十二月に帰国し翌年から法律科教授として教壇に立った。義塾法律学科の育ての親として尽力した人物である(48)。

明治も三十年〔ママ〕という頃、ある日、法律科の教授傭聘の件について先生に御面会を願うの必要が起った。その日の夕方、余は例の様に、先生を御訪問申上げると、快く何時もの如くにこ〳〵として御会い下さった。それからその必要の事を委しく申上げると、早速色々と御高見を頂いたのみならず、法律科の将来について、極めて重要なる事柄（これは制度の実質に関していて種々複

神戸寅次郎

雑しておるから茲《ここ》には述べず、他の機会に譲ることゝするる）をお洩らし下さった。余は、大いに悦んでお暇をしようとしたところ、丁度、その晩は、先生の御演説のある日に当り（その時分、先生は月に二回ずつ必ず御演説を為される例になっておった）而《しか》もその晩は法律に関するお話があるということであったから「先生はもう直きに演説館へお出でになりますか」とお伺いすると、「もう程無く出かける」とのお言葉であったので余は、先生のお支度の出来る間、お待ち申していた。先生はその頃夜分山上をお歩きになる必要のあった時はいつもブラ提灯をお用いになられる例であったが、余はその提灯をぶら下げて先生のお供をして演説館へ御同道申し上げた（この演説館というのは、今稲荷山にある明治八年頃に建てられたというあの旧ホールの事であるが、その頃は今の塾監局の北端あたりの位置にあったように思われる。而《しこう》して三田演説会はその頃先生の御演説の前に学生一、二人と卒業して既に社会に出て居られる先輩二、三人都合四、五人位がその前座をやらして頂くことになっておった）。さて演説館に着いて見ると弁士の控え室には前座を勤める弁士が来ておって演説はもう始まっておった。追々と時刻が移っていよ〳〵最後に先生の御演説を為さるゝ順番となった。

先生は例のように笑顔を以て演壇に歩を進められた。そこでテーブルの前に立たれると、懐中から、白紙を取り出し、幾重にもこれを折られ、やがて、ある一端をちょいと千切《ちぎ》って、その紙を拡げられると、丁度、真中に円るい穴が出来ていて、その穴をランプのホヤに当てゝ被《か》ぶせられた。

かくて先生は、直射する光線を避けつゝ、微笑を以て先《ま》ず一応満場を見渡され、両足を少し踏み拡げ気味にして直立され、両腕をやゝ高めに組まれて、丁度今の大ホールの演壇の上に掲げてあるあの御肖像その儘の御様子で、緩やかに説き始められるのであった。

同日は、「法律と時勢」という題で、時勢の変遷に依り、今日は、昔と異なり、法律学を学ぶということは、必要欠くべからざるものとなったと云える趣旨を説かれるのであったが、何時も先生の御演説は、大抵一時間内外であるのにその夜に限り、一時間と約五十分程もかゝって右の趣旨を力説高調されたのである。先生は別に身振りとか、手真似とかいうような動作はなさらないで、只諄々と談話的で説かれるのであったが、その裡《うち》に時に所謂寸鉄人を刺すというような警句も出れば、又、人の頤《おとがい》を解くというような諧謔も出て、高尚な学理も、複雑微妙の思想も、極めて平易に而《しか》も種々なる比喩を以て、如何にも、面白く表現されるのであった。

明治十年代前半の慶應義塾に学んだ井上角五郎が、大正十三年五月三十日に開かれた演説館開館五十年記念の三田演説会において、「福澤先生より聴きし演説の心得に就て」と題する講演をしている。会場は大講堂であったから和田の福澤像の前に立ったはずである。井上は万延元(一八六〇)年に備後国深安郡野上村(現福山市)に生まれ、誠之館、広島県立尋常師範学校に学び、明治十二年上京、福澤を訪ねて認められ、福澤家子女の家庭教師を務めるかたわら義塾に学んだ。入学年次は『慶應義塾入社帳』に記載がなく不明であるが、十五年七月に卒業している。時事新報記者となり、また朝鮮

井上角五郎

政府顧問として『漢城旬報』の創刊に尽力した。第一回帝国議会より衆議院議員として活躍する一方、北海道炭礦鉄道、日本製鋼所などの経営に携わった(49)。井上は福澤の演説について、次のように語っている。

丁度私がこの塾に入りました当時は、演説が盛んに行われて居りました、三田演説会の外に明治会堂と云うのが木挽町に設けられまして、塾の先輩は代る〳〵両所で演説せられました、私共は殆ど毎日の如くその演説を聴かされたのであります、斯様《かよう》なる当時を思出しますと、私は福澤先生が平常着の儘に縞の羽織を召されて、無雑作に演壇の上に立たれ、聴衆は何とも云えぬ愉快を以てこれを迎えたその有様を目に見る心地が致します、先生は斯様に極めて無雑作に演壇に立たれましたけれども、併しその態度は極く鷹揚で落着いて居られました、殊《こと》に侵すべからざる威厳を具えて居られたのであります、又その弁舌は私の批評し得る限りでありませんけれども、句切りの極めてはっきりしたものでありました、そうして最も抑揚に富んで居りました、演説は常に真面目に遣られましたが福澤先生は動《やや》ともすれば滑稽染《じ》みたことを交えられて、聴衆は一度の演説に二度も三度も笑わせられるのが決して珍らしくなかったのであります。(中略) 当時この三田演説会の外に東京府内に二、三の演説仲間がありまして、所々で演説を致して居りました、その演説仲間の多くは、演説と云うものは手振が必要である、身振が必要である、音声に注意を払わなければならぬ、この様に申しまして色々と工夫したように私は見受けて居りました、当時福澤先生はこれに就《つい》て何等の批評をも試みられはしなかったけれども、塾の先輩は他所の演説はどうも声色めく、何やら狂言染みる、あのような事をする必要はないと論じて居られました、（中略）塾の先輩が演説の場合に於て最も注意して居った所のものは何であったかと云いますと、文章と演説と平生の談話、これ等三つのものが如何様《いかよう》にしたら調和するであろうかと云う事であって、中々に努力を用いて居られたのであります、これを外にしまして態度とか弁舌とかに就ては、多くの注意を払わぬのが当時の三田演説会の特色であったと云われ得るのであります、

井上は、高橋誠一郎が福澤の演説を聴講してから十数年を遡る、明治十年代前半の時期の福澤に初めて接していることになるが、福澤の「演説」の姿勢は基本的にはあまり変わっていないと見てよいだろう。そして、「塾の先輩」たち、いわば福澤の周囲にあって演説の方法の開拓に努力していた人々が、演説といっても、それがことさらに態度や弁舌が「狂言染み」た振る舞いとなる必要は全くない、むしろ「文章と演説と平生の談話」の調和をはかった自然体の演説が大切であると主張していたと述べている。高橋のいう慶應義塾流の演説がすでにここに存在していたことになる。さらに、井上は福澤に「演説の心得」について尋ねたところ、演説の巧拙、演説の成功はひとえに「演説の身構え」にあるとして、次のように語ったといっている。

福澤先生は曰く、演説に於てその身構えが最も大切である、何故か、演説は多数の聴衆を前に置いてやるのであるから、文章とは自から異なる、その多数の聴衆の中には智慧のある奴もある、無い奴もある、どうかしたら揚足を取ってやろうと云う者もあれば、順従で座眠をして居る者も

ある、種々雑多なる聴衆を前に置いて自分の意見を述べる、その場合に於ける身構えは中々文章を書くと云うが如き類のものでなくして、寧《むし》ろ剣術以上でなくてはならない、これが即ち演説に於ける身構えである、斯様《かよう》に先生は言われました、先生、然《しか》らばその身構えはどのようにしたら宜《よろ》しいのでありますか、これは当然問わざるを得ない言葉でありまして、私の口から出たのであります、先生は答えて、演説をする人に依って習慣もある、体格もある、又場所も異なる、聴衆も違う、一口に斯々《かくかく》すべしと云うことは出来ない、けれども要するに議論、弁舌、態度、これ等の一切を通じて苟《いやし》くも隙があっては完全なる身構えとは云えないのであると答えられたのでありま す、

福澤のいう「演説の身構え」については、井上は次のように解釈している。

先生はいつでも言われました、人間は議論を苟《いやし》くもすべきでない、君子は己れの信ぜざるものを以て人に語るべからず、斯様《かよう》なことを先生は屢々《しばしば》言われました、されば今将《まさ》に演説せんとするその議論は、どうしても自分がこれならば宜《よろ》しい、この議論を唱えたならば皆が感心するだろう、なに感心しなければ皆が馬鹿なのだ、公明正大、天地に恥じる所がないと云う議論を持ち出すことが演説の身構えの最初なりと云わなければなりません、これに向って自分の身体、自分の精神、すべてを集中して、さて演壇に起って衆人に向う、あの辺には変に馬鹿らしい顔をした者が居るとか、この辺には変に悧巧らしいのが居るとか見渡して、何が何でもやって見ろ、我にこれだけの備があると云う態度で行くのが即ち福澤先生の演説の身構であって、剣術遣いが、手に剣を提げて敵に向うもこれに外ならぬと思うのであります、さて左様にして起って来るところの手附《てつき》、

身振《みぶり》、音声、これ等は自らそれから割出された所の自然の結果であって、形式を用いるも用いないもありません、福澤先生が演説して長くなるとその中には何だ、これを何と思うか、これでもか、これでもか（卓を叩く）と仰しゃった事が少くない。手の痛い程卓を叩く、併《しか》し必要ある時に叩くから可笑《おか》しくない、聴衆が先生の演説に何の形式がないというのは、聴衆は先生の卓を叩いたのを覚えて居ない、これを何でもない時に叩いたら、聴衆は笑わざるを得ない、先生のお話しになった演説の身構えは斯様であるかと私は信じて居るのであります。(50)

「公明正大、天地に恥じる所がないと云う議論」を聴衆に訴えることによって、自ずと芝居じみたところのない自然体の説得力ある演説が可能となるというのである。そして、そのことが場合によっては、福澤の演説にも「手の痛い程卓を叩く」場面を生み出すことになったという。結局、動画ならざる肖像画が福澤のイメージを固定させ、それが高橋にある種の違和感を覚えさせ、「福澤先生もこういう格好をして演説されたこともあったかも知れませんが、私どもの聞きました福澤先生の演説は、こんなにしゃっちょこばってはおられず、こんな鈴が森の権八のような手つきなどは一度もされませんでした」と述べることになったのであろう。

（三）　諸家の回想に見る福澤の「演説」　その2

諸家の回想の中に、なお福澤の「演説」の姿を探ってみたい。

①　新渡戸稲造

京都大学教授、第一高等学校長、東京大学教授、東京女子大学初代学長などを歴任し、大正九年国

新渡戸稲造

際連盟事務局次長に任じた新渡戸は、明治四十二年二月の三田演説会に招かれ、「教育の真義―治者と被治者―」と題する講演をしているが、その冒頭で、初めて三田を訪れ、福澤の演説を聞いた時のことを話している。新渡戸の十四、五歳の時というから、明治八、九年頃のことになる。ちょうど三田演説会の草創期であり、演説館も開館したばかりの頃である。新渡戸は「成程演説堂と云うものは斯《こ》う云うものであるか、外国へは行ったことが無いから知らぬが、何しろ立派なものであるな」と思ったという。少年新渡戸がなぜ三田を訪ねたのか、その事情はよく分からない。

その時の演説の趣意はどう云うことであったか忘れてしまった。尤《もっと》もそれには理由がある、演説よりはもっと奇妙なことで記憶に存して居るものがあったからである。それは外でもないが、私の座って居る前の方に私と同年位の子供が大勢居た。それはこの塾の生徒で、今日で謂《い》うと少年部と云うような方の生徒であったろうと思う。暫くすると先生が出て来られたが、その時に先生は両手に紙袋を持って居られた。変なものだな、演説と云うものは紙袋を持て来てするものか知らん、あの中に種が入って居るのだろうかと見て居りました。所が、やがて先生はその袋の口を開いて、子供にそれを遣《や》り初めた、それは煎餅でありました、私はそれを見て、自分にも呉れるだろうかどうだろうかと非常に心配したものだから、その方のことが深く脳髄に染込《しみこ》んでしまって、折角の御演説の趣意は忘れたのであります(51)。

福澤が演説の前に演説館の前方に席を占めていた少年たちに煎餅を配り始めたというのである。新渡戸は生涯にただ一度福澤に接した体験を振り返り、これは一場の笑い話かも知れないが、そこにいかにも子弟を愛する教育家の姿を見るとして、福澤の教育の仕方が新しい知識を注ぎ込むというよりも、新しい知識を得たいという志を起こさせるような教育であり、教師自ら注ぎ込むのではなくして、注ぎ込むところの器を拵えようという真の教育であったと述べている。

② 石河幹明

石河幹明

石河は、明治十四年五月、二十三歳で慶應義塾に入った。十八年四月本科卒業とともに時事新報に入社し、後に主筆となって活躍した。終生福澤の身近にいた人物であるが、後年福澤一太郎をして「その思想文章ともに父の衣鉢を伝うるものは独り石河氏あるのみにして、文に於て氏を見ること猶お父のごとし」と言わしめたという。[52] 大正十五年に『福澤全集』全十巻、昭和九年に『続福澤全集』全七巻を完成させ、さらに昭和七年には『福澤諭吉伝』全四巻を刊行している。[53] その『福澤諭吉伝』第四巻に「演説」の一章があり、福澤の「演説」の意義その他について概観しているが、演説の姿勢について次のように述べ、「両腕を組んで徐々と説き起」こしたと説明している。また、演説の全体は平素の談話と異なるところなく、ユーモアと警句で聴く者を飽きさせなかったと述べている。

　先生の演説振りはどういう風であったかというに、演壇に立たるゝと先ず笑顔を以て満場を見渡し、草稿を懐より出してテーブルの上に展《の》べ、それから両腕を組んで徐々と説き起し、身振り手振り等の所作をせず芝居の台辞《せりふ》めいた作り言葉を使わず、談話的に諄々と説き来り説き去る中に人の頤《おとがい》を解く諧謔も出れば寸鉄腸《はらわた》を抉《えぐ》るの警句も出で、或は他を罵倒する場合には「彼奴《きゃつ》」「馬鹿野郎」等の言葉も出でゝ、いつでも聞く者を倦《う》ましめざる面白い演説であるが、その演説振りは概して平素の談話と異なるところなく、演説即ち談話というてよかろうと思う。(54)

③ 高橋義雄

高橋は明治十四年九月、二十歳で慶應義塾に入学している。十五年七月に本科を卒業、義塾教員を務める傍ら時事新報記者として筆を執った。二十三年には三井に移り、三井銀行、三井呉服店、三井鉱山、王子製紙の役員を歴任した。茶人箒庵としても著名であった。(55) 塾生団体養真会の講演会で福澤の演説について次のように語り、やはり「始終腕を組んで居る癖」があったといっている。講演の行われた日時は不明であるが、『三田評論』(四〇四号、一九三一年四月)に掲載されたものである。

先生が演説館で演説なさるのを見ると、先生だけは当時の政談家と演説振がすっかり変って居りました。私は演説好きで余暇さえあれば東京中の政談演説を聴いて廻わったが、福地源一郎、沼間守一、島田三郎、馬場辰猪、小野梓というような所は何れも人気役者で、彼等が何処其処《どこそこ》で演説会を開くというと十銭位の木戸銭を出して聴きに行ったもので、福地源一郎という人は座談をすると少し吃る人だが演説をするとしっかりして中々うまい方であった。又沼間守一という人は非常な雄弁で弟の高梨哲四郎も兄に劣らぬ弁者であった。島田三郎は後年シャベロウと言われた位だからこれも頗《すこぶ》る達者であった。福澤先生はどちらかというと演説は座談的で始終腕を組ん

高橋義雄

で居る癖があり、聴衆に向って恰《あた》かも質問する如く或る疑問を投げ掛け、首を横に傾けて暫く間を置いてそこでこれを説明するという風であったが、併し洵《まこと》に平易な言葉を使って誰れにでも能《よ》く分る。けれども先生は何時でもニコ〳〵して演説をなさって居るかというと決してそうではない。明治十五年でありましたか、時事新報が始まってからまだ間がない時、先生はこの演説館で堕落坊主攻撃の演説をお遣《や》りになった。その時に何処の坊さんだか知らぬが二人ばかり聴衆の中に居った。演題は「僧は俗より出でて俗よりも俗なり」と云うので坊主に対して非常な大鉄鎚を下し殆《ほとん》ど叱咤《しった》するような勢で述べられた。所が坊主が非常に昂奮して演説館で目を廻して仕舞《しま》った。そこで水をやるやら脊を叩くやら大騒ぎをしましたが、この一事を以て見ても先生が感激して来ると如何に力強い演説をなさるかゞ分ろうと思う。

それからモ一つ私は非常に感動した事があります。福澤先生が或る時蘭学先進者の非常に苦心された事蹟を演説せられた事があった。これは三、四回分位続く筈なのを二回だけおやりになって止められた。その原稿は新聞にもお出しにならず然《し》かも福澤家にも残って居るかどうか分らぬ。蘭学者が幕府の圧迫を受けて非常な困難に陥った顚末を福澤先生がずっとお書きになって、その原稿を手にして演説館で演説なさったものである。その演説の中に、高野長英が火事の為めに伝馬町の牢を解放せられた時、長英は終《つい》に帰牢せず何処かに隠れて居て自分の志を成そうというので、杉田玄白であったかと思いますが何でも先輩蘭医の玄関に行って頼んだ所が、主人は態《わざ》と声高く高野長英は牢内に居る筈だからそういう者が来る訳はない、直ぐさま追っ払ってしまえと叱り付けてこれを台所の方に廻らせ、自分の奥さんか何かに剃刀一挺と着物一枚を内々で渡させた、それを貰って高野長英は何処かで鬚を剃って身形を変えて窃かに逃げ去ったというようなことを事細かに述べられ、先生は殆《ほとん》ど落涙せんばかりに声を曇らして、私などは幸に少し時代が後れて生れたが為めに、今日斯《こ》うやって居られるが、今少し前に生れたならば或は牢破りをしたか人殺しをしたか知れなかった、実にそれを思うと同情に堪《た》えぬといって大層感激した演説を為されたことがあります。そういう時になって来ると先生の演説は非常に人を感動せしめました。(56)

福澤の演説は当時の政談家の雄弁とは全く異なるもので、平易なことばを使い聴衆に問いかけ、説明をするといった風であったが、時には「大鉄鎚を下し殆ど叱咤するような勢」で、あるいは、「殆ど落涙せんばかりに声を曇らして」、感情を露わにした演説をすることもあったという。高橋はまたその著書『箒のあと』でも、「福澤先生の演説」として、

福澤先生の演説振りは、壇上のテーブルの前に立って如何にも聴衆と馴れ馴れしき態度で、言葉も平常の談話と相違する事なく、又その談話に対して聴衆に一考せしむべく、先生先ず自から考える態度を示して俯向きながら腕組を為し、稍《やや》あって更に滔々《とうとう》とその問題を説き進め行く呼吸の老熟なる、如何にしても聴衆を引附けずに居らないような親みを持て居た。(57)

と述べている。

「堕落坊主攻撃の演説」は明治十五年三月十一日に開催された第一八五回三田演説会での演説であ

った。演説筆記が十三日付の『時事新報』社説欄に「僧侶論」と題して掲載されている。(58) 自分は宗教の真偽正邪についての関心はない。しかし「経世の一点」より観察すれば、「外教の蔓延」はこれを防がないわけには行かない。外教を防ぐには「内国固有の宗教」としての仏法によらざるを得ないのであって、「仏法を以て耶蘇教を防ぐ可しとは我輩の持論」である。ところが、その僧侶の風俗が徳川時代以来の腐敗そのままであって全く頼みにならない。「僧侶の貪利不品行」は慨嘆に耐えない現状である。「全国幾千万の寺門中、豈《あに》人物なからんや」と訴えるものであった。

演説筆記の全文は二、〇〇〇字ほどであるが、十三日付の同紙の雑報欄によれば、「初より段を逐い事実を証して、滔々論述したりしに頗《すこぶ》る聴衆の感を引起したる歟《か》、満場寂として声なきが如し」とあり、演説は一時間ばかりに及んだというから、筆記の内容を相当に敷衍したまさに熱弁となったものであろう。

雑報記事はさらに、演説の終わる頃、

年の頃五十有余とも思《お》ぼしく容貌賤しからざる一個の老人が、絶倒して地に伏し人事不省なり、見る人々大に驚き水よ薬よと騒ぎ介抱して、幸に十分間ばかりにして蘇生し何事もなく同伴の人に助けられて立帰りたり。この老人は何か持病にても起りしこと歟《か》、さまで病体にも見えざりしが、その人事不省中にも頻《しき》りに坊主が〳〵と幽《かすか》に口の中に唱え居たるを以て推察すれば、或は仏法大信心か大不信心の徒にして、兼て思う所あるものが、偶《たま》まこの演説を聞て感に堪《たえ》ず、喜憂の頂上に達して遂に絶倒したるやも計られず、一時混雑の余りに監館の者も狼狽してその姓名だに聞くことを忘れたりと云う。

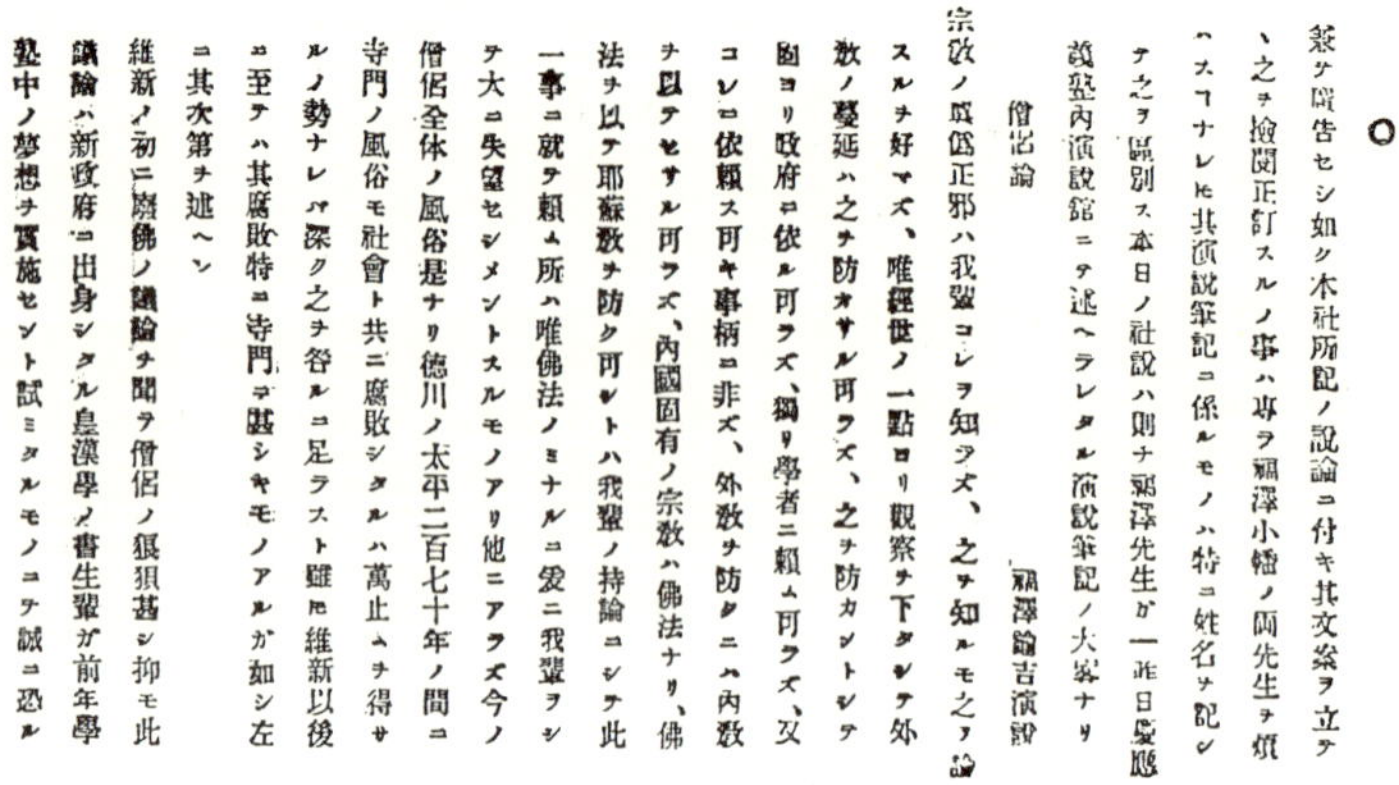
○
豫テ廣告セシ如ク本社所記ノ說論ニ付キ其文案ヲ立テ、之ヲ撿閲正訂スルノ事ハ專ラ福澤小幡ノ兩先生ヲ煩ハスコトナレドモ其演說筆記ニ係ルモノハ特ニ姓名ヲ記シテ之ヲ區別ス本日ノ社說ハ則チ福澤先生ガ一昨日慶應義塾内演說館ニテ述ヘラレタル演說筆記ノ大略ナリ

僧侶論　福澤諭吉演說

宗敎ノ眞僞正邪ハ我輩コレヲ知ラズ、之ヲ知ルモ之ヲ論スルヲ好マズ、唯經世ノ一點ヨリ觀察ヲ下ダシテ外敎ノ蔓延ハ之ヲ防ガザル可ラズ、之ヲ防ガントシテ固ヨリ政府ニ依ル可ラズ、獨リ學者ニ賴ム可ラズ、又コレニ依賴ス可キ事柄ニ非ズ、外敎ヲ防グニハ內敎ヲ以テセザル可ラズ、內國固有ノ宗敎ハ佛法ナリ、佛法ヲ以テ耶蘇敎ヲ防ク可シトハ我輩ノ持論ニシテ此一事ニ就テ賴ム所ハ唯佛法ノミナルニ爰ニ我輩ヲシテ大ニ失望セシメントスルモノアリ他ニアラズ今ノ僧侶全体ノ風俗是ナリ德川ノ太平二百七十年ノ間ニ寺門ノ風俗モ社會ト共ニ腐敗シタルハ萬止ムヲ得ザルノ勢ナレバ深ク之ヲ咎ルニ足ラスト雖ドモ維新以後ニ至テハ其腐敗特ニ寺門ニ甚シキモノアルガ如シ左ニ其次第ヲ述ヘン

維新ノ初ニ廢佛ノ議論ヲ聞テ僧侶ノ狼狽甚シ抑モ此議論ハ新政府ニ出身シタル皇漢學ノ書生輩ガ前年學塾中ノ夢想ヲ實施セント試ミタルモノニテ誠ニ恐ル

福澤諭吉「僧侶論」『時事新報』明治15年3月13日付

と記しており、高橋義雄が講演で語ったと同様のことを伝えている。そして、また別に、聴衆中の曹洞宗信州松本某寺の住職が演説館の控所に福澤を訪ね、「本日の演説は実に僧侶頂門の一釘〔針〕なるを謝し、寺門に於てもこの辺は夙《つと》に専ら憂慮する所、尚今後は一層の力を尽す可きなれば、学者の社会に於ても人事に尽力せられ尚仏法保護の事に付ては国の為に注意せられたし」と述べ、福澤も、「固《もと》より異議なし、本日の拙論或は激昂に過ぎ、個々の僧侶分に対しては些《ち》と気の毒なりと思いしかども、畢竟《ひっきょう》国教を重んずるの熱心に出たることなれば、一身上の嫌忌は相互にこれを放却して、只管《ひたすら》法の為に即ち国の為に尽す可し」と応じて互いに打ち解け、談話に時を移して別れを告げたと記している。このことについては、三田演説会の記録も、

この日、聴衆中一僧侶あり。先生の僧侶論を傍聴して銘肝感服骨髄に徹せしにや、この演説を終るや否な〔ママ〕演説者溜り所へ来り、先生に面会して大に悟る所あるを述べ、又た頗《すこぶ》る将来に戒しむる所あるを陳じ、慷慨悲憤の色その面に顕われしかば、先生は従容《しょうよう》これに接

し懇々これを過し、尚お国家急須の問題に就《つ》き種々教諭せらるゝ所ありたるに、この僧侶は益《ますます》感銘一方ならず。暫くにして厚く礼を述べ立ち去りたり。この僧侶は信州松本曹洞宗一寺院の住職なりと云う。尚《なお》事の詳細は時の時事新報雑報欄内に於て見る可し。兎に角本館開演以来の一奇事にこそ。依て記す。矢田績識。

として、珍しく記録者の感想を特記している。(59)

「蘭学先進者の非常に苦心された事蹟」の演説がいつなされたものかは、高橋の入学した明治十四年九月以降、高橋がしばしば三田演説会の演壇に立っていた明治二十年以前のことかとも考えられるが、三田演説会の記録の上からは特定出来ない。また『福澤全集』中に、高野長英の名が見えるのは、明治二十七年三月一日から十五日に至る『時事新報』紙上に、「維新以来政界の大勢」と題して連載された長編の社説中に記された一件のみである。その中で、福澤は日本の開国進取の方針が維新以前百年の洋学発展の間に培われたことを振り返った一節で、

今日なればこそ、洋学も普通教育の姿を成し、恰《あたか》も学生の義務の如くにして就学することなれども、昔年は全くこれに反し、彼の諸大家先生が幕政鎖国の中に居て辛苦この学を首唱するときの事情は、今更《いまさ》らこれを筆にするも恐ろしき程の次第にして、忍び〳〵に書を読み理を講じ、謹慎に謹慎しても時としては政府の忌諱に触れ、高野長英先生の如きは為めに身を殺すの奇禍に罹りたり。弘化年中には蘭学禁止を布告したることもあり。又大坂緒方塾の講堂には、塾則第一条に、凡そ横文の書を読むは苦しからざれども、唯読むのみにして原書をば一枚たりとも翻訳するを許さずと掲示したるものあり。以て当時洋学修業の不自由、否《い》な危険なるを知る可し。(60)

と述べている。十五年六月十日に開かれた、第一八九回三田演説会の際の「緒方洪庵先生のはなし」と演題が伝えられる福澤の演説が、(61)あるいは高橋の聴いたほとんど落涙せんばかりに福澤が声を曇らせたという話しに関係があるかも知れない。長英のことについては、福澤の四男大四郎も、「父は涙もろい性質で、人の不幸な話を聞くとよく涙を催した。かつて新富座で渡辺崋山、高野長英の事実を演じ、団十郎が、崋山、左団次が長英の役を勤めたことがあった。父はこの芝居を見て非常に感動し、終始涙を拭っていた。父の芝居見物は土間であって、人目につきやすい場所であるから、周囲の見物人もこれを見て異様の感がしたようであった。」と語っている。(62)興味深いエピソードであるが、『歌舞伎年表』に見る限りでは、福澤が初めて芝居に足を運んだ二十年三月以後、福澤の没年までの間に高野長英を取り上げた演目は確認出来ない。(63)

④　池田成彬

池田は、明治十九年十二月に慶應義塾に二十歳で入学し、二十一年七月に別科を卒業している。翌年ハーバード大学に留学、二十八年に帰国して、翌年三井銀行に入社した。のち三井銀行常務取締役、三井合名理事を務めるなど、三井財閥の大番頭としての責を果たした。また日銀総裁、大蔵大臣、商工大臣、枢密顧問官に任じた。(64)『故人今人』の中で福澤の演説について次のように回想している。

演説館で先生が演説をするというので聞きに行ったことがあったのです。先生は、御承知の通り背の非常に高い、堂々たる体軀の人ですが、――私はあの人の洋服を着てたのを見たことがありません。いつも縞の羽織を着て、紺足袋を履いて、袴ははかない。あの時分馬車に乗っておったが、馬車に乗るのでも始終角帯を締めて居ました。――それでまず演壇に立ってちゃんと腕組みをして微笑を浮べて話し出されたものです。その時の演説は何の話だったかよく覚えていませんが、そのなかで「お前さん方は」と言ったか、「人間は」と言ったか忘れたが、要するに「君だちは巧言令色をしなければならん」と言ったものなのです。それが私の気に触った。英学というものを始めたばかりの私の頭は、コチ〳〵の方でしたからね。まあ尊王攘夷論ですね。頼山陽を非常に尊敬しておったというのですからお判りでしょう。（中略）まあそんな風にコチ〳〵の人間だったので、いきなり福澤先生から、「お前たちは巧言令色をしなければならん」と聞かされたので、何たる馬鹿なことを言うのかと、もう心《しん》から嫌になって、それ以後二度と再び演説館にいったことがなかったのです。無論福澤先生の家になんか行かない。……

あとから考えると、その時分の学生は粗放で、私みたいな者が多かったから、先生は少し極端な言葉で皆に教えたのですね。（中略）そういうわけで、私は若い時に福澤先生を嫌ったが、これは自分の力が足りないせいで、殊に演説館で先生を嫌いになったということは非常な失策で、やはりあの頃先生の家にでも行って教えを乞うて置けばよかったと、今でも思っております。[65]

池田成彬

「ちゃんと腕組みをして」話し出した、その話の内容に大いに反発を覚え、二度と再び演説館に足を向けなかったという。福澤の「巧言令色をしなければならん」という、常識を逆転させた話し振りについて行けなかったことを告白している。後から考えれば福澤の意図はよく理解出来る、いわば若気の至りともいうべきところで、「演説館で先生を嫌いになったということは非常な失策」であったと振り返っている。

明治二十一年三月十七日付『時事新報』の社説欄に、先頃、福澤が学生に行った演説の筆記であるとして「慶應義塾学生に告ぐ」と題する論説が掲載されている。文中に「巧言令色」云々のことがある。福澤は「巧言令色是亦礼」と記した書幅も遺しており、この話題はしばしば取り上げられていた可能性があるが、ちょうど池田の在塾時であり、池田が「何たる馬鹿なこと」と感じたのはこの論説のことであったと見てよいと考えられる。そうであるとすれば、この論説の主題はむしろ「西洋学」と「和漢の古学」の特質を比較し論ずるところの学問論である。また巧言令色の文言も論説の最終段落に、

斯《か》く勉強刻苦すればとて、人は即ち人にして死物にあらざれば、書生中にも自から交際なからざる可らず、又他人に接するの要用もあることなれば、常に自から紳士の資格を失わず、博識多芸に兼て礼儀を重んじ、言行優美にして苟《いやしく》も他の軽侮に逢うことなきを勉めざる可らず。古人の教に、巧言令色を不徳なりとして戒しめたるものあれども、これは唯《ただ》極端の弊害を示したるまでのことにして、例えば賤丈夫が人を欺て利を貪らんとし、已が不正不品行を蔽うて名を得んとするの為めに媚《こび》を献ずればこそ忌む可きなれども、詐欺、不正、不品行は必ずしも巧言令色に伴う可きに非ず。俯仰天地に恥るなき独立の君子にして、人に交るに言語を巧にし顔色を令《よ》くしその風采の秀たるは、紳士の美徳として最も慕う可きものなり。学者の流弊は学問の活用を忘れて学問に凝るに在り。書を読み理を講じて精神の緻密高尚なると共に、人事を等閑にするその趣は、

囲碁将棋の芸に凝りて国手と称せらるゝ人の中に、武骨殺風景なる者多きが如し。[66]
というようなかたちで現れている。福澤の意図はこの時の池田には伝わらなかったということになろう。

⑤　西原真月

西原は、明治二十二年六月慶應義塾に二十三歳で入学し、二十五年七月に正科を卒業している。島根県邑智郡君谷村（現邑智町）の出身で、各年度の『慶應義塾塾員姓名録』によれば、二十九年版に京都市在住の「本願寺役員」、三十三年版には郷里君谷村の「明光寺」、四十四年版に同じく君谷村大字小松地で「本派本願寺巡回布教使」とある。在塾中、福澤家の祥月命日には読経を依頼されしばしば福澤家を訪ねたという。[67] 西原に宛てた福澤の書簡が三通残されている。福澤の長女里の夫である中村貞吉の病没に対する弔辞への返礼（明治二十八年八月四日付）、福澤の還暦を祝う贈り物への謝辞（二

福澤諭吉揮毫「巧言令色是亦礼」

十八年十二月二十五日付)、写真と菓子の恵与への礼状(三十年五月二十七日)である。(68) 終生福澤と交渉のあったことが分かる人物である。

この次は福澤先生であると待ちに待っていると、悠々と微笑しながら控所から壇に向って歩を運ばれ、卓の正面に立って、懐から紙を取出し折っては折り又折っては折りしていられる。塾生は頻《しき》りに笑っている。何をせられるのであろうかと思っていますと、折った紙の端をチョイとちぎって拡げられると真中に丸い穴が出来た。それをランプのホヤにチョイと冠せられた。それで眼に直接光線を受けないことになりました。その時まで私は九分九厘まではこれが福澤先生であろうとは思っていましたが、どこか腑に落ちないところがあったというのは、小幡先生よりも髪の色が黒い、余り禿げていない、そして若く見えて壮気満々である。以前広島で知っている福澤門人という六、七十歳にも見える老先生から推せば、福澤先生はもっと〳〵老人であろうと思っていたのに、案外若く見えますから、これに違いはないと思いながら、これかいなあというような気がしたので、隣の人に問うて見ますと、間違いない福澤先生だというから、安心して耳を澄ましていますと、先生は徐々に説出され、例えば相撲見物に行く。どこもかしこもワイ〳〵騒いでいる。西溜りからも東溜りからも大きな相撲取が出て土俵の真中で取組む。投げたり投げられたり勝ったり負けたりである。扨《さて》それを見ている。西溜りの側に居て見ると西溜りの方から出た奴が勝てばよいと思う。暫く見ていて偶然東溜りの方に座を替えて見る。ところがそれは妙だ。東溜りの方から出る奴が勝てばよいと思う。妙じゃなあ。今度は所を替えて、西でなし東でなし真中に立って見る。ところでどちらが勝てばよいと思うか。(塾生一同ワアッと笑う。先生依然笑を含んで諄々と説き進められ）サッと取組んで相撲を取る奴、どちらが勝てばよいと思うであろうか。その時はどちらこちらはない、愛嬌のいゝ人好きのしそうな奴が勝てばよいと思う。塾生諸君も愛嬌がよくなくてはいかん。と徐々に世渡りの道を親切に教えられました。私と接していた学生は同志社から転校して来た学生と見えて、新島先生の教育とは真反対であると独りごとをいうていました。(69)

ここに抄出した、西原の回想は石河幹明『福澤諭吉伝』に引用されたものである。入学直後の西原にとって登壇者が福澤であるかどうか半信半疑であったという。ランプの光が直接目に入らないようにするという、演説を始める前の仕草が子細に語られている。三田演説会の記録によれば、第二八九回演説会（二十二年六月二十三日）での福澤の演題が「相撲所感」と記されている。西原の回想にまさに符合するが、当日の他の登壇者と演題を見ると、梶原莬喜「処世勇進論」、小野友次郎「条約改正後の日本」、依田今朝蔵「洒落」、山名次郎「社会主義」、菊地武徳「唯我心と公共心」となっている。(70)他の演説に比して福澤のそれはかなりくだけたものであったろうことが明瞭である。西原と同席した学生が「新島先生の教育とは真反対である」といったというのが興味深い。

⑥　松永安左ェ門

松永は、明治二十三年に十四歳で慶應義塾に入学した。父親の死により家督相続のため一旦帰郷したが、再度上京して復学した。三十一年四月に高等科を卒業後、日本銀行、丸三商会に務め、その後、福松商会、福博電気軌道、九州電灯鉄道、東邦電力を創設、また戦後の電力再編成への貢献など、電力事業を推進して「電力の鬼」と呼ばれた。(71)昭和十二年一月十日に行われた福澤諭吉の誕生記念会に

松永安左ヱ門

おける講演で、福澤の演説について次のように回想している。

浜野さん、門野さんなどの御演説がありました後で先生の番になりますと、懐中より半紙を一枚取出されまして、その時分ランプでありましたが、そのランプに紙をかぶせて、そうして原稿紙を机の上に拡げられて、少し俯《うつむ》向き加減になって、「扨《さ》て皆さん、これから私の考えたことをお話致したいと思います。凡《およ》そ何がデカイ大きな事をしたかというと、日本国初まって以来、豊臣秀吉位の大望を持った人はないと思います。お前さん方も先ず大望を懐くならば、秀吉位の大望を抱いたら宜かろう。然《しか》るにこの秀吉という人程《ほど》心を細かにし、自分の詰らぬ仕事にも能《よ》く全力を尽した人はあるまい。信長の草履取りをすれば草履を懐ろに入れて温める」と言いながら、懐に何か入れるようなしぐさをされる。「馬の別当をすれば、能く馬の手入をして馬を肥えさせて、恰《あた》かもその身に大望のあることを忘れたかのようにその職に尽したることは、今日のお巡りさんなどが、俺は将来大臣になるのであるから、夜番や立番などは御免を蒙るというような風で職務を怠っておる人達の心持とは大変な違いで、そんな人達こそ大箆棒《おおべらぼう》の大箆棒であろう」（笑声起る）というようなことを申されたことがあります。（中略）先生の御講演は、御承知の通り譬《たとえ》をお引きになることが当意即妙で、実にお上手であります。極く卑俗な例を引いて高遠なる心持を現わすことを御工夫になっておられたと同時に、これは又先生の天才であったろうと思うのであります。[72]

西原の回想と同じように、演説の前にランプに紙をかぶせるということが語られている。「原稿紙を机の上に拡げられて、少し俯向き加減になって」、話し始めたという。「お前さん方も」と呼びかけたようである。そして、「大望を懐くならば、秀吉位の大望を抱」け、しかし、だからといって現在の些事に手を抜くというような者は「大箆棒の大箆棒」の心得違いだといったという。先にも触れたように福澤は演説の際に多くの場合に原稿を用意していたが、松永の回想もそのことを伝えている。そしてその原稿によりながらも、文字通り「当意即妙」という話の展開となっていたと述べている。

⑦　高石真五郎

高石は、明治二十六年五月に慶應義塾に入学している。この時十五歳であった。三十年十二月に高等科を、三十四年四月には大学部法律科を卒業し、大阪毎日新聞に入社した。のちに同紙主筆、毎日新聞社会長となった。[73]高石も福澤の演説について、次のように「たいがいの場合腕をくんで居られました」という回想を残している。なお、講演は昭和三十六年十一月二十八日に開催された三田演説会六〇〇回記念演説会に予定されたものであったが、実際には当日高石は出席出来ず草稿が代読されている。

高石真五郎

先生の演説と申しますが、いまの通念的に考えられている演説句調というものは少しもなかったように記憶しています。それに、先生はいつもそうですが、演壇へ立つときでも着流しで角帯をしめ全く無造作ないでたちでした。演説家のいわゆるジェスチュアなどなさったことは覚えていません。あべこべに、私の記憶ではたいがいの場合腕をくんで居られました。そして文字通りじゅんじゅんと語るといった話し振りでした。いいかえると、声も大きくなく（時には私には聞こえにくかったこともありました）まあ向き合って話をしているといった対談型でした。（中略）漠然と覚えていることは、先生が月並の校長先生のような訓戒をされたことがなかったことです。何だか高遠な哲学的なお話が多かったようです。私は今から考えると福翁百話に掲げてあるお話のようなことを話されたと思います。(74)

福澤の演説の姿について、二項にわたりあわせて十人の人々の回想を見た。福澤に接した時期もそれぞれに必ずしも同じではないが、そこには共通の印象が残されているということが分かる。それは、福澤の演説が大きな身振り手振りを交えて大仰ないい回しを多用するような、いわゆる雄弁家のそれでは全くなかった。時に激してテーブルを叩くようなこと、またほとんど落涙せんばかりに声をくもらすというようなこともなくはなかったが、全体に平易な、場合によってはかなり卑俗なことばで、巧みな譬えや警句を織り込みながら、聴衆の懐に入り込んで、平生の対談ないしは座談のように自然体で諄々と説き、また語りかけるものであったということである。

このことからすると、和田英作の描いた福澤像にはたしかに高橋誠一郎のいうように違和感が残る。しかし、高橋と同じ日に福澤の演説を聴いた神戸寅次郎が肖像と同じように腕を組んでいたといい、ほかにも石河幹明、高橋義雄、池田成彬、高石真五郎の四人がそれぞれに、福澤が演説の際に腕を組む癖があったという回想を残しているのであり、腕を組む癖自体を否定することは出来ないであろう。

ただ、胸高に腕を組んだこの肖像画に見る姿勢に終始して、自然なまた自由闊達な語りが可能であろうか。事実としては演説が常に腕を組んで行われたわけではなく、腕を組む場面がしばしばあったということなのであって、しかも「腕を組む」といっても、演説の際の実際の組み方はこの肖像画のポーズとは違っていたのではないか。筆者の当面の結論は、当初より和田は福澤の演説像制作の依頼を受けていたのであるが、完成したこの作品に見る図柄は、和田の肖像制作の苦心の結果として生み出された一つの表現なのであって、おそらく、福澤の壇上に立つ姿をかりて、慶應義塾創始者のいわば理想像として、和田が構想したものと理解するのが妥当なのではないかというところにある。

（1）『明法志林』第一〇冊一〇五号（一八八五年）、四一八～四六八頁。
（2）松崎欣一『三田演説会と慶應義塾系演説会』（慶應義塾大学出版会、一九九八年）第Ⅱ章参照。
（3）福岡隆『日本速記事始―田鎖鋼紀の生涯―』（岩波新書、一九七八年）参照。
（4）藤倉明『ことばの写真をとれ―日本最初の速記者・若林玵蔵伝―』（さきたま出版会、一九八二年）参照。
（5）谷川恵一「声のゆくえ」『言葉のゆくえ―明治二〇年代の文学―』（平凡社選書一四六、一九九三年）、後藤孝夫「二つの公判傍聴筆記」上・下『日本史研究』一三三、一三四号（日本史研究会、一九七三年六、七月）参照。
（6）『全集』⑩四三四～四三六頁。
（7）石河幹明『福澤諭吉伝』④（岩波書店、一九三二年）五六一頁。
（8）『書簡集』②書簡番号四三五。
（9）『全集』⑲六六二～六六四頁。

(10) 『全集』①三二三頁。
(11) 『全集』①四八五～四八八頁。
(12) 岩谷十郎「法文化の翻訳者―ことばと法と福澤諭吉―」『ことばと文化』7(慶應義塾志木高等学校、二〇〇四年)、再録、『福澤諭吉年鑑』三〇号(福澤諭吉協会、二〇〇三年十二月)。
(13) 『全集』⑫二一二～二一四頁。
(14) 『三田演説会資料』(慶應義塾福澤研究センター資料4、編集・解説＝松崎欣一、改訂版、二〇〇三年)一二九～一三〇頁。
(15) 『全集』③一四一～一四二頁。
(16) 慶應義塾福澤研究センター所蔵。『全集』⑲七五八～七五九頁。
(17) 『全集』⑲七五三～七五八頁。
(18) 『三田演説会資料』一七九頁。
(19) 高橋誠一郎「晩年の福澤先生」『三田評論』四二五号(慶應義塾、一九三三年一月)。
(20) 『全集』⑲三六四頁。
(21) 神戸寅次郎「福澤先生の法律に就いての演説」『法学会誌』一〇号(慶應義塾大学法学会、一九三四年十一月)。
(22) 福澤の演説姿の肖像について、松崎欣一「福澤諭吉の「演説像」と伝えられる肖像画をめぐって」『慶應義塾志木高等学校研究紀要』三三輯(二〇〇三年三月)、昆野和七「演説姿の福澤肖像」『三田評論』八八五号(一九八七年十月)、柳井康弘「「演説姿の福澤諭吉肖像画」に関する覚書」(『美術史の空間と形式―河合正朝教授還暦記念論文集―』二玄社、二〇〇三年)参照。
(23) 成瀬について、『慶應義塾出身名流列伝』(実業之世界社、一九〇六年)四五五～四五六頁、『慶應義塾入社帳』④(慶應義塾、一九八六年)参照。
(24) 『書簡集』⑥書簡番号一五一七。

(25)『書簡集』⑥書簡番号一五五九。
(26)『慶應義塾百年史』中巻（前）（慶應義塾、一九六〇年）七五〇～七五八頁。
(27)吉野秀雄「「福翁自伝」の思い出」『三田評論』五七七号（一九五八年七月）。
(28)吉野秀雄『含紅集』（『吉野秀雄全集』②〔筑摩書房、一九六九年〕所収）。
(29)『三田評論』八一三号（一九八一年四月）。
(30)和田英作について、和田楽「祖父和田英作」『三田評論』九六八号（一九九五年四月）、『慶應義塾所蔵名品展』（慶應義塾大学文学部、一九九〇年）、『和田英作展』（静岡県立美術館、一九九八年）参照。
(31)和田秀豊について、前掲、昆野「演説姿の福澤肖像」、『慶應義塾入社帳』①、「慶應義塾学業勤惰表」（福澤研究センター所蔵）参照。
(32)和田作品について、前掲、和田楽「祖父和田英作」、『慶應義塾所蔵名品展』、『和田英作展』、柳井「「演説姿の福澤諭吉肖像画」に関する覚書」参照。
(33)夏井について、『慶應義塾入社帳』②、「慶應義塾学業勤惰表」参照。
(34)大西理平編『福澤桃介翁伝』（福澤桃介翁伝記編纂所、一九三九年）五七～五八頁。
(35)『書簡集』⑧書簡番号二一七二。
(36)中村愛作、壮吉について、『書簡集』⑨三四三～三四五頁、系図参照。
(37)中村精「三田演説館の福澤先生肖像画の由来―神戸慶應倶楽部より寄贈―」『三田評論』五九〇号（一九六〇年十一月）。
(38)松村菊麿「福澤先生肖像画について」『三田評論』五九四号（一九六一年六月）。
(39)福澤研究センター所蔵。
(40)福澤研究センター所蔵。
(41)『世紀をつらぬく福澤諭吉―没後一〇〇年記念―』（記念展覧会図録、慶應義塾、二〇〇一年）一二一頁。
(42)「慶應義塾所蔵作品調査・保存活動」（小林嘉樹「修復報告書」）『慶應義塾アートセンター年報』一〇号

（二〇〇三年）。
（43）『慶應義塾百年史』下巻（一九六八年）二三頁。松崎欣一「福澤諭吉肖像画の制作事情について―角南滋氏に聞く―」『慶應義塾志木高等学校研究紀要』二九輯（一九九九年三月）参照。
（44）「慶應義塾所蔵作品調査・保存活動」（小林嘉樹「修復報告書」）『慶應義塾大学アートセンター年報』九号（二〇〇二年）。
（45）高橋誠一郎「十年前の三田演説館九十周年記念会にて」『三田評論』七五一号（一九七五年八月、のち『随筆慶應義塾続』［慶應義塾大学出版会、一九八三年］に収録）。
（46）高橋誠一郎について、『慶應義塾入社帳』④、『慶應義塾百年史』別巻（大学編）（一九六二年）参照。
（47）前掲、神戸「福澤先生の法律に就いての演説」。
（48）神戸について、『慶應義塾入社帳』③、『慶應義塾百年史』別巻（大学編）参照。
（49）井上について、『書簡集』③「ひと2」参照。
（50）井上角五郎「福澤先生より聴きし演説の心得に就て」『三田評論』三二六号（一九二四年十月）。
（51）新渡戸稲造「教育の真義―治者と被治者―」『慶應義塾学報』一四一号（一九〇九年四月）。
（52）石河について、『書簡集』⑥「ひと2」参照。
（53）富田正文「石河幹明氏著『福澤諭吉伝』の編纂について」（『福澤諭吉襍攷』［三田文学出版部、一九四二年］所収）。
（54）『福澤諭吉伝』④五五八～五五九頁。
（55）高橋義雄について、『書簡集』⑥「ひと8」参照。
（56）高橋義雄「福澤先生に就て」『三田評論』四〇四号（一九三一年四月）。
（57）高橋義雄「箒のあと」上（秋豊園、一九三三年）五九頁。
（58）明治十五年三月十三日付『時事新報』社説および雑報記事。『全集』⑧三一～三四頁。
（59）『三田演説会資料』一五一頁。

（60）『全集』⑭二九四頁。
（61）『三田演説会資料』一五一頁。
（62）福澤大四郎『父・福澤諭吉』（東京書房、一九五九年）一二四頁。
（63）伊原敏郎『歌舞伎年表』（全七巻、岩波書店、一九五六〜一九六二年）。
（64）池田について、『慶應義塾入社帳』③、『福澤諭吉門下』（人物書誌大系30、日外アソシエーツ、一九九五年）参照。
（65）柳沢健編『故人今人』（世界の日本社、一九四九年）三〜一四頁。
（66）『全集』⑪四六一〜四六四頁。
（67）西原について、『書簡集』⑧「ひと11」参照。
（68）『書簡集』⑧書簡番号一九六六、二〇〇〇、二一五七。
（69）『福澤諭吉伝』④五五九〜五六一頁。
（70）『三田演説会資料』一六五頁。
（71）松永について、『慶應義塾入社帳』④、『福澤諭吉門下』参照。
（72）松永安左ヱ門『福澤先生の思出』『三田評論』四七五号（一九三七年三月）。
（73）高石について、『慶應義塾入社帳』④、『福澤諭吉門下』参照。
（74）高石真五郎「福澤先生と三田演説会」『三田評論』六〇一号（一九六二年一月）。

第Ⅳ章　「語り手」としての福澤諭吉　その二

一　さまざまな「語る」ことの機会――「語り手」と「聞き手」

福澤諭吉が演壇に立ち、あるいは大勢の人々を前にして語った機会について列挙すればおよそ次のようになろう。

①三田演説会
②慶應義塾内での式典や塾生向けの集会
③同窓会、卒業生の関わるさまざまな会合
④交詢社の総会や随意談会
⑤その他の団体の式典や集会
⑥私的な会合

付表1（巻末）は、三田演説会その他における福澤の演説内容が、草稿や演説筆記など何らかのかたちで残されているものの一覧である。そのうち、本書中で具体的に取り上げたものについては○印を付した。表中のAは前記①②③、Bは④、Cは⑤⑥の会合である。

付表2（巻末）は、「三田演説日記」とそれに続く記録によって、福澤の三田演説会への出席と演題の記録をまとめたものである。(1)「三田演説日記」に、出席者名にあわせて演題が記録されようになるのは明治十二年九月以後である。十二年一月からは『郵便報知新聞』などに、演説会の開催広告や予告記事が掲載されるようになっており、これによって同年前半期を〔　〕を付して補った。また明治十年代後半のその記録は、演題というよりはむしろ演説の趣旨が記録者によって控えられたものと理解出来るがそのままに示した。「演題記載なし」とあるのは出席者として福澤の名はあるが、登壇はしなかったと考えられることを示す。演題および演題の仮名文字の表記は典拠（「三田演説日記」）のままである。

福澤在世中に三田演説会は三九九回開かれている。そのうち、討論会形式の例会約二〇回分を除いた演説会に登壇した人々を数えると三六九名に及んでいる。この中、全体の四割近い一六八名はいずれも一回限りの登壇であった。登壇回数の多い上位十人を見ると福澤の二三六回を筆頭に、高橋義雄五〇回、小幡篤次郎、鎌田栄吉、山名次郎の三名がともに四九回、渡辺治四四回、小野友次郎三四回、高島小金治三二回、猪飼麻次郎三〇回、箕浦勝人二八回と続いている。福澤の回数の多さは別格といってよいであろう。(2)残されている個々の演説内容や演題から見ると、福澤の三田演説会における演説は、明治十年代初頭までは義塾内のみでなく広く社会一般に向けたメッセージの発信という意味が大きかったであろうことに対して、それ以後の演説は塾生を中心とした義塾内部向けのものが多かったと考えられる。

その背景には三つの理由があると思われる。(3)

第一は明治十三年四月の集会条例の公布の頃を境とする三田演説会そのものの変化である。それまでは、いわば「演説」の創始に向けた努力が続けられ、また自由民権運動の昂揚期に重なったという状況もあって三田演説会は頻繁に開催され順調に発展していた。しかしその後は、条例の公布にあわせて「政談演説会」ではなく「学術演説会」であることがことさらに強調されるようになり、会の運営が慎重にならざるを得なくなったことである。

第二に、十五年三月以後、福澤の言論活動の主要な舞台が『時事新報』に移ったことがある。

第三に、福澤の慶應義塾内における位置が時間の経過とともに変化しているということである。たとえば、「三田演説日記」において「演説者」としての福澤の名は、明治十六年の半ばまではいわば他の演説者と全く同格で「福澤諭吉」と記されているが、同年の六月二十三日に初めて「福澤先生」と記され、さらに十八年二月十四日には単に「先生」という記載が見えるようになる。この間、三つの記載が混在し、「福澤諭吉」の書き方は二十五年の十一月十二日が最後となることなどにもそのことが現れている。

なお、明治十年代後半から二十年代の初めになると、演説会の開催がしばしば中断されるようになっている。そして、二十三年十月には改めて「三田演説会規則」を定めて演説会の再興が図られている。その規則の前文の一節に、発足以来今日まで十数年を経て、会も三百回の多きに至っているが、実態は盛衰栄枯を繰り返して本年も一月以来九か月の休会となっているとある。そしてその結果、先

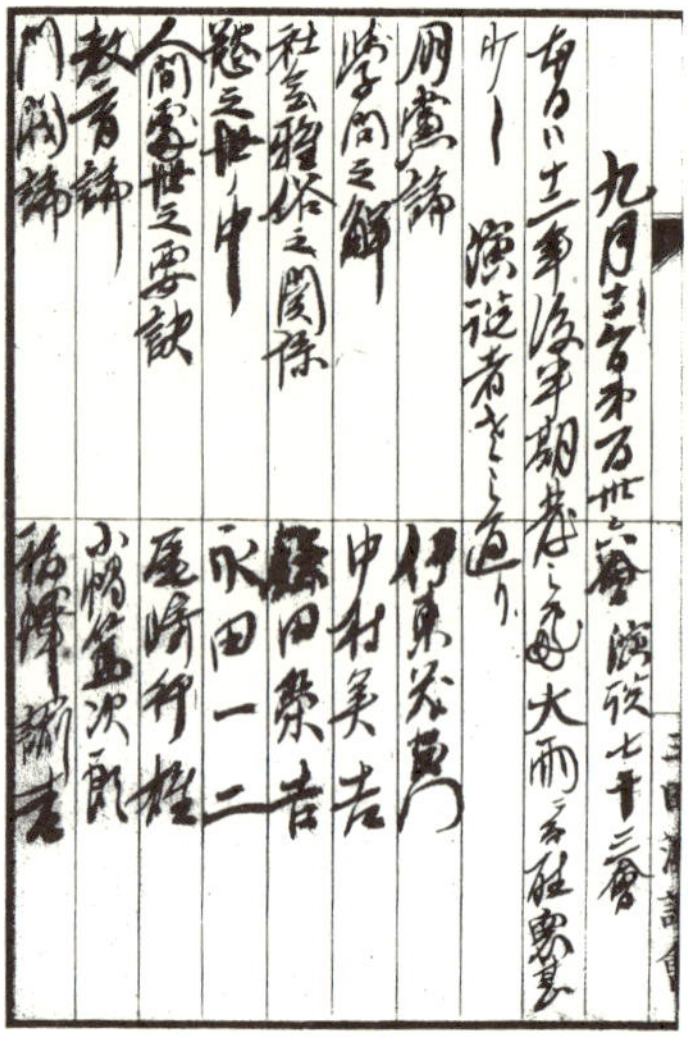
九月十三日第百卅六會 演説七十三會

演説者左ノ通リ

朋黨論　伊東茂右衛門

学問之節　中村美吉

社会種俗之関係　森田桑吉

憩之世ノ中　永田一二

人間處世之要訣　尾崎行雄

教育論　小幡篤次郎

門閥論　福澤諭吉

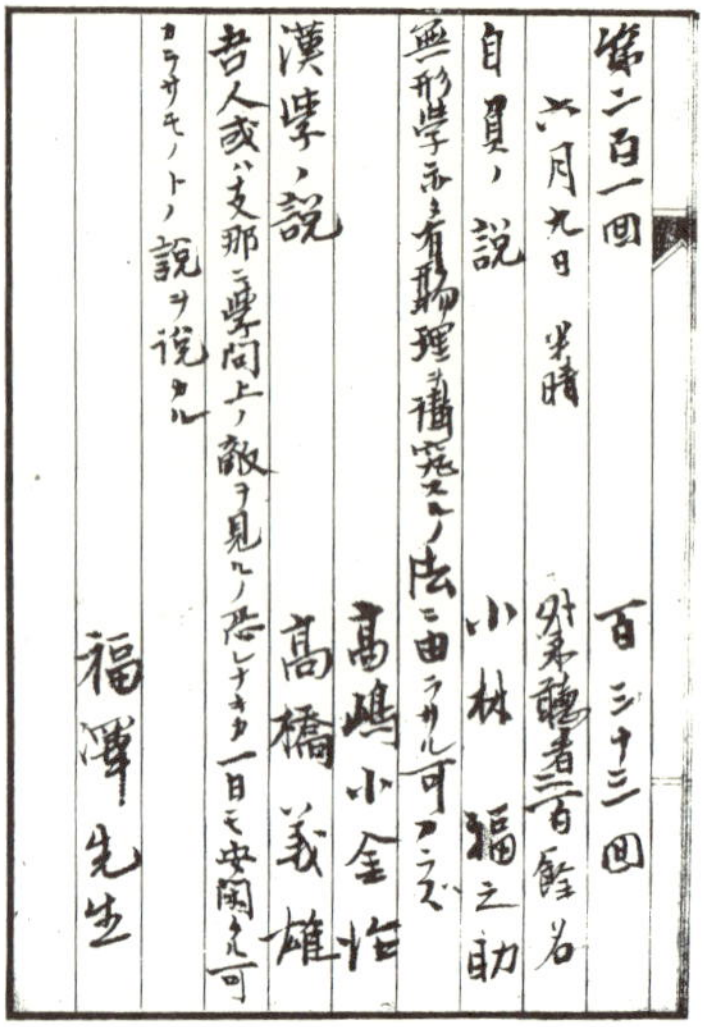
第二百一回

六月九日　半晴

百三十三回

外来聴者二百餘名

自由ノ説　小林　福之助

無形学ニモ有形理ヲ講究スルノ法ニ由ラザル可ラズ

漢学ノ説　高嶋小金治

高橋　義雄

吾人或ハ支那ニ學問上ノ敵ヲ見ルノ恐レナキカ一日モ安閑タル可カラザルモノトノ説ヲ説カル

福澤先生

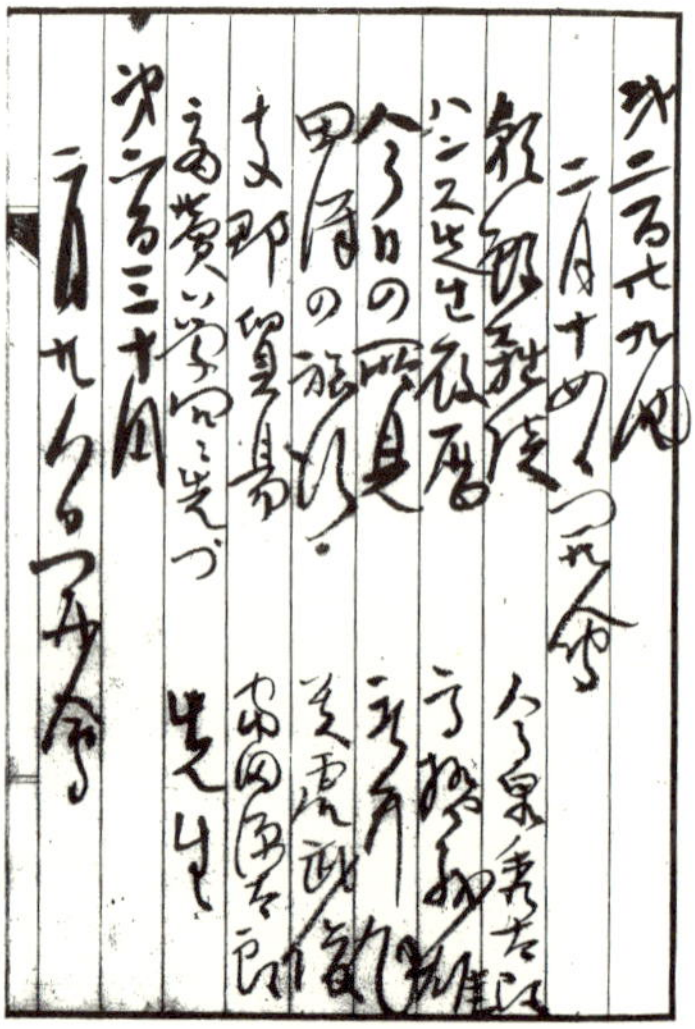
第二百廿九回

二月十四日

「三田演説日記」に見る「福澤諭吉」の名

右上　第136回　昭和12年9月13日

左上　第201回　明治16年6月9日

下　　第229回　明治18年2月14日

生の徳を慕って遊学して来た多くの学生の中には、「五、七年の星霜を経過して一回も先生の教訓を得ざるに塾を去る」者もあるようになった。そこで、「月に両三度は先生の演説を学生に聞かしむるの計画」となったというのである。三田演説会における福澤の演説の持つ意味が明らかに変化したことが示されている。

ここで、資料的には必ずしも充分ではないが一般公開された三田演説会がどのように受けとめられていたかについて触れてみたい。

明治八年五月一日の演説館開館を記録した「三田演説日記」の記事によれば、開館式には社員（演説会メンバー）二十余名が列し、聴衆は学者、官員、書生、職人などおよそ四百余名、老少男女さまざまであったという。(4) また、五月四日付の『郵便報知新聞』雑報欄には次のような報告記事が掲載され、同じく来会者四百人と伝え、「神武以来」の「一大快事」と称揚している。

福澤氏、我国に於て演説の方法なきを憂い夙《つ》とにこれをおこさん事を企てしが、この度大いに私財を擲《なげう》ち一宇の厦屋《かおく》を造営し三田演説会館なるものを興せり。建築の美は勿論その結構簡厳にして且《かつ》清潔実に目覚しきありさまなり。五月一日は開館にて社員及び外より来会する者すべて四百人計《ばか》り、午後八時より社員の面々各祝詞を誦し演説の利益を講じ十一時に至て終れり。世に集会のなきにあらねどこの会の如きは神武以来未曾有のものにて近来の一大快事と思われたりと。猶《な》お毎月第一の土曜日にはこの大会を催し勝手に聴聞を許すよしなれば誰れ〳〵も今度は行きたいものだ。但しその祝文等は別に出版するよしなり。

さらに、同紙の翌六月八日の紙面には、これまでの紙幅では多くの投書や都下各地の集会あるいは三田演説会の記事も十分に掲載出来ないので、紙面の拡幅とそれにともなう購読料の値上げを七月から実施したいという「社告」が見える。とくに三田演説会については、「三田演述会は福澤諭吉先生を始め室に入り堂に升《のぼ》る諸彦《しょげん》の新説高論を漏さず日々刊布すれば、標するに論説の字を以てし、社説は別に社説と題してこれと混ぜざらしむ」とあって、特別に取り上げるとしている。六月十日にはこの社告を支持して、好きな煙草も止めにして前金は滞りなく納めるので、三田演説会の「新説、高論」を「成る丈け六ケ敷《むつかし》くない文字」を使って早く出してほしいという投書が載っている。また同月十四日の『朝野新聞』にはこの投書に対する反論として、

投書家の云うには、報知新聞にては三田とやらの演説会の説を記載するから一層宜しいと云いましょうが、これは間違いだろうと私は思い升《ます》。なぜと申せば、福澤さんと歟《か》云うお方だとて鬼でもなく神でもなく矢張同様の人間なれば、人々福澤さん計《ばか》り賢人だと申せば御都合も宜しかろうが（ドッコイそううまくはいかないよ）、当時有名の吾曹さん、朝野の霞影さん、あけぼのの釣夫さん、孰《いず》れも筆を執《と》りても福澤なんぞに劣らぬ先生等なれば、日々《にちにち》を好む人は日々を取るべし、朝野《ちょうや》を好む者は朝野を取るべし、あけぼのを好む者はあけぼのをとるべし。報知計《ばか》りがよいと申す訳には参りません。それに付ても私はお金が足らぬから来月より報知新聞はお気の毒ながらお断り申し升。

と述べる投書が掲載されている。この投書家は「一体私は新聞紙が好きで、日々さんをはじめ、報知さん、朝野さん、あけぼのさんの四軒の新聞紙」を購読しているといい、東京日々新聞をはじめ四紙

いずれも甲乙つけがたいけれども、購読料の工面には苦労しているとも訴えている。これらは投書に名を借りた郵便報知、朝野両新聞の宣伝合戦であった気配があるが、演説館開館と三田演説会の記録の新聞掲載という話題が、勃興期にあった東京市中のジャーナリズムに大きな波紋を引き起こしたことになる。実際にはこの紙面拡幅と値上げの問題は、社告掲載と同じ月の末に「差支《さしつか》えあるに依り先《まず》当分これ迄の通り据置候《すえおき》」との社告が出されて中止されている。

ところで、公開された三田演説会に植木枝盛が熱心に通っていたことはよく知られている。(5) 自由民権運動の理論的指導者の一人としての植木の思想形成において、三田演説会の果たした役割は小さくはなかった。『植木枝盛日記』によれば、その聴講は演説館開館直後の六月五日に開かれた第四九回演説会から、明治十年二月十日の第九七回まであわせて十回になる。植木は八年十一月二十一日から翌年一月十四日まで、病気のため入院しており、九年三月十五日から五月十三日までは『郵便報知新聞』への投書「猿人君主」（猿人政府）によって告発され獄中にあった。したがって、この間の公開された三田演説会には実質的には皆出席であったということになる。最初の聴講日の日記には次のように記されている。

午后より三田演説会へ往く。夜分なるを以て芝山内《さんない》に到り新聞縦覧店に過《よぎ》り、六時まで新聞をみ、而《しこう》して西久保葺手町成功社塾岩知新を訪う不在。又三田に到り夕飯をなし、演説所に過る、福澤氏王政一新英のマグナカルタの挙に同じという の説その他。新聞編輯者論、名不明。国の独立、人民の各箇自立職業を修むるにあり、故に男女共に斉しく自主を得んことを欲すという の論。右大石某。紙幣滅却の論。スペリット気象の論、萩原氏。○演説の序、面の皮を厚くするということを論ず。国内運輸論、外形の開化有益于国というを論ず。学者十人斗《ばかり》を以て行政の評議官即ミニストルとなるの論。事易成風俗論。音楽の説。感驚論。十二時演説所を出て帰る。途にして鶏鳴を聴く。

「王政一新英のマグナカルタの挙に同じ」と述べたという福澤の他に大石、萩原の名が記録されている。三田演説会の記録である「三田演説日記」によればこの日の演説者として十二名の名があるが、それぞれの演題などは記されていない。また、大石勉吉の名はあるが、萩原の名は見えない。「植木日記」は演題あるいは演説の論点を記して、「三田演説日記」の欠を補う貴重な記録となっている。

この時の福澤の演説記録が、明治八年六月十二日、十四日両日の『東京曙新聞』投書欄に掲載されている。「本月五日福澤先生の演説あり。余これを左に筆記して貴社に投じ、以て同好の士に頒たんとす。渡辺修次郎」との前書きがある。その筆記本文の一節に、

慶応の末年に土州の容堂さんが将軍に政権を返上しろと云ったのは、丁度英の「マグナカルタ」と同じ事だ。「マグナカルタ」は千二百十五年の事で、英の貴族が狩をした時に、王の「ジョン」と云う人がこれを止めさせようとしたが、とう〳〵王が負けて、誤〔ママ〕り証文を書き、以来は我儘《わがまま》を致しませんと云ったそうだ。王政一新とは違うと云う人もあるが、外面こそ少々違うように見えるにもしろ、実は同じことだ。

とあって、『植木日記』の記録に符合していることが分かる。この演説筆記は『福澤諭吉全集』別巻に、全集編纂者が表題を仮に「政府と人民」とつけて参考資料として収録されている。(6) 全集編纂者がこれを参考資料の扱いとしたのは、筆記者名が明記されていること、「三田演説日記」に演題が記さ

れていないことなどによるものであろう。ただ演説筆記の文体、用語などは福澤の演説そのものをかなり忠実に写しているように思われる。初期の三田演説会における福澤の演説記録として注目したい。

演説筆記はまず冒頭において、学者の仕事の本意は現在ではなく、未来のことを述べて政治家の参考とするというところにあるが、「余り馬鹿々々しい事」があるので発言せざるを得ないと記している。それは、ある学者が「政府専制、人民卑屈」を述べたてて批判をしているということであった。ただ、それは上辺だけを見ていっているのであって、現に「参議だとか大輔だとか勅任になって」政府を担っている人々は、実はかつて「徳川の暴政がいやだ」として尊王攘夷を訴え、幕府を「ぶっ潰してしまった」浪人たちなのだ。「嫌いな暴政をなんで又自分にやろう筈がない」ではないか。「浪人は人民だから、それが政府を持てば、矢張り人民の政府に違いない。天子が自身に政事をすると云うは、うそのことで、天子が何を知るものか。尊王とは表向の事」であって、山内容堂の建言により実現した将軍の政権返上の実質は王政一新（王政復古）ではなく、英のジョン王がマグナカルタを承認したのと同じことなのだという。

さらに、容堂の行動も後藤象二郎に動かされた結果であったが、その後藤は、「これ迄の様に自儘に暴政をされては困るから、政権をこっちへよこしなさい。併しおまえもこれ迄将軍であって見れば、浪人へじかに政権を渡すのは快くあるまいし、又おいらの方でもじかに受取らない方がよい。そこで幸い朝廷があるから、おまえは朝廷へ政権を返し、それをおいらの方で受取ろうとなって、田中不二麿なんぞが働いたこと」と述べている。もしそうだとすれば「どうしても人民の政府に違いはない。太政返上と云うけれども、全体返下と云ってよい」のではないか。また、「役人が糞威張りに威張る」

というけれども、「参議勅任」は昔の「老中若年寄目付」ほどの威光はないし、昔からの仕来りで「威張らなくてはならないもの」と思い込んでいるからだけのことである。「圧制」のように見えるのは「従来しみ込んで居るからそう見える」ので、「本統の暴政府は徳川の政府」のようなのをいうのだと述べている。その役人が「人民を卑屈だ」という。むしろ、「自分も役をよせば人民になって、民会なり区会なり民撰議院なり立てるがいゝ。そうしないで、唯人民とは百姓人力挽《じんりきひき》を云うのか。人力挽に智恵の出るのを待つとは、縁日に小さい植木を買て来て帆柱になるのを待つのと同じこと」ではないか。「エービーシー、いろはにほへと」と教えたり、「小学読本を読ませた」りしても急に「スピリット」が出るものではない。文部省はなんともご苦労なことをしているとして、最後に、今の政府は人民を同じ方向へ向けようとするけれども、むしろ「人民の智識を進めるには、何んでも争て励み合うようにする」のが肝心なのだと結んでいる。

以上が全文のおよその要旨であるが、徳川の政権返上が英国のマグナカルタの成立にひとしいという論点に目を向けた植木枝盛は、演説全体をどのように受け止めたのであろうか。日記にはこのことについて触れるところがないが、維新政権をあまり厳しくとらえていないこと、人民の力の現状にあまり期待をしていないことなど、必ずしも納得は出来なかったのではないかと思われる。

明治十二年九月二十七日に開かれた第一三七回の三田演説会において、福澤は「富家の子弟教育の事」と題する演説をしているが、この演説が翌月十四、十五両日の『郵便報知新聞』の社説として掲載されている。(7)

その趣旨はおよそ次の通りである。

世の富豪家は「理財に穎敏」であっても「教育に遅鈍」であり、「利を重んじて子弟を軽んじ」ている。その一方で「愛児後年の始末」については望むところ少なからざるところがあり、「首尾顚末の不都合」は甚だしいといわざるを得ない。そもそも子弟の教育には、その生来の智力や体力に応じてさまざまな「工夫」が必要であるが、そのためには一方で「資本」が不可欠なものとなる。したがって、「貧家の子」にはその家産の許すところを限りとして多くを望めないが、「家産に余計のある良家の子弟」にはこれを教育するに工夫を尽くし又財を費やすべきなのは論をまたないはずである。ところが富豪家の一般は子弟の教育をわずかに「家事の一部分」としか見ていない。富家の父兄に向かい多くを求めるわけではない、その「身命を抛《なげうつ》て子弟に殉ぜよ」などというのでもない。「富豪の主人」は「百金以て書画」を買い、「千金以て古器」を求めているではないか。ただわずかにその「花木珍品乗馬を好むの心」をもって、わずかに「家産の一部分」を費してその「無益なりと思う処に瞑目奮発するの勇気」を発揮することを期待するのである。そのことは「富豪一家の利益」のみでなく、「天下教育の模範」となってあまねく「人民幸福の一助」となるはずである。

ところで、このこととの意味を理解していることにおいて旧藩士族の右に出る者はないであろう。多くの士族が、家産の日々の衰退にもかかわらず、その「大半を挙てこれを一子に授け」、そして「他日の成学を待つ」ということに努めている。その「気力の強剛」なることは「弾薬既に尽て尚勇戦する」に異ならないといってよい。一方では、士族の中にも「懶惰《らんだ》無為」の者も少なくない。「平民の中にも貧を凌て苦学する者」が多い。しかし世上の実際をみれば、「全国教育の大半は士族に在り」

といわざるを得ない。今日の「都鄙の富豪」がいやしくもこのことに着眼すれば、いささか「貧書生に恥る所」があるはずである。子弟の教育に目を向けないわけにはいかないであろう。

このように述べた社説全文はさらに、十三年八月に刊行された『民間経済録二編』の第一章の後半部に、「去年の秋、慶應義塾の演説館に於て富豪の子弟教育の事に付余が陳述したるものあり。今その文を左に記してこの章の補遺に供す。教育の事は農商の業と違い一月一年の間にその結果を見ずと雖《いえ》ども、割合に於ては元入《もといれ》の最も少なくして収穫の最も多きものなり」との前書きを付して収録されている。

第一章は「財物集散の事」と題するところであるが、前半部分においては次のような議論を展開している。「経済の要はただ財物を集めてこれを散ずる」ことにある。財物集散の盛大なるものを「富家」といいまた「富国」という。その財物は活用してはじめて経済の富ということが出来るのであって、金庫に納められて永代使用しない金塊を富とはいわない。財物集散の間に、初めに費やしたものより後に生ずるものが多ければ、これを「人間の利益」といい、これに反するものを「損亡」という。経済はただ「利益」を求めるの一点にあるのだ。ただこの点で世間では、「倹約の主義」と「元入れの主義」を混同して経済の趣旨にもとる理解をしていることがある。たとえば交際を華美にし酒色のために一身を滅ぼすがごときはもとより「全損の散財」であるけれども、「倹約の一方に偏する者」の弊害もまた少なくないのだ。「粗食少食」で財物を蓄えても、そのことによって「平生の働」に堪えられずまた「病の原因」となるようでは、結局は「一国永久の大損亡」となってしまうであろう。また衣食住の満足のみをもって「人間散財の限」とすべきでもない。「人の身は肉体と精神と二様を以て組立たるもの」なのだから、「衣食住の物を以て肉体を養う」だけでなく兼ねてまた「精神を養うの方便」がなければならない。すなわち「情を慰る事」が必要なのであって、「花鳥風月の遊」、「詩歌管絃の楽《たのしみ》」も無益のようで無益ではないのだ。その費用は少なくはないが、「数日の漫遊」に気を転じて「一年の鬱」を散じ、「この身を一新して更に平生の職業に就き一層の勉強力を増す」ことになれば、形にこそ見えないけれども「前に費す処と後に得る処とを比較したらば」、出入り差し引きして所得はかえって多くなるであろう。したがってこれらはすべて「不倹約の倹約、無形の元入れ」というべきものである。

人の子は財物を持たずにこの世に生を受け、幼少の時は父母の保護を蒙り、やがて自活の道につき、子を持てばその子を養育して年頃に至るまでの手当てをして寿命を終える。これを「人類の本分」という。このことからすれば、人の子たる者は「祖先父母の遺物を受るの権理」なく、また「子孫に財産を遺すの義務」はない。しかし現実には、「富者は先代の富を譲受けて」富み、「貧者は先代の貧を引続ぎて」貧しくあることが避けられない。まことに「浅ましき風」ではあるけれども、にわかには改革出来ないことであるとすればこれはしばらくおいて、ここで「富者の為に一言」せざるを得ない。前言した通り、経済の要は財物を集散し、その集散に余るものを利益としてこれを積み富を増すことにある。問題はこのことに際限がないことにある。強いてこれを行おうとすれば他人を害し自から禍を招く結果とならざるを得ない。したがってあえて「今の富豪に向て貨殖に断念せよ」と勧めるわけではないが、いささかでも「他の貧者と利を共にするの方向」に進み、「目下の大利益」を争わずに、「不急の資本」を下ろして「永遠の小利益」に満足することを期待する。このようにすれば、「国に大工業も起り」、したがって「資本の奴隷たる貧者」は幾分かその禍を免かれて、「富豪者」もまた決して利を失うことなく、「全国経済の活動」を進めて「貧富双方の便利」となるはずである。以上のように述べて、「富豪の子弟教育の事」の議論につなげている。結局かなり手の込んだ趣向で、わずかばかりの「元入れ」で大きな「収穫」を期待出来るまさに「経済」の原理にかなうこととして、子弟の教育に力を尽くすのが富豪の務めであると論じていることになる。

福澤は『福澤全集緒言』の中で『民間経済録』の執筆意図について、

商工社会の人がその営業を西洋風にせんとならば、先ず西洋の経済主義を知ること肝要なり、その根本大体の主義を知らずして単に帳簿の風を改革するが如き、事の順序に非ず、左れば今日、西洋経済の大概を広く民間の子弟に教えてその成長を待つこそ無難の策にして、帳合法も始めて実際の用を為す可しと思い、恰《あたか》も学校読本の体裁に綴りたるものは民間経済録なり。(8)

と説明している。また、同書には「学校読本」用として、本文の上端にかなり細かに本文に即した設問を注記するというような工夫も加えられている。さらに序文では次のように述べている。すなわち、近来小学校の読本も多いけれどもその中には「今の世俗に飛離れて俗耳に入り難きもの」が少なくない。子供が昼間学校で学んだことを家に帰って「夜話の種」として、ワーテルローの戦にナポレオンが敗走して「弾薬輜《しちょう》重狼藉たり」などと話題にしても、明治十年の「日本の駄賃」には全く縁のないことなので、「家父」はこれに耳を傾けず、民間に学問を勧めてもかえってこれを嫌わせることになってしまう。そこで子供のためにかえって父兄の耳を驚かせることのないように、書中の字も易しく文章も俗であるよう努めた。「知字の先生」はこれを笑うことのないよう望むというのである。

この演説を聞いていた永江為政という人物の残した記録がある。(9)

永江はちょうど慶應義塾出身の草間時福が校長在任中であった愛媛県立松山中学に学んでいた。草間は明治七年四月に義塾に入学していたが、曙新聞主筆の末広鉄腸の仲介により、翌年七月に愛媛県権令岩村高俊の要請を受けて愛媛県英学所の初代校長として赴任した。同校はその後変則中学北予学校(九年九月)から松山中学(十一年六月)へと改変され、草間は十二年七月まで引き続き校長の任にあった。草間の退任にともない多くの薫陶を受けた学生たちが後を追って上京している。草間が学生たちに与えた影響は大きなものがあったことを示している。永江によれば、彼等のうち慶應義塾へ入学した者として八名の他に、三菱商業学校八名、司法省法律学校三名、東京府商法講習所(後に東京高等商業学校)二名、陸軍教導団(後に陸軍士官学校)五名があり、さらに私立済生学舎、神田共立学校、東京高等師範学校、大学予備門などに入学した者もいたという。

学資が必ずしも十分ではなかった永江は、実用の学問を早く身に付けるべきだとの草間の助言を受け、その紹介で三菱商業学校に入学を果たした。在京の彼等はそれぞれに入学先は異なるものの、お互いの下宿を訪問し合い、松山同郷人の定期懇親会に出席し、また連れだって龍ノ口の勧工場を見物し、三田の牛肉屋「安井」に出かけるなど頻繁に交流していたことが、永江の東京遊学日記に記録されている。その十二年九月二十七日の記事に次のような一節がある。

この日、三田の慶應義塾に於て演説会がある。草間先生もその出席弁士の一人なりと聞きて傍聴に出かけた。先ず塾へ行き、矢野可宗、門田正経両君と共に会場に入る。弁士六人の内、草間先生の演題は「東洋連衡論」次の弁士は渡辺某「圧制政府転覆論」中々痛快窮まる議論で有《あっ》た。

最後の福澤先生は「富家の子弟教育論」サスがに面白かった。この演説会が了《おわ》り、宿に帰ると突然お客があるという。誰かと思えば西脇長太郎君、(中略)西脇君着京の報を聞て、三田より浅岡満俊、矢野可宗、宮内直挙、門田正経君等も馳《は》せ来り、共に再会を悦んで、談笑に夜を更《ふ》かして帰る。(10)

永江は慶應義塾生となっていた同郷の矢野、門田等とともに三田演説会を聴講したのである。「三田演説日記」によれば当日の登壇者と演題は、中村英吉「県会の功能」、長岡謙次郎「東西の異点」、石沢命世「学士の弊」、雨山達也「朋党論」、草間時福「東洋連衡論」、福澤諭吉「富家の子弟教育の事」と記録されている。(11)渡辺某の名が見えないが理由は分からない。永江が福澤の演説を聞いたのはこれが初めてのことであったと思われるが、その演説に「サスがに面白かった」と感想を述べている。あらかじめ聞いていた評判通りであったということになる。またこの遊学日記は福澤の聴衆にどのような人々がいたのかということの一端を伝える記録としても興味深いものといってよいであろう。

こうして、三田演説会などの場において福澤の発したメッセージは、多くの場合に「演説」に止まらず新聞論説へそして著書へとかたちを変えながら、おそらくはそれぞれに受け手を変えながらより広範囲の人々に伝えられていったが、以下、福澤が折々に行った「演説」とその展開について、いくつかの具体例をさらに見てみることとしたい。

二　「演説」と「著書・論説」と――学者の責務

（一）学者の責務

前節に述べたように、明治十年代初頭までの三田演説会を中心として行われた福澤の「演説」は、社会一般に向けたメッセージの発信を意識した要素が強かったと考えられる。当初の演説実践の試行期間を経て、明治八年五月一日の演説館開館以後は毎月第一土曜日の演説会を一般公開したこともその一端であった。こうしたことは、福澤にとってその意図をただ単に「演説」のみでなく、同時に著述、新聞投稿、書簡の発信などによってより積極的に示すという姿勢を取らせることになった。

明治十一年一月、慶應義塾の教員と『民間雑誌』の編集担当者およそ四十余名を集めた集会での福澤の演説にはそうした姿勢が極めて強く現れている。その「演説」を収めた『福澤文集二編』は冒頭に「座既に定りて福澤君左の文を読て演説せり」と記している。明治七年六月の肥田昭作宅における集会の時と同じように原稿があらかじめ用意されていたのであろうと思われる。

明治十一年は創立以来二十一年、慶應義塾と新たに名を定めてから十一年を経た年であった。福澤はこの間を振り返って、「古来日本国の歴史に於て最も騒々しき時間にして、その際には外国の交際を開き、内国の政治を変革し、議論の喧しきものあり、戦争の劇しきものあり、世事の紛乱、人心の動揺、振古無比の一大劇場と云う可し」と述べている。そしてさらに、人生の目的はその「長短」ではなく、「大小軽重」にあるのであって、その人生の「所得を内に包蔵せずして外に発露し、生々の痕跡を現在に示して未来に遺さんとする」ところにあり、今という時はこのことを行うに「空前絶後の好機会」なのだと述べている。「世態人心の動揺」が少しも鎮静していない、「異説争論」が未だ曾て勝敗を決していないこの時こそ、「漠然無心」の状態で世間を「傍観」していてはならないのだ。「我《わが》説を説き我論を論じ、我物を用い我事を行い、天下の人心を籠絡して共に一国の勢力を張り、敢《かん》為《い》進取、以て海外の諸国と文明の鋒《ほこ》を争う」こと、これこそ「人生の一大快事」ではないかと続けている。さらに、「進取の方向」がすでにこのように定まっているとすれば、慶應義塾において洋学に励みやや高尚の域に進んでいる我々——学者——にとって、その方向に進むについて方法がなければならないと説いている。我々を取り巻く「世態の動揺」とは「世事の繁多」なることであり、つまりはただ「一場の俗世界」にあるということなのだ。したがって、これに応ずる方法もまた繁多ならざるを得ず、「高尚なる学問」のみによることではいたずらに「銘刀を以て厨下の用に供せんとする者の如し」ということになってしまう。二十年前の学者であれば、難解な横文を読みそれを解することでよしとされたが、今や「読書を学び技芸を知り」、かねて「翻訳作文の術を勉め」なければならない。それも、「雅文俗文」が自在であるというだけでは不足であって、「演説の稽古」も大切であり、しかも「演説」のみならず、「応対進退、顔色容貌、書き物の読みよう、対話の語気、語音の正否」に至るまで一切これを些末として看過することは出来ない。また「著書、新聞紙も我所見を人に告げてこれと方向を共にせんとする」方法の一つとして大切である。そこでは「読者の心事如何を測量し、正しくその適度に応じて、漸次にこれを高尚に誘導すること」が肝要であるけれども、ことさらに難題を論じ難文を綴り、「社会の黒きものを白くせんとし、その短きものを無理に長くせん」として、これに従うことの出来ない読者を「軽侮罵詈《ばり》する」ということがある。そうなってしまっては、「客を招待して門前に番兵を置き、却てこれを叱咤する」ことに他ならないではないか。いずれにせよ、近々相次いで帰国するはずの小幡篤次郎、中上川彦次郎、津田純一、小泉信吉等も交えて『民間雑誌』の編集にも一層の工夫、改革の「商議」をしよう。そうして、塾中の学問も新聞紙の編集も専ら世上の勢いと背馳せぬよう勉め、またこれをより高尚の域に「誘導」し「天下の人心を籠絡」して、ついにはこれと方向をともにして「一国の勢力を振興維持する」こと、これこそが「我《わが》社中の大快楽事、即ち人生を重大にしてその痕跡を著しくしたる」ものということが出来るであろうと結んでいる。(12)

世情の勢いをより高尚の域に導くべく、当代の学問に励む者―学者―の責務として、難解な書物を読むことで終わるのではなく、翻訳、著述、演説、対話、あらゆる方法を駆使して必要なメッセージを積極的に発信しようというのである。本節ではそうした福澤の発言がいわば多用なメディアにより送り出された具体的な事例として、福澤の『通俗国権論』の周辺と、「華族」の役割をめぐる福澤の見解の周辺について追ってみたい。また福澤の開成学校講義室開席の祝辞についてもあわせて取り上げることとする。

(二)　『通俗国権論』の周辺

明治十一年十月二十九日、湯島の昌平館において慶應義塾新旧の社中、社外の面々百人余りが集まって「随意談会」が行われている。その時の福澤の演説筆記が『郵便報知新聞』に掲載されている。(13)この時期の『郵便報知新聞』が藤田茂吉、箕浦勝人らの慶應義塾出身者を擁して、福澤の「国会論」

を藤田、箕浦両名の名で掲載したことを始めとして義塾関係者の論説を多く掲載することがあったことを考慮すれば、この演説筆記は前書きに「筆記の際、誤聞過筆もあらん」とあって福澤自身の筆によるものではないが、福澤の意図をほぼ誤りなく伝えているものと見てよいであろう。表題はないが仮に「外国交際論」としておきたい。『全集』には収録されていない論説である。演説筆記中にもあるように、この会合には義塾関係者ではない後藤象二郎も出席していたようである。「随意談会」とは当時慶應義塾関係者を中心として随時開かれる集会であったらしい。のちの「交詢社随意談会」などにも通ずるものであろう。明治十年十月二十七日の『郵便報知新聞』の社説欄の「納金免役の利害を論ず」と題する矢野文雄による論説も、昨年の「随意談会」において会員の希望によって矢野が論じた演説によるものであると説明されている。

ところで、福澤の演説は弱肉強食の国際社会の現実を直視せよと説くものである。近頃、外国人に内地雑居を許すべきであるとか、外国の資本を借用し外国人に日本人同様の権利を認めるべきであるといった外国交際のことにかかわる議論がやかましい。それは道理の上から正しいかも知れない。まずその前提として、人間世界は常に情に制せられるもので理の行われることは稀であり、外国交際のことも例外ではないことを冷静に見すえなければならないとしている。たとえば我が国とイギリスとの間に結ばれた和親条約には両国の永久の「平和懇親」が説かれている。条約上においては「外国交際」は少しも心配のないことが保証されている。これは「道理に基づきたる議論」によって「彼我の談判」を通じて約束されたからである。生麦事件において、また英仏蘭米四か国による下関の一件においで、我が国は法外な賠償金を呑まされている。条約上の「平和懇親」どころの話ではないではないか。さらに、事柄は小さいかも知れないが、彼の「旅行遊猟の規則」なども条約の規定内で平穏に往来し、また相当の場所で発砲を許したまでのことであるのに、今日の事実としてはややもすれば「日本の婦人にして外人に無礼を蒙る者」があり、また「日本の農民にして外人に田畑を蹂躙せらるゝ者」があり、我が国の巡査がこれを制することの出来ない現実があるではないか。もし将来外国人に対して新しい条約を施行することを望むならば、まず在来の条約がいかに実行されているかを明らかにすることから始めなければならないと結ぶものである。この議論は、随意談会の演説が行われた前月九日に公刊された福澤の『通俗国権論[14]』、十月六日に脱稿し、翌十二年三月に公刊の『通俗国権論二編[15]』の論旨の一端に通ずる演説内容である。

この『国権論』について福澤はその主張を多くの人々に知らしめることに意欲を持っていたようである。この随意談会以前にも、義塾内の演説館で実施された講義会や三田演説会において、『通俗国権論二編』についての演説、講義をしている。（前述、笠原恵宛福澤書簡、六八頁参照）。また慶應義塾内にとどまらず、明治十一年十一月十七日と、翌年二月十六日には井生村楼において開かれた江木学校講談会においても「国権論」と題する演説を行っている[16]。さらにまた、十一年十二月二十二日には、芝天光院で行われた海軍水交社の集会において「外人日本の事情に暗きの説」と題して演

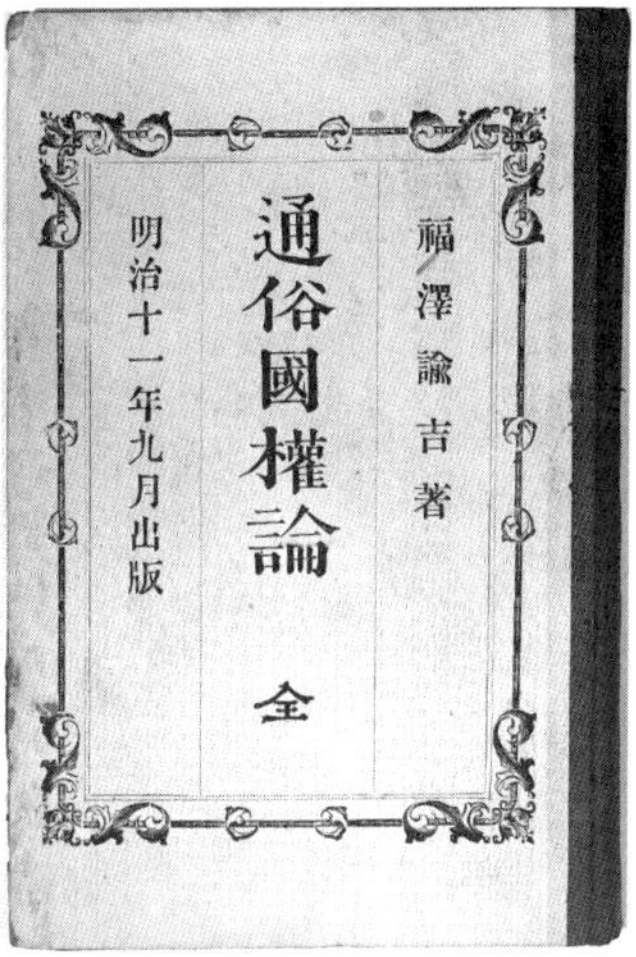

『通俗国権論』初版本　表紙

説をしていることがある。(17) この水交社での福澤の演説は十二月二十四日付の『郵便報知新聞』の社説としても公表されている。のちにこれは『福澤文集二編』に収録され、さらに『全集』に収録されるところであるが、その論旨を見ればやはり『通俗国権論』に述べるところの一部を取り上げていると見てよいものである。

すなわち、今という時に当たって国権を主張することの大切なのはいうまでもない。そして国財を積み、兵備を厳にし、著述や教育に努めて国力を充実させることが肝要であるけれども、ただ内実を整えるのみでなくそれを外に知らしめることが重要である。しかるに、彼我互に相知るの深浅を論ずれば、「日本人の外国を知るは詳《つまびらか》にして、外国人の日本を知るは疎」であるのが実情で、これでは双方の交際上において我が不利を致すこと実に少くなく、「国権主義の路に横わる一大妨碍」であるといわざるを得ない。したがって今日の急務は「我国の事実を外国に示すの一事」にあるが、そこでは「日本を世界第一富強完全の一大国としてこれを誇る」のではなく、「ありのまゝの日本をありのまゝに示して、その事実を誤ること」のないようにしなければならない。それを示すのには、外国人が「日本語に通じ日本書を読むの日」を待つわけには行かない。といって「我国人の手を以《もっ》て横文の書を著述し横文の雑誌、新聞紙等を発兌《はつだ》すること」も未だその緒に就いていない。最も現実的な方法はいわゆる百聞は一見にしかずであって、「我国に在る実物を将《もっ》て現に彼の国人の目に触しむる」ことである。本年一月の海軍清輝艦、筑波艦の遠洋航海実施のごときは最も効果をあげた実例であると論じている。

なお、この水交社の集会については『郵便報知新聞』に関係記事が三件ほど見られる。

来る廿六午〔マヽ〕後より芝山内《さんない》の天光院に於て、海軍省水交社の集会を催さるゝに付、福澤先生も臨席ありて演説さるゝ趣。（十二月二十一日付、府下雑報欄）

演説会。福澤諭吉、外人日本の事情に暗きの説。猪飼麻次郎、兵気は国体に由て異なるの説。加藤政之助、海軍の説。尾崎行雄、籠中の鳥。その他諸氏来る二十二日午後一時より芝山内三島谷天光院に於て開演す。水交社。（十二月二十二日付、告知欄）

芝山内天光院にて催されし水交社の演説会は福澤諭吉先生の出席されしゆえか、一昨廿二日は殊の外傍聴の員多く三時頃はさしも広き講堂も一ぱいにて立錐の地なき程なりしと。（十二月二十四日付、府下雑報欄）

演説者はいずれも慶應義塾関係者である。この演説会がどのような経緯で行われたのか未詳であるが注目すべき事実である。さらに、十二月七日付の『郵便報知新聞』の社説は、「福澤先生通俗国権論第二編を記し校正の上来年発兌の由、今その未定稿の中一、二箇条を抜抄して未定のまゝに記載するの承諾を得たれば本日の社説に充つ」と前書きをして、『通俗国権論二編』の一節を紹介している。また翌十二年二月二十二日の「社説」でも、「左の一編は、福澤先生の未定稿通俗国権論二編の中より抜抄したるものなり。これを記載して差支《さしつかえ》なしのことに付き以て本日の社説に代《か》う」として、同論の終節を取り上げている。

また著書そのものについても福澤は恩師、知友等への贈呈をしており、これまで知られている限りでも四例の事例がある。第一は越後出身の塾員笠原恵である。十一年十月三日付の同人宛の福澤書簡に、「拙著二冊、頃日発兌《けいじつはつだ》いたし候に付、拝呈仕《つかまつり》候。お閑の時御一覧被下度《くだされたく》、尚同臭の御友人へもお示し奉願候《ねがいたてまつり》」として、別便で『通俗民権論』『通俗国権論』を送ったことを知らせている。(18)第二は高知の知人児島禾念であって、「明治十年以降の知友名簿」に記載された児島の住所・氏名の上部に「演説の義に付来書、十二月五日返事遣す。国権論を贈る」と書き込まれている。(19)第三は中津の恩師白石常人である。福澤自筆で「年中行事」と表題があり、明治十一、十二両年末の郷里中津の菩提寺や親戚などへの贈り物に関する覚書に、明治十一年の記事として「十二月中旬、島津万次郎へ托し白石先生え左の品贈る　通俗国権論壱冊　紙箋弐箱」と記されている。(20)

第四は『郵便報知新聞』の記事により確認できる一例である。すなわち明治十一年十月八日付の「社説」に述べられていることで、郵便報知の編集責任者である藤田茂吉に贈られたものである。藤田の執筆した「評国権論」と題するその社説は、原文がそのままに引用されているかは明らかではないが、次のようにその冒頭に藤田宛の福澤書簡の抄録を含むものである。

頃日《けいじつ》、福澤諭吉君その著書民権論及び国権論を恵寄し、且つ書を以て余を責めて曰く、近来著書の世に行わるゝもの固《もと》より評論す可きもの多し。予が近来の著書分権論及び民間経済録の如き頗《すこぶ》る世に行わる。而《しか》るにその書に就て或は駁し或は論ずべきことも多かるべきに、世人のこれを評するもの絶てなく、殊《こと》に新聞記者の如きは論ず可き事項の寡《すくな》きを歎じながら、還て著書の評論を聞くは如何にも不審の至りなり。従来予が著書にて唯《ひと》り世の評論に博したるは権助首縊りの一篇のみ。世の予が著書を読む者は毎《つね》に予が説に征伏せらるゝか、将《は》た異説あるもこれを口に発せざるかと激せられて、先ず国権論を披閲して、第七章外戦止むを得ざることと云うに至り、その論題の最も重大なる関係あるを以て、徐かにこれを読下すれば篇中大に人心に感触して多少の利

害を生ずべきものなきにあらざるなり。(21)

さらにこれに続き、『国権論』第七章を要約紹介したあとで、この書が著者の意図を外れて誤読される恐れが多分にあると指摘している。そして福澤が自身の論説に対してひそかに期待していた大方の論評ないし批判に接することが出来ずにいささか苛立っていたらしいことが窺える興味深い記事でもある。また藤田の『通俗国権論』および『西洋事情』についての論評も福澤の読まれ方の一面を伝える貴重な資料というべきであろう。

(三)「華族を武辺に導くの説」をめぐって

明治十二年二月八日に開かれた第一二六回の三田演説会における、福澤諭吉の「華族を武に用ゆる説」（華族を武辺に導くの説）と題する演説について見てみよう。(22)『郵便報知新聞』に掲載された関係の記事を抄録すると次の通りである。

演説会。来る八日午後一時発会。華族を武に用ゆる説・福澤諭吉、通貨の説・猪飼麻次郎、流行に走るの弊・加藤政之助、条約改正の好報果して如何・古渡資秀、世渡の良方便・河野捨蔵。三田演説会幹事。（二月六日付、告知欄）

去る八日（第二土曜日）には例の通り三田慶應義塾にて演説会あり、聴衆は何時も変らず凡《およ》そ三百余名来集し、その中には華族武者小路、万里小路、松平信正、松平忠慶君等も見えられたり。（二月十日付、府下雑報欄）

福澤諭吉君は華族を武辺に導くの説と題する一篇を著述して、頃日《けいじつ》陸海両卿へ呈せられし由。

社説

左ノ一篇ハ福澤先生ガ右府岩倉公ニ呈シタル書面ナリ今之ヲ得タレバ記シテ以テ本日ノ社説ニ換フ

華族ヲ武邊ニ導クノ説

貪利爭權今ノ禽獸世界ニ於テ苟モ一國ノ社會ヲ成シテ其獨立ノ体面ヲ保護スルニ兵力ノ要用ナルハ特ニ喋々ノ辯ヲ俟タズ 諭吉嘗テ言ヘルヿアリ兵ハ有ル道理ヲ護スルノ力ニ非ズシテ無キ道理ヲ造ルノ器械ナリト此言果シテ今日ノ事實ニ適スルヲ信ス論者若シ此ニ疑アラバ現ニ各國交際ノ情ヲ見テ之ヲ發明ス可シ既ニ兵ノ大切ナルヲ知ラバ我日本人民モ此ニ注意シテ力ヲ用ユ可キハ無論ナレドモ財政ノ許サヾル所アレバ亦之レヲ如何トモスルノ術ナシ故ニ今國ノ經濟上ニ於テ大ナル故障ヲ見ズシテ苟モ兵力ニ益ス可キモノアラバ假令ヒ其事ハ迂遠ニ似タルモ又些細ノ如クナルモ斷シテ之ニ着手セザル可ラザルナリ即チ其事トハ何ゾヤ華族ヲ奬勵シテ兵事ノ氣風ヲ養フノ策ナリ

抑モ兵ノ事タルヤ元ト人ノ情感ニ生シテ毫モ道理ニ基クモノニ非ズ其元素ヲ解剖スレバ唯殺奪スルト殺奪ヲ防テ又殺奪スルトノ二箇條ニ止ルノミ故ニ兵制ノ内部ニ入リ其軍律規則ノ嚴刻ニシテ他ノ社會ニ異ナルモノ多キモ畢竟殺奪ノ空氣中ニ止ムヲ得ザルノ權道ナレバ兵事ハ都テ尋常ノ道理外ニ在ルモノト云ハザルヲ得ズ此道理ノ外ニ在テ最モ行ハレ易キモノハ大人ヲ欽慕スルノ氣風是ナリ凡ソ軍人ニシテ一度ヒ功名ヲ成ス者アレバ其兵軍ノ社會

福澤諭吉「華族を武辺に導くの説」『郵便報知新聞』明治12年5月14日付

（二月十七日付、府下雑報欄）

左の一篇は福澤先生が右府岩倉公に呈したる書面なり。今これを得たれば記して以て本日の社説に換う。華族を武辺に導くの説。（以下社説本文省略。五月十四日付、社説欄）

三百余名の聴衆が集まった演説会には、武者小路、万里小路等の華族の人々も出席していたことが伝えられている。そして演説会終了後しばらくして、福澤のこの論説が「華族を武辺に導くの説」として陸海両卿へ進呈されたことが報道される。またさらに三か月後にこの論説が社説として『郵便報知新聞』に発表されて、併せて右大臣岩倉具視にも送られていたことが公表されている。また、次の岩倉具視に宛てた福澤書簡によって、この華族の処遇をめぐる福澤の見解が演説会の前日に「華族の事に付て」の「鄙見」として岩倉に示されていたことが分かる。演説会に華族の出席者があったというのも福澤側からの事前の連絡があってのことであったと思われる。

謹白。左右益御《ますますご》清穆被成御座《せいぼくござなられ》、奉拝賀《はいがしたてまつる》。陳《のぶれ》ば華族の事に付ては、兼て鄙見有之《ひけんこれあり》。旧主人奥平を始め知人へは、毎度談論も仕《つかまつ》り候事なれども、固《もと》より実際に着手の路《みち》も無御座《ござなく》、この度は公然書に認め呈上候義、何卒《なにとぞ》お閑の節、御一覧被成下度《なしくだされたく》、奉願《ねがいたてまつり》候。尚詳《つまびらか》なるは他日拝謁の時に附し候。この段要用而已《のみ》申上候。早々頓首。

二月七日　　福澤　諭吉

岩倉殿　下執事

尚以《なおもって》、華族の事に付ては、既に明八日弊塾演説館において、愚説を述《のべ》候積《つもり》なれ共《ども》、その説の大意は唯《ただ》華族の内部を奨励するのみにて、別紙の如く政府上に関する事には無御座《ござなく》候。この段も為念申上置《ねんのためもうしあげおき》候。以上。[23]

岩倉に示された論説本文の添え書きには「尚以《なおもって》、同様の説一編は別に認《したた》め、山県有朋殿、西郷従道殿、川村純義殿連名に当て、本日郵便を以て西郷殿へ呈し置《おき》候」とあって、福澤がこの提案をかなり周到な用意のもとに公表していることが分かる。[24]

福澤の述べるところはおよそ次の通りである。

「貪利争権」の現在の「禽獣世界」において、「一国の社会を成してその独立の対面を保護する」ために「兵力の要用なる」ことはいうをまたない。我が日本においては「財政の許さゞる所」があっていかんともしがたいところではあるが、「華族を奨励して兵事の気風を養うの策」があるのではないか。具体的には華族の持つ「固有の名望」を利用して「兵事の気風を養うの一策」を考えたい。すなわち華族は、「兵事に力を尽して、内は朝廷を保護し外は外患に当るものと覚悟して、専ら兵書を読み兵事を講じ、現に海陸軍省の官途に従事すると否《いな》とに拘《かかわ》らず、一族を挙て一社の講武会（ミリタリ・クラブ）と為し、積金《つみきん》も武の為にし、散財も武の為にし、栄辱死生《えいじょくしせい》、その期する所を武辺に定る事」とすべきである。したがって、華族は「兵卒に用いずして海陸軍の士官学校に入れ、最初より士官の技術を教る事。（中略）士官学校にて卒業したる者、定規に於ては少尉補たる可きを、華族に限りて上等の官位を与え、以てその族の栄誉を表す」ものとしてはどうかというのである。

先の書簡において福澤が演説の大意は「唯華族の内部を奨励するのみにて、別紙の如く政府上に関する事には無御座《ござなく》候。この段も為念申上置《ねんのためもうしあげおき》候」と述べているのは、三田演説会の席上においては、華族を兵卒に用いないという徴兵令の改正を具体的に提案するような現実政治に関わる発言まではしないということであろう。この点については、意見書を提出して五日後の二月十一日付の岩倉宛書簡でも、先に提出した「鄙見の書」には「少々政府上のケ条有之《これあり》、譬《たと》えば徴兵令を改め云々《うんぬん》等の義は、全く私共の公に発言可《つかまつるべき》仕事柄に無御座《ござなく》」とあって福澤の慎重な姿勢が窺えるところである。なお、この書簡によれば七日付の書簡に対する岩倉の応答があり、福澤の意見書を活版に附し華族全体に示すという提案があったようである。福澤は「閣下の思召にて御同族方へ御配分の義」については異存はない。しかし、将来仮にも福澤の建言によってこのことについての政策が打ち出されるようなことになっては、「政府の御体裁」においてよろしくない。ついてはあくまでも「建言の有無に拘らざる様、外面を美に仕《つかまつりたきよう》度様御座候」として、活版印刷ではなく「写本等にて華族衆のお仲間に流布いたし候義」ならばよいのではないかと述べている(25)。

この後、福澤の建議書は筆写され、五月七日に各華族に送付されて意見を徴することが行われている。『郵便報知新聞』社説欄による公表はこのことを受けて後のことになる。そして、五月末より六月初めにかけて各華族から計八十五通の意見書が提出されている。「精神同意」という賛成論もあるが、福澤の建言の実現には消極的な意見が多かった。それは華族といえども各人の嗜好や適性には相違があり、それを一律に軍人になることを奨励するというのは「見込無之《これなく》」「不同意」というものであった。しかしながらその後の事実経過としては、華族が陸海軍に従事することを奨励する勅令や岩倉意見書などが出され、明治十六年には華族会館の手により陸軍予備士官学校が設立されている。福澤の発言の影響が及んだことは疑いのないところである(26)。

ところで、華族の処遇をめぐる福澤の見解の公表は、以下に引用する野手一郎宛の福澤書簡に見るような反応を生んでいる。これは七月二十日付の書簡であり、『郵便報知新聞』の社説掲載から二か月後のことになる。

華族を武に導くの一条、何も恐るゝに足らず。今の華族が花柳《かりゅう》に戯れ風月に耽るよりも鉄砲にても取扱いて少しは男子らしく可相成《あいなるべき》哉と婆心のみ。彼《かの》柔弱者に兵権附与したらばとて何程の事のあらん。又僕の考も兵権附与抔申《などもうす》大送《たいそう》なる事にあらず。一口に申せば、妾を出して馬を買え、盆栽を売って鉄砲の修覆でもしろと申《もうす》位の事なり。若《も》しも人の言う事を聞かずに不相替《あいかわらず》不品行、不行状ならば最早《もはや》堪忍はならぬぞ、華族は地金のつぶし同様にして金を取揚げて可なり。老僕は徹頭徹尾の朋友と申すに無之《これなく》、唯少しく量を広くしてこれを容《い》るゝのみ。文化は大海の如し、清濁細大の河流を容るべし。この世の□華族も容るべし、士族も容るべし、頑民も良民も一切これを包羅して始めて大仕掛けの文化ならずや。僕近日一書を記し唯今印刷中なり。民情一新と申《もうす》表題、来月あたりは発兌《はっだ》可相成《あいなるべく》、御覧被下度《くだされたく》候。[27]

野手は福澤の「明治十年以降の知友名簿」に、「下総国豊田郡貝谷村」の居住者であることが記されている。この頃の福澤と交渉のあったことが知られる人物である。[28] また、十一年五月十日付の茨城師範学校教員松木直己に宛てた福澤書簡によれば、この日に茨城県下の小学校訓導として福澤宅を訪れていることが分かる。[29] 野手はおそらくは三田演説会を聴講したのではなく『郵便報知新聞』によって福澤の説を知ったのではなかろうか。そして福澤のもとに華族への兵権附与は疑問であるといった質問を寄せたのであろう。福澤は、華族、士族、頑民、良民一切を包含して「大仕掛けの文化」を創るための一端を提案したのだといっている。福澤の投じた一石の波紋の広がりを窺うことが出来る。

以上のように、華族の処遇をめぐる福澤の見解はまず関係者に書簡のかたちで示され、ほぼ同時に三田演説会で発表され、そして時期をみて新聞紙上に公表されていった。さまざまなチャンネルを通じて、自身の見解を発信しその意図を浸透させようとしたのである。

(四) 開成学校の講義室開席の祝辞

明治十年三月十日、福澤は開成学校の講義室開席披露に招待され一場の祝賀演説をしている。その演説の記録が同年四月五日発行の『家庭叢談』の号外として公表されている。同誌六七号に掲載の予定であったが、刊行形態が変更されることになったので号外として単独に発表されたものである。

演説は招待先での祝辞というよりは、むしろ福澤自身の学校論を強く主張する内容となっている。冒頭で、旧幕府の時代であればこの学校も「一場の御役所」であって、我々平民の近づける所ではなかったといい、さらに、維新後はそれもやや緩やかになったけれども、学校の官私の別は相変わらず喧しく、官は私を忌み、甚だしくはこれを害することもないわけではない。今日の招待は学問に官私の別を問わないという姿勢の現れとして悦びたいと述べている。これに続いて、「世間普通の常文言」にならって、「聖明の御代に遭遇して徳化の渥に浴し、文明は日月と共に燿き、奎運は天地共に永く、後来益《ますます》この学校の盛大なるを祈る」と述べるべきかと考えたが、「先ずこれを見合せ」て「盛大」の字にかえて「高尚精密」の語を用いることにしたと述べている。実際の挨拶でこの通りのことばが使われたのかということについては若干の留保が必要であるが、官私の別が現実に存在することの不当を言外に訴えた率直な発言であった。

本論ではいわば費用効果を計算した数字を提示して、明快な立論を展開している。すなわち、「開成学校」の生徒三百人には年間十数万円があてられているのだから、一人当たり五、六百円を要していることになる。これに対して、「田舎の小学校」を見れば公私合せて一人につき一円二十銭を超えていない。「日本の国力」からすればこの数字は止むを得ないところであるけれども、両者比較して五百倍の相違があるわけであって、開成学校の生徒は「日本の果報者」「秘蔵息子」といわざるを得ない。ところで、この学校を盛大にしようと生徒数を倍増して六百人とし、さらに千二百、一万二千、十二万としたとしても、「日本国中の子弟」を尽くすことは出来ないではないか。仮に一万人とすれば、所用経費は五、六百万円となる。十万人とすれば、「日本政府の歳入は秘蔵息子の賄に供して余なきに至る」ということになる。学校の盛大を祈らざる理由はここにある。無論、盛大を祈らず衰微を願うなどということではない。維新の政府に文部省が設置されて、諸方の学校も日ごとに盛んになったことは事実である。ただ世間一般には教育の重要性への理解は十分でなく「銭を費す者」も稀であり、その「教育の仕組」も「粗にして下品」に陥らざるを得ない現状がある。

したがって、「資本に不自由なき政府が善を尽し美を尽したる一大学校」を設立することが求められる。今の政府の急務は人民に対して自ら手を下して、「斯《かく》の如くするの術」を行うのではなく、「斯の如くす可しとの法」を示すことにある。人民に「銭を愛《おし》まざれば、人の教育はこの境界にも至る」という「見本雛形」を示すべきなのである。学校設立の「見本雛形」とはどのようなものをいうのか。それは、「粗にして大」ではなく「小にして高尚」なることである。結局我が国力からすればそれは「日本国中唯一所の開成校」を設けて満足するということになる。法学、工学、農学、医学など百般の学科をこの一校内に合して生徒数は各科三、五十人に限り、教授法は高尚にして事務は精密なることを旨とする。そこで全国最大一の標的として人民の志すところを上流に導くこととなれば、経費はこれまでの半ばにして得るところは幾倍にもなるはずである。さらにその節約による余財を地方に散ずるかあるいは適宜の使い方をすれば、彼の「一年一円二十銭の貧生徒」へ「二円四十銭」を給することが出来るし、あるいは「人民私立の学校に少しく政府の助力を加えて幾多の小開成校」をつくることも難しくはないであろう。他方ではこのようにせず、政府が教育について「百手を下し」て掌握すること、たとえば各省各局の発意でそれぞれに学校を設けるようなことになれば、書籍器械の購入が重複し、学者の人事が混乱し全体として「有限の国財」を失いかねない事態になろう。これが、「政府の多事」を悦ばざる理由であり、「官学校の盛大を願わずして、唯その事務の精密を祈る由縁」であるとし、もって「祝詞」に代えると結んでいる(30)。

先にも記したように、祝辞としてはかなり異例の内容に見えるが、どこであれ機会をとらえて必要な発言をしようという当時の福澤の姿勢が明瞭に現れているところである。

三 文明の学者たれ――塾生へのメッセージ

福澤が慶應義塾の塾生たちに向けて語りかけた機会は、**付表1**(巻末)に示したように明治十年代後半以降の事例が多く記録されているが、三田演説会の他に入学や卒業の時、あるいは塾生の帰省を控えた夏期休暇前などさまざまであった。内容的に見ると、彼等を東京遊学に送り出してくれた父母や郷里へ目を向けるべきこと、学ぶべき学問の方向と将来の展望についての指針、義塾の教育課程の方針、改定についての説明など多岐にわたっていた。これらのうちからいくつかの事例について具体的に追ってみることとしたい。

明治十六年七月五日付の『時事新報』社説は演説館における福澤の演説の大意である。東京遊学の書生輩のための指針としてだけでなく、広く世人の心得として有益であるのでここに「渡辺治」の筆記により掲載するとあるが、これは前月二十三日に開催された第二〇二回三田演説会における福澤の演説の記録であると見てよい。「三田演説日記」には、「壮年子弟に向て郵便通信の便を利用す可き旨を説かる」としてその趣旨が書き留められている。『全集』には編者によって仮に「青年輩の失敗」という題が与えられ収録されているものである。

福澤は次のように述べている。

東京に学ぶ青年書生輩のおよそ九割は地方出身者である。これらの人々は修学の後、ある者は東京に残り、ある者は郷里に帰ることになるであろう。前者は一般に、「知識に不足なけれども資産には欠乏なる人々」であって、帰郷してもその学を生かすべきところを得にくい。したがって在京のまま時節の到来を期することになる。この場合、前途の喜憂は相半ばするものとなろう。一方、後者は「資産ある身分にて且つは文明の学問を磨き得たる人」であって、その郷里には学び得た文明の学問を実用に応用すべきの余地があり前途の希望が確実な存在である。しかしながら、今日の日本にはいずれの地方でも日新の学問の応援を待つ事業が多くあるにもかかわらず、学問を成した壮年輩が郷里に用いられていないのが現実である。このようなことになるのは、「蒔くべきの種子をのみ求てこれを下ろすの地面を工夫せざるの咎」によるのであって、すなわち将来を見据えて種子を蒔く地面を耕しておくという準備を怠ったがための、壮年輩の失敗といわざるを得ないとして、福澤の議論はさらに続けられる。

いったい父兄の側からすれば、多年の遊学の成果は子息の立ち働きを、衆人に超絶するものとしているであろうと期待して当然なのではあるけれども、久々に帰郷した姿に接して見ると、そのいうところは空漠として雲をつかむようであり、働きを見ればまことに遅鈍であって店先の子供や台所の使用人にも及ばない。またその読むところの書籍は奇怪千万であって納得出来ないとあっては、遊学が子弟を廃物にしてしまったのであり、したがって郷里の事業には従事させられず、またそのいうところを許せないと考えるのは無理からぬことであろう。一方その当人は都会の荒波にもまれ知識を得たが故に、郷里の人々を皆眼中になしとの思いでいたのに、かえってその人々に束縛され、父兄の権威に対しても頭を上げられず、不平不満が募りこれがために自滅してしまう者が多い。結局のところ、学問を学んだ壮年輩は、従前の人物そのままではなく思想、行動も一変したのにもかかわらず、その父兄はすなわち従前の父兄そのままであって、思想行動ともに一つとして旧観を改めず、千年一様、桃源の春に異ならない状態にあるというところに問題があるのである。

そこで福澤は、東京に学ぶ者の責務として、父兄や親戚郷里の人々に手紙を書くことを勧めることになる。

仏法の開基となった人々は、その教えの学問に兼ねて人の信頼と嘱望を得る必要を知り、巧みに徳望を養い教えを広める道を開いている。その知才ははるかに漢儒者の及ぶところではない。これに習い、壮年輩はその学を研くと同時にその下地をつくる工夫をしなければならない。その方法とはきわめて容易なことであって、「唯だ遊学中勉て家の父兄、若くは家人、或は郷土の知己朋友に、書信を送るの一事」に尽きる。はるか遠くにあって東京を望見すれば、そこは百物整備の淵叢であり、ひとたびその境に入る者は一世の人物であるに違いないと想像しているところに、その書生から書信が届けば、欧米遊学の学者から故国の知己に届いた書状を珍重して読むごとくに皆争って読むことになる。そのいうところはいずれも耳新しく、都下の演説の景況、外国交際のこと、某侯外国より来遊しその景況いかん等々、これを愛読して心に深く感じ、便りを寄せた人の徳望信用はますます深まるはずである。このように書信交通の便は、人の信じ向かうところを作為するばかりでなく、父兄家人、隣里朋友の輩を文明の新思想に改良させ、その結果として書生輩の帰郷を労らって迎え、その技量を振るいうる場を用意するようになることはもちろんのこと、郷里の文化を開き導くことになるのである。書中認め書き送るほどの事件はなく材料に苦しむという者があるけれども、これは大きな誤りであって、日常書生間の交際のこと、講読した書籍のこと、新聞に掲載されたことの一節をそのままに書き送り、あるいは自身の意見を付して送ることなど何事でもよい。あえて高尚な話題に限ることはない。努めて数多く、筆細かに書き送るべきである。わずか二銭を投ずれば国内至るところに到達するという「文明の利器たる書状の通信」を活用して、将来の事業をなすべき版図を拡げ己が味方としておくべきである。[31]

このように語った福澤の演説があったのは、すでに述べたように明治十六年六月二十三日に開催された三田演説会であった。「三田演説日記」によれば、当日は快晴で、義塾関係者以外に一般聴衆が百余名あったと記されている。福澤の他に、今泉秀太郎「水の沸騰」、渡辺治「体操の説」、高橋義雄「心理学上より想像の力を論ず」、高島小金治「地震の説」、の四名がそれぞれの演題のもとに登壇したようである。[32]

のちに社会主義運動の先駆者として活躍することになる片山潜がこの日の演説を聴いていたことがその『自伝』によって確認出来る。[33]片山は明治十四年、二十三歳で郷里岡山から上京し、銀座鍋町にあった印刷工場績文社で、印刷機の車回しや文選工として働くかたわら岡鹿門に入塾し漢学を学んだ。やがて同塾の塾僕となり、一時、攻玉舎に転じて塾僕を務めたが、ふたたび岡塾に戻っている。片山は『自伝』で、「ある日、福澤先生の演説が慶應義塾であることを聞いて行った。岩崎は塾生として既に演説会場にあった」と述べている。三田演説会の聴講はこの岩崎の誘いによるもののようである。

片山潜『自伝』扉絵

岩崎は片山が岡塾時代の最も親しい友人として名を挙げている岩崎清吉である。「塾生として」というのは「慶應義塾生」の意に見えるが、『慶應義塾入社帳』によれば岩崎は「栃木県下野国藤岡町」の出身で、慶應義塾への入学はこの時の三田演説会から九か月後の「明治十七年三月十七日」のことであるから片山の記憶違いというべきであろう。[34]もっとも、片山によれば当時の教育はすべて西洋風で英語が最も盛んであったが、官学校――陸軍兵学校、法律学校――へ入学するためには漢学の必要があり、慶應義塾の卒業生でも旧幕時代の教育を受けていない者は岡塾に学んだ者があったという。片山の周囲に慶應義塾に関する情報を得る機会はあったと考えられる。

片山はこの日のことを回想して、「当日の演説は一、二の教師や、学生と福澤先生の訓諭的話であった。学生の一人は化学に関して試験をなしつゝ演説を試みた」と書いている。今泉秀太郎の「水の沸騰」が実験のデモンストレーションをともなうものであったことが分かる。福澤の演説については、「福澤先生の当日の話は頗る実際的であった」といい、その内容自体をかなり具体的に記述して、

> この忠告的演説は頑固なる郷里の老輩を説服〔伏〕する下拵《したごしら》えとして屈強なる手段であると云わなければならぬ。福澤先生の実利主義は飽迄《あくまで》露骨である。先生の薫陶を受けた者が明治年間に於て実業界に雄飛することの出来たのは無理はない。飽迄プラクチカルの教育で自己本位の教育であったからである。予は実行はしないがよくこの話を他の帰る者共に告げて実行せよと勧めた。人間には何をしても準備が必要である。

と述べている。もっともこの福澤の忠告を自分は実行しないが他によく勧めたという感想自体は、片山も納得して聞いた話であったことを示している。片山はこの時以外に前後二回福澤の姿を見たという。はじめは岩崎が塾へ帰る途中、福澤が馬上姿で散歩するのに出会い、一礼した岩崎に対して「にっこりして裕々として進んだ」のを見たこと、また帝国ホテルで開かれた福澤の六十一歳の祝賀会にやはり岩崎に同道した時のことであった。これらを通して、片山は三度の印象は皆違っているが福澤がすこぶる実利主義の人であったように感じたこと、その説くところは人を見て法を説くの流儀による「道話」ともいうべきものであったこと、一言、一言がいかにもそうだと感服させるものではあ

ったが、いずれも卑近の常識で判断出来ることであったなどとも述べている。

福澤は父兄や郷里へ目を向けるべきことを繰り返し説いたようである。たとえば、明治二十三年十一月二十二日にも、「家郷へ文通を頻繁にする」ことを勧めている。ただしこのことは、いわゆる「二十四孝流の孝行」を勧めるのではないという。とかく古人の教えには俗にいう掛け値が多いもので、「二十四孝」のごときも実際には行いがたい注文の一例であるが、今日の郵便法は、遠く故郷を離れている子供の「学業の勤怠」「身体の安否」など、片時も忘れずに心配している父母を安心させられるきわめて簡便な方法ではないか。自分にはすでに孝行を尽くすべき親はなく、ただ子供に向かい孝行を促す立場であるから、「専ら孝行論を論ずることそ利益なる割合」ではあるなどといったことばを差し挟みつつ、福澤自身が米国に留学中の二人の子息と頻繁に文通したこと、生糸商の親元から届く再三の帰国を促す便りに当惑している塾生に対して、いたずらに東京滞在を懇願するよりも、むしろ新聞等で生糸の商況などに注意を払いその記事を細大漏らさず繰り返し親元に文通することを助言し、その結果呼び戻しのこともなく首尾よく卒業に至った塾生のことなど具体的な話題をふんだんに盛り込んだ演説であった(35)。

また、明治三十年元旦の『時事新報』に掲載された「学生の帰省を送る」と題した論説も、すでに記した二例の演説に通ずる内容である。前年末、帰省を前にして演説館に会した塾生たちに向け、あるいは個々に面談して語った内容を取りまとめて社説に代えたというもので、主要な論点は二点であるが、まず第一に、「諸君が一年中に何程の学資を父兄に給せらるゝか」を尋ねたいと説き起こしている。普段着は郷里から送られてくるものとして、その他の経費はおよそ年間百円から多くとも百二十円ぐらいであろう。父兄の金を無駄遣いする書生に限って学業の進歩した者は稀である。無駄遣いというのも実は数えてみれば一寸《ちょっと》流行の服を作り、一寸散歩のついでに友人と一盃を傾け思わず知らず三、五円ずつの浪費を重ねて年に三百円足らずのものであって、豪奢を尽くせば万金を費やして庭園を作り、千金の酒を飲むといったほどのものではない。わずかこれだけのことで学業が疎かになってしまう、まことに「たわいもなき挙動」なのであって、「文明学塾の学生」にして「斯る賤劣」は犯すべからざることであるとしてなお次のように説いている。

青年屈強の書生には流行衣裳等の無用なるのみならず、人力車に乗るの必要をも見ず、学問一偏の書生に急用なければ、車に及ばず徒歩して可なり。若《も》し或は急用あるか、草履をはいて走る可し。却て身の運動にこそなれ。人力車の速力に競争して叶わぬなどとは、身体屈強なる書生の口外す可き言にあらず。身体を車夫にし、思想を哲学者にし、力能《よ》く四斗俵を弄《もてあそ》び、足能く十里を走り、精神は則ち能く秋毫《しゅうごう》の末を分析する者にして、始めて文明の学者と云う可きなり。

そして、強靱な身体と緻密な思考力を養うべしというのはなにも「老生が新発明の名説」ではなく、帰郷して父兄に語れば父兄もまた同じ思いでいることが分かるはずで、したがってこれはそのまま父兄の言として就学中は謹んで記憶すべきであると付言している。帰省する塾生たちのための細かな心遣いというべきであろう。

第二点としては、正月休みの帰省で、郷党の人々に都会の事情を告げ、また地方の近況を聞くことも多いであろうけれども、そこでは、「学び得たる文明の主義を丸出にして長老を驚かすこと」のないようにせよという注意を与えている。「文明開化を生噛にして」、みだりにこれを吐き散らし、人に嫌われかえって進歩の妨げをなした実例が珍しくないというのである。「古風習慣の中にて事実無稽なるもの」、そして「文明の学理を根拠」として人事に益なしと認められるものは、たとえ長老の言といえども「百方論説して」これを正さなければならない。少年に「政談は無用」であるから地方政治上の得失論などは暫く見合わせ、また日常普通の人事の中で冠婚葬祭の儀式や遊楽の習慣などはまず無害無毒のことであるからこれも問うに及ばないが、いわゆる「迷信淫惑」の一事に至ってはこれを許してはならない。暦を開き日の吉凶を問い、また占い、雨乞い、祈禱、火の物たち、塩物たち等々、はたまた「物理に暗き迷信淫惑」が原因となって、「御夢想の名灸」や「黒焼の妙薬」を信じ、「古流医の煎薬」に身を託すこと、いずれをとっても人事を実際に害し看過し得ないところである。

ただ、「迷信雑行」と「宗教の信心」とは区別しなければならない。およそ人間に「徳義」の心なくして、社会は一日たりとも立ち行かない。「修徳の方法」はさまざまにあるはずであるが、広く多数の人々に相応するものは「今の文明の程度」においては「宗教」の他には求められない。「文明の新主義」を聞いて極端に走り、「宗教など古風因循の談」は面白くないなどとして、ことさらにこれを破壊することに励んだ結果は「民心を険悪に陥れ」、平地に波風を起こしてかえって困惑する事態になっていることが多々ある。結局これは「文明生嚙の罪」なのであって、諸君も帰省中の朋友知己との談話の際には、「文明実学の実理」を説いてその蒙を啓くとともに、「宗教」の一段に至っては議論は単に矯正に止まって「破壊論」に進まぬようにしなければならないと結んでいる。

「文明の主義を丸出にして」長老を驚かしてはならないというわけであるが、塾生に対する一連の語りは、いわゆる名望家層を基盤とした地方の漸進的な改良によって日本の近代化を推進しようとい

う福澤の戦略の一端にそった議論と見ることが出来るであろう。(36)

福澤は塾生たちに対して、その学ぶべき学問や処世の方向についても繰り返し説いている。明治十六年十二月十八、十九両日の『時事新報』に連載された「学生処世の方向」と題した論説はやはり演説館における福澤の演説であった。前述した塾生たちに家郷に目を向けるべしと指示したいくつかの論説に重なり合い、さらに塾生自身の立場により即して議論を展開したものである。論ずるところはおよそ次の通りである。

現今の社会において学問に従う者にはその目的により二種類のタイプがある。一つは学問をもって身を起こす者、他は学問をもって家を守る者である。前者は家に資産乏しき者であって、学び得た学業に依拠してあたかもそれを資本として身を起こし、家を立て、したがって国の用をなす者である。開業医師、法官または代言人、学校教師、著述者、新聞記者、あるいは陸海軍の士官、さらには化学、器械学のことに携わる者などいわば「学問を商売にするもの」である。後者は祖先以来すでに資産ある家の子弟が「居家処世に要用なる知識見聞」を得ようとするものである。たとえば、自身は法律家でなくとも事の理非曲直は自ら判断し、出訴に及ぶ時も万事を代言人にのみ依頼することなく、訴状の案文は自ら認めなお代言人と協議して法律の要点を聞き、代言人はただ法廷臨機の事務を託するに止まるといったことは、「一家の主人」たる者に欠かせないからである。現在は事物の秩序の一定していた封建の時代ではなく、桑田変じて蒼海となるような変遷の激しい時代だからこそ、「知識見聞を広くして、如何なる新説奇物を聞見するも、これを心に解して驚くことなく、如何なる外物外人に犯さるゝも、機に臨てこれに堪《たえ》る」の覚悟が必要なのであって、「学問専業の身分に非ざる人も学問に従事する」ことが不可欠なのである。

ところで、慶應義塾の塾生の身分を大別すればこれも二つに分けられる。一つは士族の子弟にして資産の豊かならざる者、他は地方富豪の子弟にして学資に不足のない者である。前者はその天性の才、健康、あるいは学費の限りを尽くして、本塾にある限りは「理学」より入り「文学」に進みこれに励み、さらに本塾を去る後にも余力あればなお他の学校にも入り、その長ずるところの一科を研鑽すべきである。これらの人々は言葉を酷にしていえば、元来頼みとしうる家、故郷のない者であり、生涯の浮沈がなかなか定まらず苦労が避けられない者といわざるを得ない。しかしながら、「人間一身」のためにもまた「天下公共」のためにも、「非常の業」は「非常の人」によって成るものである。「今日の日本国を文明開化の佳境に誘導する」ことは「非常の事業」なのであって、これに当たるには自ずから「非常の人物」でなければならない。「寒貧の書生社会中」にこそ、それが期待されるのである。

一方、父祖の遺産を継承する者は生まれながらにして人事の中道に達しているわけで、社会に立ち事を成すに当たり成功の難易は彼の貧書生に比して同日には論じられない。況んや今後、文明進行の世相を察すれば、「人間万事銭の世界」たるべきは明白であって、銭すなわち権力でありまた智力であるという状況に至るであろう。そうであるとすれば、成業の後には故郷に帰ってその資産を相続し、これを守るのみならず学び得た知識見聞を資として、「千金の子は千金の主人」となり、「万金の子は万金の家」を守りますますその家産を増殖すべきである。ところが往々にして彼等は故郷に帰るのを好まない。それは、「田舎は都会を去ること遠くして日本国中央の消息を聞くに不便」だからということのようである。しかしこれは「宿昔の残夢未だ醒めざるの妄想」にすぎない。運輸交通、電信郵便はますます進歩して今後の十年は幾何数の割合をもって進歩して、「掌大の日本国土」に都鄙の別などなくなるはずである。この道理を知らずして貧書生に伍し、都下に恋々として得難き功名を求め、かえって故郷の家産を空しくするようなことはすべきでないのである。

このように述べて、士族の子弟と地方富豪の子弟の、それぞれに歴史的に形成された社会的な位置をひとまず所与のものとして認め、そこからそれぞれの将来に向けて担うべき役割を導き出して塾生たちに示すという、福澤のきわめて現実的な提案は、かたちを変えながら繰り返されている。(37)明治二十二年四月二十二、二十三両日の『時事新報』に連載された「慶應義塾学生に告ぐ」と題する社説もほぼ同趣旨の福澤の演説筆記であるが、地方富豪の財産維持と学問についてより具体的な議論を展開している。

今日の日本では「兵馬争乱の沙汰」こそ聞かないけれども、人心の騒々しいことは兵馬の乱よりもはなはだしいのではないか。こうした時節に地方の富豪がその家産を維持するには「時勢相応の学問」を欠くことが出来ないのである。「上流の士族」は学問を専にして金銭の事をいわず、「下流の農商」は殖産に忙しくして学事を顧みないという時代は過ぎ去ったのである。すでに今日では、銀行、海運、鉄道、諸製造の業などおよそ「理財殖産の大事業」というべきものは大抵皆士族学者流の手に帰しているではないか。「両替屋の番頭」は一銭の得失に抜け目なく穎敏ではあっても、「大銀行の頭取役」はその任ではない。また、「廻船問屋の主人」は接客に巧みではあっても、「汽船会社の社長」

にはなり得ない。それはなぜか。銀行、汽船海運等の事務は「正々堂々の商売」にして、「両替屋、廻船問屋の手錬」をもって当たれるようなものでなく、「文明の兵式に規律正しきが如く、自から学問上の知識見聞を要する」からなのである。今日、殖産の社会にあっては、富豪家の財産も学問による以外にこれを維持することは叶わないのである。

その「学問」とはいかなるものか。それは、「天地間に在る有形物の理を究めてこれを人事に利用する」ものと、「人生に固有する無形の心を視察して群居を安くするの方便」より他にない。前者は天文、地理、化学、器械学等であってこれを「物理学」といい、後者は心学、法学、経済学等でこれを「人事学」と総称すべきものである。およそ人間世界に生々する者は当人において知らざるものが多いのだけれども、その生死、衣食住、喜怒哀楽、また和するも戦うもことごとくこの「学理」の外に洩れるものはないのだ。いやしくもこの世に生を受けたからには「その身を托する学問」のことを度外視することは出来ない。学問の性質、効用がこのようなものであるとして、この学び方には三様がある。第一は学問を生涯の本職とする「学者」、第二は専門の一科を学んでこれを人事に施す者、例えば法学を学んで代言人となり、土木科を修めて鉄道敷設に従事する「学術の事業家」である。この二つは学問をそのまま利用して身を立て、家を興こすものであるから、すなわち「無き財産を作るの方便」として学問を学ぶ者である。第三は「普通学者」と呼ぶべき者である。その知識見聞を博くして物理学、人事学の要略を知ることによってそれを処世の資とする者である。たとえば富豪が必ずしも高尚の学者であること、すなわち専門高度の技能を学ぶ必要はないが、地方の富豪がその財産を維持しまた貨殖するの法を探るためには少なくとも普通学者たることが求められるものである。(38)

こうして、福澤の説くところはきわめて具体的な例示を重ねていく実際的な語りとなったと考えられるが、次に見るのは、明治十九年二月十三日に開かれた三田演説会の演説であって、福澤自身の体験を踏まえて塾生への助言となることを意図したものである。

福澤は自分の今日に至るまでの生活はことごとく「偶然に出でたる僥倖」であったと述べている。緒方塾に学んだのも医師たらんと欲する意志があったわけではない。ただわけもなく医学塾に居て医学生とともにオランダの医書を講じ物理を研究しただけであって、これによって利益があるわけでもなかった。何のために辛苦して学んだのかと尋ねられても「唯今にても返答に困る次第」である。しかし考えてみれば、自分は「士族の子」であって、「士族一般先天遺伝の教育」に浴して、「一種の気風」すなわち「唯出来難き事を好んでこれを勤るの心」を持っていたということであろう。当時、「横文読むの業」は容易なことではなかったがゆえにこれに励んだが、はじめに洋学ではなく他に何か困難なる事業にでも出会っていればそれに身を委ねたかも知れない。とにかくこの学に志してしばらくする間にようやく「真理原則の佳境」に到達し、「苦学」はすなわち「精神」を楽しませる道具となったのである。ところでそのようにして生計は立ったのかというと、これまた士族の風で全く考慮することはなかった。祖先以来、些少ではあっても「家禄」がありさえすれば「飢渇の憂」はなかったからである。

そうこうしているうちに、世間の風俗は何となく「文明開化の春」となり、洋学者の輩も「俗世界のために器」として用いられるようになり、福澤自身も幕府に雇われ「横文書翰の翻訳の仕事」を得たのである。もとよりこれがために栄誉を得たわけではなく、当時の人情一般として西洋の事物をけがらわしく思う世の中に、この仕事を担うのは洋学者に限るということで利用されたに過ぎない。「我所得の芸能」をもって偶然にも「銭」を得ることになったということなのだ。そこで著書翻訳を通して西洋の事情を日本人に示し古学流を根底から転覆することに勉めるうちに、その著書も思いがけぬ流行をして利益を得たことも少なくなかった。今日に至るまで「独立勝手次第の生活」をし、その上に「私塾維持」のために多少の資金を費やすことが出来たのも、この「本来無一物の一書生が、一本の筆の先きにてかき集めたる財産」によるものなのである。「商売」によって儲けたものでも、「月給」として得たものでもない。いわんや「祖先の遺産」によるものでもないのだ。

まさに「偶然の僥倖」であったといわざるを得ないのだが、そのようになったのは自分が「暗愚」であったからでも、「先見の明」がなかったからでもない。時勢の「変遷の勢」に背かなかったからなのである。ただ現在は三十年前とは全く違う。すでに文明開進の方向は定まりこれは変わることはない。とすれば「所得の芸能を人事の何れの辺に活用して如何なる生計を営むべし」との道筋もおよその心積もりが出来るではないか。かつ今日では「世禄の家」もすでになく「労働の身」があるのみである。労すれば食い、逸すれば飢えるのである。「貧は士の常」などという、「封建の制度」はすでにないにもかかわらず、「士族無経済の気風」がなお学生の中にあるのは許されない。諸君は福澤の経歴に倣うのではなく、「今日の時勢」に応じて「成学即身実業の人」たることを目指すべきであると結んでいる。(39) 自身の体験を振り返ることによって塾生たちを鼓舞し、かつ現実を見据えて自らの進路をより積極的に切り拓くよう激励する福澤の演説は、塾生たちの胸に響く説得力ある語りとなったと思われる。

四　知識交換・世務諮詢――交詢社演説

ここでは、交詢社における総会、随意談会などでの福澤の演説を取り上げてみたい。交詢社は明治十三年一月に発足した一種の社会教育機関ともいうべき組織である。福澤の主唱により小幡篤次郎、小泉信吉、馬場辰猪、阿部泰蔵、矢野文雄を社則起草委員として、明治十二年半ばより準備が進められた。当初は慶應義塾の同窓会設立が意図されていたようである。設立の目的として、社員が相互に「知識を交換し世務を諮詢する」(「社則」)ことを定め、「朝野雅俗、貴賤貧富を問わず広く社員を会せん」(「交詢社設立之大意」)との趣旨で社員を募ったが、発会当初の社員数は一、七六七名、うち東京在住者六三九名であった。職業ないし身分構成を見ると、官吏三七一名、学者(教員、医師、新聞記者、教導職)三六五名が多く、その他に華族、商工業者、農(地主)など多様である。『交詢雑誌』の刊行や、各地に巡回委員を派遣して演説会を開催するなどの活動を展開した。『交詢雑誌』は当初月に三回の刊行で、最も多くの紙面が割かれたのが、知識交換の場としての社員から寄せられた質問へ回答を掲載する「問答欄」であった(40)。

福澤の交詢社社員に向けての挨拶や、演説の機会は**付表1**(巻末)に見るようにかなり数多くあった。明治十三年一月二十五日の交詢社発会式における福澤の演説は、交詢社設立の趣旨について旧藩の果たした役割を例示して説明するものであった。福澤は次のように述べている。

三百諸侯の各藩は今日でいえば一つの会社のごときものであって、藩士から領民まで人心を結合して有形、無形の事物を一処に集めている。三都にある藩邸は本社の「コルレスポンダント」（支社、取引先）となり、人物の往来、書簡のやり取り、為替の取り組み、物品の売買まで、一切万事を取り仕切り、また他藩と通じ全国の景況を知る窓口となる。藩なる存在は「新聞探偵」あるいは「商売運送」のことを行うものでもなく、また「智者の叢淵」「学士の集会」でもない。それにもかかわらず、「藩士藩民」がこのような利便を得られるのは、ひとえに藩が「衆知識を集めて又これを散ずるの中心」となっていたからである。「封建三百藩」の働きは「政治上の得失」を離れて「社会上の利害」の点で見れば少なからざるものがあったのだ。我が交詢社の目的は「全国人民」のためにまさにこの「知識集散の一中心」たることにある。およそ「事物の運動」には中心がなければ用をなさない。地球に引力あって万物が皆地面に向かい、政府あって国民が皆政治の方向を一にするごとく、また兵隊に旗章、汽車にステーション、電信郵便に中央局、財政資本に銀行あるがごとくにである。人間世界は多事にしていずれも「諮詢」を要することが多い。まさに「千様百態」の身分、職業の人々を集めた交詢社がその「諮詢」の中心となって、十の問題を集めて百方に質し、百の意見を集めて千人に報じ、これを口に伝えまた郵便電信に付し、またあるいはこれを集めて随時発兌の雑誌に記して、「衆智を合して大智と為すの便利」は決して小さくない。その大きさは「一隅に僻在して世間の交

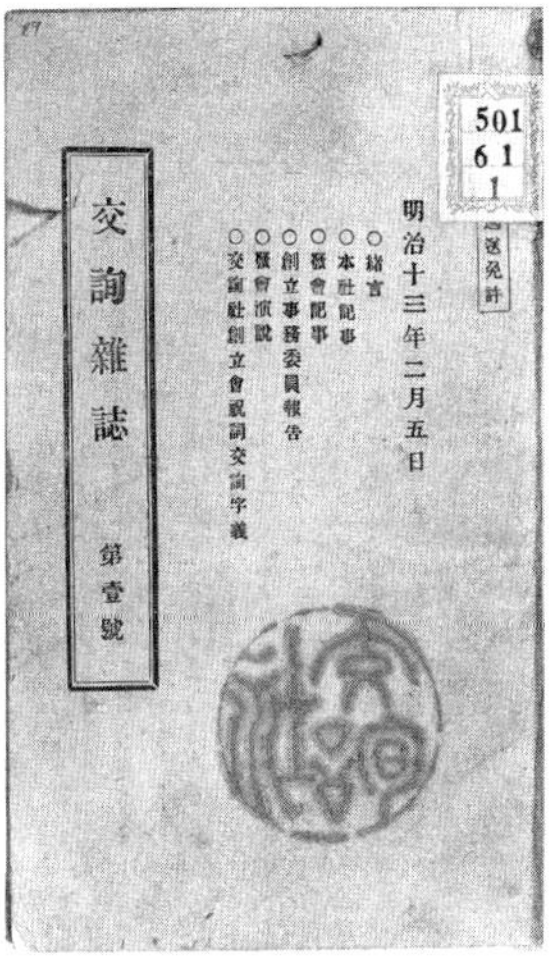

『交詢雑誌』創刊号　表紙

通を絶ち」、わずかに「近隣合壁二、三の人を友として心事世務を談ずる者」とは比較にならないであろう。我が社員は「人知交通の一大機関を発明工夫」したのである。今後の交詢社の発展は疑いないところであると結んでいる。(41)

こうして発足した交詢社の「集会の体裁」について、福澤はこの演説のあった翌二月七日に設立に関わった人々が集まった親睦の会では、自分も年老いてややもすれば「後来を思案するの癖」が出てきたようだと断わりながら次のような注意を促している。近来都下の風俗が日に華美に流れ、官私の別なくその集会がいたずらに豪勢を競うのみで「精神を養う」場となっている例はほとんどないのではないか。「宴席の体裁は果して朋友全体に対して恥るなきもの歟《か》」ということを考えなければならない。昔年の親友にして、地方に住み、忙しく働いて閑のない者、都下に幽居する者、不幸にして貧に苦しみ病に罹り欠席せざるを得ない者も多いのだ。人事多端の世界にあって、実は「今日歓楽得意の士人」がたとえ父母妻子を遺憾なく養い、貸借直接の負債がないにしても、「社会に対して間接、直接の負債ある者」は多いはずだ。幼くして父母の撫育を蒙り、成長して学資を給与され、あるいは公共の資金を費し、有志者の助力を受けて今日の位置を得ているはずである。ぜひ機会を見て、「同志警戒の約束」を作るか、「親友相助るの法」を設けるか、またあるいは「死生保険の金」を醵する ことに着手してほしいというのである。(42)

また同月二十九日に開かれた「小会」でも、交詢社の運営について一つの要望をしている。すなわち、心事の異なる者は相互にその挙動を見て誤認するものである。交詢社が雅俗相混じさまざまな職種の人々の集まりであることで、世人はこれを「農工会社」か、また「商法会社」かなどとそれぞれに推し測っているようである。「政治の談」が世間に喧しい近頃では、「政談会社」「政党」かと誤認する者もあるらしい。およそ人間世界で、「政府の外に棲息の余地」、「政談の外に諮詢す可き事」がないなどということはない。自分はこれらの外に「悠々として逍遥す可き地あり、孜々《しし》として勉強す可き事あり」と考える。「区々の政府を目的としてこれに熱心し、或はこれに合し或はこれに離るゝが如き鄙劣の談」は交詢社とは無縁のものであって、諸君もこのことを理解するとともに、この社を見て「異様の観」をなす世人があれば「その迷」を解くことを願うというのである。(43)

政談の社ではないということについては、明治十四年の政変を経た翌十五年四月の「第三回大会」演説でも、「これは恐る可き政談社なりと臆断してこれを避ける者」、あるいは「本社の姓名簿を一見して恐怖する者」があるようである。けれども、政党の党員がたまたま交詢社員であったからといって、交詢社が政党であるということではない。社員相互に、「智識を交換し世務を諮詢して、益《ますます》学識を研き、益芸術を進め、益経世の法を推考し、遂には日本国中学者の社会なり、商工の社会なり、又政事の社会なり、今の交詢社員の一手にこれを押領せんとて正に勉強」しているというだけのことなのであり、これは尋常にして珍しからぬことなのであって、これを「陰症の政談社」として嫌忌恐怖するが如きは実に「天下一奇談」というべきであると力説している。「芸術」とは技術、技能の意であろう。(44)

交詢社が知識交換の場であり、政談社ではないということについては、福澤はこの後も機会あるごとに繰り返し説いているが、個別の話題を取り上げることも多かったように思われる。明治十六年十二月九日に熊谷の談話会に招かれた時には、鉄道の利を説いている。そこでは、今回の上野・本庄間の鉄道開通によって、熊谷地方はその全域を挙げて「東京負郭の地」、すなわち東京市中に移転したに等しい利を得たといってもよく、人力車夫、馬車営業の輩、旅籠屋、茶屋などが鉄道の「禍害」を述べ立てるが、むしろ「地方全般の上より観察を下だして後日の利害を加減乗除」するならば、結論は明白であるとして、熊谷の「呉服太物」屋を例としてその繁盛するであろうことを子細に分析してみせている。(45)

十七年二月三日に開かれた「随意談会」では、「商工社会に所望あり」と題して語っている。鈴木千巻の筆記により『交詢雑誌』一四三号（十七年二月二十五日刊）にその記録が掲載されている。我国に「商工の道の盛大」を祈る心情は当局者のみのものではない。「学問」の隆盛のためにも大いに関りがあるとして、品物を売買する「商人」とこれを製作する「工業家」に対して、品物の度量を定めて動かさざること、偽物を禁ずること、商売品の見本と正物と齟齬せしめざること、卸売りと小売との分界を明らかにすること、以上四点の要望を示している。品質の均質な商品を生産し流通させることが、結局は社会全体の、また個々人の利となることを具体的な例証によって丁寧に説明した演説であった。(46)

同年三月十八日に開かれた「随意談会」の話題は、「座して窮する勿《なか》れ」と題するものであった。これも鈴木千巻により記録され『交詢雑誌』一四七号（十七年四月五日刊）に掲載されている。北海道移住あるいは海外渡航を奨励する議論である。ここでは、今仮に北海道をイギリスに属するものとして、その位置がロンドンから隔たること二百里という、東京からの距離と同じところにあったとするという聞き手の興味を引きそうな具体的なところから話題を展開している。イギリス人は北海道の

「天然の富源」を放置せず数年のうちに「一英国」また「一日本国」を作り出すであろうという。そして、「欧人は二千里外に海を超えて亜米利加を開き、日本人は二百里を遠しとて北海道に行かず、我輩聊《いささ》か赤面の情なきを得ず」というのである。(47)

明治十九年一月五日に刊行された『交詢雑誌』二一〇号に掲載された福澤の年賀の挨拶には、「社外の雑評も漸く鎮静して、社中の結合いよ〳〵固く、交換諮詢の利益いよ〳〵少なからずして、文明の利を利するの佳境に近づきたるものゝ如し」とある。(48)また、同年四月二十四日の「第七回大会」の演説では、創立以来満六年間に、入社員数三、五九五名、退社二、二二五名、差引き現在数一、三七〇名、社員よりの質問の総数一万四、二六九件といった数値が示され、「社員の身に於ては有形無形多少の利益を得たるやまた疑を容る可らず」と述べている。そして、この三月にほぼ一か月をかけて陸路東海道を京都、大阪、和歌山まで旅行し地方の景況をつぶさに視察したことを述べ、交詢社の主旨をますます維持拡張して「天下の人心を中庸適宜の点に収攬して誤ること」なからしめるのが本社の役割だと訴えている。(49)

二十一年四月十五日の「第九回大会」では、「諭吉が特に満足に堪《た》えざるもの」として、近頃、交詢社に寄せられる各社員の多方面にわたる質問や報道、また各社員の談話が、「常に経済の点より発して、人生の居家処世生活の外に逸するもの」が稀なことだという。そして「有形の文明開化は銭の外にある可らず、人事の進歩は殖産の発達と遅速を共にし、銭の在る処即ち開明の里なり」と理解して、商工殖産のことはいうまでもなくたとえ文事を語り教育を論ずる場合にも、今後の方向は経済の要を目的として針路を定めこれを外れないように走るべきことを望むと述べている。(50)

さらにまた、三十年四月十八日の「第十八回大会」では、およそ世間に結社の数は少なくない中で、交詢社が今日まで十八年の長きにわたり存続してきたのは、「諸君が本社に濃厚の味を求めずして淡泊なる知識交換の常食に満足せられ」たからであると述べている。しかし「一事を知り得て十不知を増す」ということが「人間社会の常態」である。たとえば近頃、「戦後の経済膨脹」という話題がある。これは経済家が数字の上でいうことなのであろうけれども、その実態はいかなるものであるかとなると、その膨脹とは取りも直さず「人の知識の及ばざる区域を膨脹せしめたること」なのであって、金貨本位の得失、幣制の問題、物価の下落騰貴等々、不明なこと知るべきことが次々に生じて来る。「知識交換世務諮詢」を標榜する本社の意義はますます大きいというのである。(51)

このように、福澤は交詢社の存在意義について、その創立以来の時勢の推移を受け止めながら粘り強く発言し続けていることが跡づけられる。なお、本節で取り上げた福澤の演説の記録は一部を除いて注記することを省いたが、いずれもそのつど『交詢雑誌』に掲載されたものである。

五　気品の泉源・智徳の模範——次世代への付託

(一)　慶應義塾の目的

「慶應義塾は単に一所の学塾として自から甘んずるを得ず。その目的は我日本国中に於ける気品の泉源、智徳の模範たらんことを期し、これを実際にしては居家処世立国の本旨を明にしてこれを口に言うのみにあらず、躬行実践以て全社会の先導者たらんことを期するものなり。」

これは福澤諭吉が学塾としての慶應義塾の目的について自ら筆を執って書き記した文言である。さらに末尾には「以上は曾《かつ》て人に語りし所の一節なり」とあって、署名押印がなされている。原資料は義塾図書館に伝えられている。慶應義塾は単なる学塾としてあることに甘んずるものではない。日本国中の「気品の泉源智徳の模範」となることを目指すという。かつて人に語ったところというのは、明治二十九年十一月一日の慶應義塾故老生の懐旧会席上での福澤の演説であったことを意味している。「気品の泉源、智徳の模範」ということばは、「独立自尊」とならんで今もなお慶應義塾の教育の理念を示すものとして継承されている。その意味で、**付表1**（巻末）に見るように、同窓会その他の卒業生に関わる会合での福澤の数多い演説のうちでも、この懐旧会の持つ意義は大きいといえよう。以下、このことばを生み出した懐旧会の経緯とその背景について探ってみることとしたい。

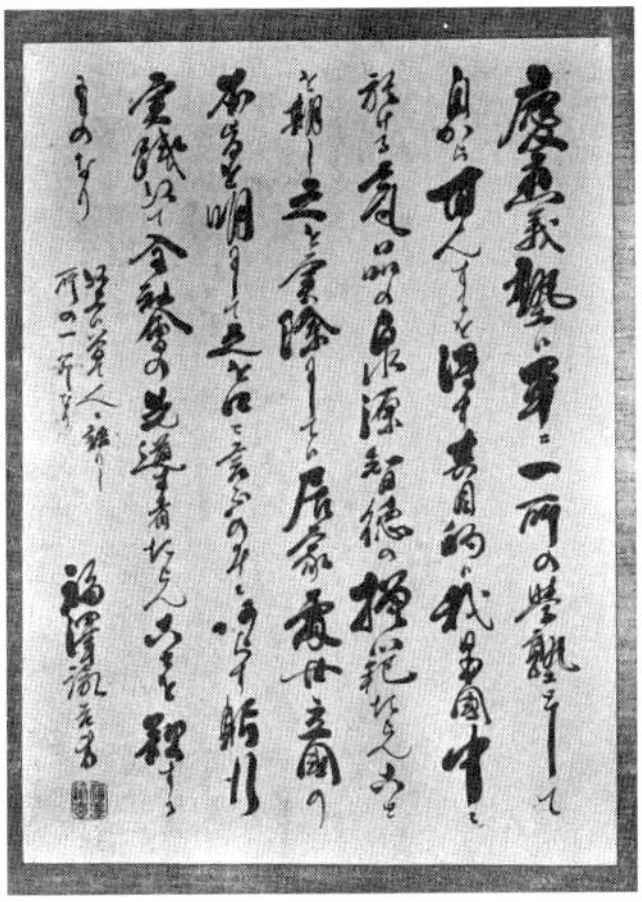

福澤諭吉揮毫「慶應義塾の目的」

(二)　慶應義塾故老生懐旧会

明治二十九年十一月三日付の『時事新報』に次の記事が見える。

○慶應義塾同窓会

去る一日、芝公園の紅葉館に於て催したる慶應義塾鉄砲洲《てつぽうず》及新銭座《しんせんざ》同窓会は、午後三時頃より追々来会せし者四十名許《ばかり》、孰《いず》れも初老以上の年齢にして、或は三十年前或は二十五年前の塾舎に在りて蛍雪の苦学を修めたる話あれば、中には失敗したる話を持出して笑い興ずる折柄《おりから》、鉄砲洲近傍で製せし菓子が出ずれば、新銭座辺の鮓、蕎麦も出で、豌豆《えんどう》の炒り立て、お薩のほや〳〵も盆に上りて、昔時会食の談話 闌《たけなわ》なる頃、福澤先生の演説（別に掲載あり）一座静粛襟を正して耳を傾けたりしが、軈《やが》て演説畢《おわ》るや一同膳部に就き、席定まるを待ち、小幡篤次郎氏の挨拶あり。一座打寛《うちくつろ》ぎ充分の歓を尽して十時過る頃退散したり。当日来会の人員七十名位なりし処、病気その他差支《さしつかえ》等にて減員し参席の人々は左の如し。

福澤　諭吉	福澤英之助	三輪光五郎	呉　文聡	麻生　武平
久米　弘行	松山　棟庵	小川　駒橘	三浦　清俊	甲賀　信郎
後藤　牧太	工藤　精一	近藤〔見〕　良薫	林　守清	吉田　省三
平山藤次郎	岩永　省一	名古耶六都	吉田　弘蔵	町野　精蔵
益田　克徳	荘田平五郎	永井久一郎	塚原　周造	小浦鉾三郎
岡本　貞烋	朝吹　英治〔二〕	猪飼麻次郎	浜野定四郎	小幡篤次郎
渡辺　洪基	門野幾之進	中上川彦次郎	永田　健助	阿部　泰蔵
関藤　本結				

次に差支等にて欠席の諸氏は、

小林小太郎	谷元　道之	陽　其二	神　辰太郎	立田　革
小杉恒太郎	安藤　正胤	森　春吉	有壁　精一	肥田　昭作
内田　嘉一	木村　一歩	田尻稲次郎	国沢　能長	鮫嶋武之助

豊住　秀堅　　安岡　雄吉　　小幡英之助　　森　又七郎　　安川　繁成
津田　純一　　浜尾　新　　森下　岩楠　　森　省吉　　熊谷辰太郎
新宮　涼園　　箕作　佳吉　　高山　紀斎　　飯田　平作　　瀧澤　直作
中澤　彦吉　　矢野　文雄

福澤諭吉が築地鉄砲洲の中津藩江戸屋敷内に洋学塾を開設したのは安政五（一八五八）年のことであった。また芝新銭座に移転をして、新たに慶應義塾と命名をして再出発したのが慶応四（明治元）年である。さらに三田への移転が行われたのは明治四年であった。明治二十九年十一月の同窓会は草創期の慶應義塾に学んだ人々の会合であったことになる。十一月一日は日曜日であった。午後三時頃より来会者があり、十時過ぎに散会した。かつての塾舎近辺で塾生たちが買い求めた菓子や鮓、蕎麦、そして豌豆の炒りたてやら薩摩芋のふかしたてまでがならんで昔時を懐かしむ演出がなされたようである。福澤の演説に一座襟を正して耳を傾け、歓談に打ち寛ぎ、充分の歓を尽くして長時間の集会を終えている。「別に掲載あり」と注記された福澤の演説は、この記事と同日の『時事新報』の「社説」欄に「左の一編は十一月一日慶應義塾先進の故老生が懐旧会とて芝紅葉館に集会の時、福澤先生の演説したるものなり」とあって「演説大意」と題して発表されている。(52) 演説速記でないことは明らかであるが、全文約三千字であり、同窓会での演説は時間にして十五分ほどのものであったろうか。演説は全体にやがて創立四十年になろうとする義塾の歴史を振り返るものとなっている。そしてそれは「言少しく自負に似て俗に云う手前味噌」のきらいがないではないが、「座中諸君の記憶に存する通り聊《いささ》かも違うこと」のない事実であり、また内輪の会合でもあるからそれも許されるであろうとして自信をもって語るところとなっている。

その自信とは次の三点に要約出来る。

まず第一に幕末維新の混乱の時に「西洋文明の真実無妄なるを知り、人間の居家処世より立国の大事に至るまで、文明の大義を捨てゝ他に拠る可きものなきを信じ」て、学問の営為を一日たりとも休むことのなかった唯一の洋学塾であったことである。「四面暗黒の世の中に独り文明の炬火を点じ」続けた慶應義塾はあたかもヨーロッパ本土ではナポレオンに屈したオランダが、長崎の出島においてのみ国旗を翻し続けることが出来たと同様であって、まさに「我《わが》慶應義塾は荷蘭の国旗を翻したる出島に異ならず、日本の学脈を維持するもの」であったとの自負である。

第二にその洋学について、「徳川時代の洋学は医術を始めとして、化学、窮理、砲術等、多くは物理器械学の辺を専らにしたるものを、慶應義塾は一歩を進めて世界の地理、歴史、法律、政治、人事の組織より経済、修身、哲学等の書を求めてその講読に着手」したことである。「一歩を進め」たという。つまりは西洋文明についてその表面に現われた実用的な技術ないしは道具としての側面だけでなく、そうしたものを生み出した精神、それを支える背景となるものをも含む全体を総合的かつ体系的に学ぶ方向を取ったことである。そして「同志結合、力のあらん限りを尽くして文明の一方に向い、一切万事その旧を棄てゝ新是《こ》れ謀り、以て日本全社会の根底より面目を改めん」と試みたその企ては「空想」「一時の空想」にも似ていたが、「王政の一新と共に民心も亦一新」して、現今の文明の進歩は「空想者の思い到らざる所」にまで達して「望外の仕合」を見るに至っていることである。

第三点はこの福澤の演説中で最も力点が置かれているところである。すなわち、慶應義塾が「鉄砲洲以来今日に至るまで固有の気品を維持して、凡俗卑屈の譏《そしり》を免かれたること」である。今日の慶應義塾を見るに、その学事は「凡そ資金の許す限りに勉め」てきたといえる。しかし、むしろ資力の裏付けがあればそれなりのことが出来る「教場の学事」に止まらず、「世間普通の官私諸学校に比すれば資力以外の事にまで着手して見る可きもの」、すなわち「人生の気品」を重視して、それを「義塾を一団体とすればその団体中に充満する空気とも称す可きもの」として、「先進後進相接して無形の間に伝播する感化」力によって創り出してきたことを誇るという。気品とは何か。福澤は次のように述べる。

抑《そもそ》も気品とは英語にあるカラクトルの意味にして、人の気品の如何は尋常一様の徳論に喋々する善悪邪正など云う簡単なる標準を以て律す可らず。況《いわ》んや法律の如きに於てをや。固《もと》よりその制裁の及ぶ可き限りに非《あら》ず。恰《あたか》も孟子の云いし浩然の気に等しく、これを説明すること甚《はなは》だ難《かた》しと雖《いえど》も、人にして苟《いやしく》もその気風品格の高尚なるものあるに非ざれば、才智伎倆の如何に拘《かか》わらず、君子として世に立つ可らざるの事実は、社会一般の首肯する所なり。

気品とは英語の「カラクトル」、また孟子の「浩然の気」の意であるという。必ずしも同義ではない二つの言葉が示されている。天地間に充満している至大至剛の気を身に付けて大水の広がるような力強い気分、利欲に目を奪われず心に恥じるところのない道徳的勇気をもって物事に対処する気力、気概を備えた者に自ずと滲じみ出るところの品格、徳性の高さを求めるものといえようか。(53)

明治三十年十一月六日、大阪において開かれた慶應義塾同窓会での福澤の演説に次の一節がある。

余が大阪に出でゝ修業したる当時、市中に喧嘩するものあれば、大阪人は戸を閉じてその内より窺い居る様な風なりき。今日に於てはソンナ事はなかるべきも、要するに大阪人士には精神《スピリット》が乏しい。精神が乏しきが故に高尚な気品《ノーブル ハート》がない。高尚な気品がない故に大なる事が出来ぬ。金を儲けるにしても高尚なる気品がなければ大なる金が出来る筈がない。左れば高尚なる気品は如何にして得べきやと云うに、教育を尚《たっと》んで文明の考えを養うが第一なり。昔は前にも云う如く大阪人士が学問をありがたがらぬ、書生を軽蔑すると云う有様であったが、今後斯《かか》る有様にては、従来商工の中心なりとて誇りたる大阪も、その人間が商工の中心にならねば何んにもならぬ。即ち教育を重んじ気品を高尚にせざる可らず。諸君も願くは教育ある人と交りて、智識を交換し気品を養い、世界を敵として大商売を営まんこと、これ余の切に懇願して止む能わざる所なり。(54)

大阪の土地柄と大阪における福澤自身の体験をも踏まえて卑俗な例示をしながら、ここでは「気品」について「ノーブル」な「ハート」という言葉によって説明している。要するに、気品とは聖人君子たることによって得られるものであるよりは、むしろあくまでも日常の生活者の行動の規範として身につけることが期待されるものであった。慶應義塾にあってはそれが、ともに洋学を志し洋学に精進する者が相集って、知性を磨き徳性を高め合う雰囲気が創り出すところの、俗事にとらわれない広く大きな気分が横溢する学塾としての気風となって生み出されているというのである。そうしたまさに「気品の泉源、智徳の模範」としての気風が「以心伝心の微妙」によって慶應義塾という団体の中に継承されて来た事実を福澤は重視しかつ高く評価しているのであるが、演説の最終章では一転してこの伝統の継承の不安を義塾先進の故老生に強く訴えている。

今老生は申すまでもなく、座中の諸君も頭髪漸く白し。況《いわ》んや老少不常にして、先年既に小幡仁三郎、藤野善蔵、芦野巻蔵、村尾真一、小谷忍、馬場辰猪等の諸氏を喪い、又近年に至りては藤田茂吉、藤本寿吉、和田義郎、小泉信吉、野本貞次郎、中村貞吉、吉川泰次郎氏等の不幸を見たり。

蓋《けだ》し人の死するは薪の尽るが如く、その死後の余徳は火の尽きざるが如しと云うと雖《いえど》も、薪と火と共に消滅するの虞《おそれ》なきに非ず。従前既に幾多の名士を喪い、今又老生と諸君と共に老却したり。自然の約束に従て次第に世を去りたらば、跡に遺る壮年輩を如何す可きや。壮年の活発、能《よ》く吾々長老の遺志を継ぐ可しと信ずれども、全体の気品を維持して固有の面目を全うせしむるの一事は、特に吾々先輩の責任にして、死に至るまでこれを勤るも尚《な》お足らざるを恐るゝ所のものなり。吾々の生前果して能くこの責任を尽し了《おわ》りて、第二世の長老を見る可きや否《いな》や。

これを思えば今日進歩の快楽中、亦《また》自から無限の苦痛あり。老生の本意はこの慶應義塾を単に一処の学塾として甘んずるを得ず。その目的は我日本国中に於ける気品の泉源、智徳の模範たらんことを期し、これを実際にしては居家、処世、立国の本旨を明にして、これを口に言うのみに非ず、躬行実践、以て全社会の先導者たらんことを期する者なれば、今日この席の好機会に恰《あたか》も遺言の如くにしてこれを諸君に嘱托するものなり。

すでに我々は慶應義塾の生んだ多くの有為の人材を見送った。そして福澤自身はいうまでもなくこの日に集まった慶應義塾草創期に学んだ人々も年老いている。あとに続く若い人たちが必ずや「吾々長老の遺志」を継いでくれるではあろうと思うけれども、今ここで慶應義塾全体の気品を維持して固有の面目を全うせしめることを「吾々先輩の責任」としてあらためて次の世代に引き継ぐことが出来なければ慶應義塾「第二世の長老」を見ることが不可能となるであろうと述べる。創立以来四十年に近い歳月を振り返りながら、すでに先立った多くの俊秀を思い起こしつつ、慶應義塾存続の将来をかけての伝統の継承を呼びかけている。「今日進歩の快楽中、亦自ら無限の苦痛あり」という。悲痛ともいうべき思いを込め、「恰《あたか》も遺言の如くにして」出席者一同に託したこの演説の結びの一節が本稿冒頭に引用した福澤の揮毫となったのである。

この日を詠んだ福澤の漢詩がある。

丙申十一月一日慶應義塾之旧友会於紅葉館
日新風景日愈新
正是手栽花発春
培養当年誰最苦
白頭相見座中人

ひのえさるの十一月一日慶應義塾の旧友紅葉館に会す
日新の風景　日《ひび》に愈《いよい》よ新たなり
正に是れ手栽の花発《ひら》くの春
培養に当年誰か最も苦しめる
白頭相見る座中の人[55]

手ずから植え育てた花が一斉に開く春のように、日々の風景が新しくなっている。そうした世の中を創り出すのに苦心したのはいったい誰であったのかと、互いに顔を見合わせている座中の人々は今や皆白髪の老人となってしまっている。富田正文氏の解釈によれば、ここには唐の雍陶の「勧行楽詩」にある「白頭よし花園の主となるも、酔うて花枝を折るは是れ別人」とある著名な一句があるいは影をさしているかも知れないという[56]。いずれにせよ、これまでに傾けてきた努力の成果としての現状に、必ずしも満足出来ないこの頃の福澤の複雑な心情が詠まれているようである。

ところで、冒頭に引用した『時事新報』記事の「慶應義塾同窓会」の項には「小幡氏の壊旧」と題する記事が続いている。

○小幡氏の懐旧

一昨日紅葉館に於て開会したる慶應義塾同窓会の景況は別項に記載したるが、小幡篤次郎氏は同日会場にありて今昔の感に堪《た》えず、帰宅の後左の一句を物したる由。

慶應義塾は文久二〔ママ〕年の昔し、福澤先生が江戸鉄砲洲の中津藩邸内に住みたまえる頃、英国の書を読み覚えたき学生集い来りて教を乞うに始まりて、慶応の末年には芝新銭座に転じ、明治四年の春には芝三田二丁目に移りけるが、明治二十九年の今日に至るまで、門に進める人員は一万を数うに至り、余り夥《おびただ》しき人に隔てられて同窓苦学の人を尋ね出すも思いの儘《まま》ならねば、鉄砲洲、新銭座の塾舎に灯を剔《えぐ》りたる人々のみ、明治二十九年の秋の末、芝公園内の紅葉館に会し先生の来臨を忝《かたじけの》うして旧時の交を温めんと集ひたる人員は四十余名にして、何《いず》れも初老以

福澤諭吉揮毫
「慶應義塾之旧友会於紅葉館」

上の齢を重ね、その昔時麗わしき美少年も今は二毛を戴《いただ》く人となりぬれど、若かりし時心に期したる事業を甲斐々々《かいがい》しく仕遂げぬるもあり、今を盛りと勉め居るもありて、互に旧を談《かた》り新を称え、最も打解けて語り合う傍には鉄砲洲、新銭座の夜店にて馬食せし鮨、蕎麦、菓子なども取り列《なら》べ、転《うた》た懐旧の情に堪えざる比《ころお》い、先生には老書生等が不勉強の昔しを咎め給わずして世態の変動、人の気品の高尚なるべきに就き最と《い》感深き演説のありければ、夕陽西山に臼《うすづ》くとも知らず、夜の既に闌《たけなわ》なるをも覚えずと記し畢《おわ》りぬ。

稽古した昔し語るや関相撲　　小幡　篤次郎

同窓生数が一万を数えるようになり、「余り夥《おびただ》しき人に隔てられて同窓苦学の人を尋ね出すも思いの儘《まま》」にならなくなったので、「鉄砲洲、新銭座の塾舎に灯を剔《えぐ》りたる人々のみ」の集まりが企画されたのだという。懐旧談に花を咲かせたこと、また「老書生等が不勉強の昔しを咎め給わずして世態の変動、人の気品の高尚なるべき」を説いた福澤の演説に「最と《い》感深き演説」であったとして感想が述べられている。この席にあった岡本貞烋も福澤の演説に深く感激をしてその草稿を福澤に乞い珍蔵した。明治四十五年の慶應義塾図書館落成に際してこれを義塾に寄贈しているが、岡本はその草稿に奥書をして、福澤の演説の「恰《あたか》も遺言の如くにしてこれを諸君に嘱托するものなり」との一段に至って、「感極まりて為に落涙する者があった」と記している。(57)

(三)　懐旧会開催の経緯――晩年の福澤諭吉と慶應義塾

前項に述べた福澤演説のあった懐旧会が、どのような経緯で開かれるようになったのかは必ずしも明らかではない。同窓会を定期的に開催することは、すでにこの懐旧会の前年から始まっている。明治二十八年五月五日の芝紅葉館における集会がそれであった。五月一日付の『時事新報』に次のような開催予告の記事と広告が見える。

○慶應義塾同窓会

慶應義塾同窓会を東京に開きたるは去る十二、三年の頃にして、地方にては毎年春秋両季に同窓相会し旧知を温むるの挙あるも多けれども、東京にては爾後《じご》打絶えてこの会を催す事なかりしが、義塾の学業を卒りて東京、横浜及び附近の地に在るもの年々増加し、二十余年前の旧卒業生と昨今の新卒業生とは同じく義塾の同窓にてありながら、言語を交えぬものすら少なからず、況《ま》して臂《ひじ》を執りて酒盃の間に談笑するの機会なきにより、会々相逢《たまたまあい》うても路傍人の観を為す事なき能《あた》わず、斯《か》くては甚《はなは》だ遺憾の事なれば、今後は年々一回若《も》しくは二回同窓東京に相会し新識旧知相交際するの道を開かば、独り友情をも慰むるの快楽あるのみならず、その間に意外の利益を得ることあるべしとて、愈々《いよいよ》第一回の同窓会を開くことに決し、来る五日を以て芝紅葉館に会合する由なり。今や、講和条約は既に調印せられて国事多端ならんとするの折柄《おりから》、義塾同窓の学者、商人、医師、政治家が平常の主義にも寄らず、職業にも関せず、尊卑無差別の流儀にて会合する事なれば、種々の奇談も湧出して腹を抱える事もあるべしとなり。

慶應義塾同窓有志懇親会

会費金一円五拾銭

来る五月五日（日曜日）午後四時より芝紅葉館に開く。来会の諸君は来る五月一日迄に京橋区南鍋町二丁目交詢社へ御申込あるべし。準備の都合もこれ有に付、当日に至り突然の御来場は御断り申上げ候。

四月廿七日

同窓会仮幹事

東京における同窓会は明治十三年五月に初めて開催されて以来絶えていたが、今後、年に一、二回開催することとし、単に旧知を温めることに止まらず、「新識旧知相交際するの道を開」くという。東京、横浜圏にある同窓生の数が増加し新旧の卒業生が一同に会する機会を持とうという機運が高まったのである。この同窓会の記事の載った同日の『時事新報』の「正米商況」欄によれば「一等米一円につき七升八合」同じく「五等米　九升三合」とある。一円五拾銭の会費は相当に高額であったと見ることが出来るが、参会者は百二十余名にも上った。五月七日付の『時事新報』にはその模様が次のように紹介されている。

○慶應義塾同窓会の景況　同会は予期の如く一昨五日午後四時より芝紅葉館に於て開かれたり。来会者は福澤先生を始め無慮百二十余名にして、中には慶應義塾創立の当時在塾して当今は最早《もは》や半白の老人となれるもあり、又近頃漸《よう》やく同塾より出身したる青年もあり、学者、商人、農工、官吏、殆《ほと》んど社会の全般を網羅せる同窓の会員全く集まるや、一同打揃い庭前に整列して写真を取りたる後、階下に陳列したる同塾の紀念物、即ち福澤先生が尚《な》お鉄砲洲《てっぽうず》の奥平邸内に英学の塾を開きたる頃より今日に至るまでに、著述、翻訳したる書籍を始めとして、先生が米国桑港にて年齢二十六歳の時始て撮影せしめたる写真及びその他小幡篤次郎、小泉信吉、馬場辰猪、中上川彦次郎、阿部泰蔵、小幡甚三郎等の諸氏が外国或は日本にてチョン髷、帯刀の儘《まま》撮影したる写真、又、先生が著述翻訳の節、毎度使用したる天明版の節用字引、慶應義塾創立の際用いたる教課書、木の葉文典等を縦覧して、一々先輩の説明を聞き、只管《ひたすら》その珍奇なるを喜ぶ後進もあり。又今昔の情を催して俄《にわ》かに書生の昔しを想い起す老人もあり。先生の昔し語り、鉄砲洲及び新銭座の頃の同窓が当時、刻苦惨憺、英学を講究したる事歴等を聞き、会員孰《いず》れも懐旧の思いに堪《た》えざる頃、楼上広間に於て酒宴の用意出来たれば、一同席に就《つ》くや渡辺洪基氏先ず起《たち》て開会の主意を陳べ、次で福澤先生の演説あり。当日の会は勿論主人もなければ客もなく、又年長、年少の別もなく、相《あい》集まりしものなれば、酒三行《さんこう》座席漸《ようや》く興に入ると共に、旧を談じ新を語り、時世を論じ、又は書生中の失策を白状するなど、一同皆官位も脱ぎ身分も捨てヽ昔しの書生に立戻り、洒々落々《しゃしゃらくらく》、些《いささか》の隔壁を設けず、珍談奇説頤《おとがい》を解き、楽隊は庭上にて楽を奏し以てその興を助けぬ。又、会員談笑の歓楽は時を移して匆々《なかなか》尽きず。夜も殆んど十時頃に至りて漸く散会を告げたりという。この日来会者の姓名は左の如し。（一二三名の姓名略）

百名を超える新旧の同窓生が、歓談に時を過ごし酒杯の三度宴席を廻る間、開塾以来の「紀念物」の展示も行われ一同感銘をもってそれに見入ったという。五月八日付の『時事新報』に、「慶應義塾同窓会の陳列品」として、簡単な解説を付した資料目録が掲載されている。「実際実物に就てその当時を追想すれば転《うたた》今昔の感を増し、当時の国情を懐い当時学問の艱難なりしを覚る事多し」として、たとえば、「福澤先生二十六歳の時の写真一枚」について、「これは先生が咸臨丸に乗じ初めて米国に渡航したる時、桑港の写真屋に撮影せしめたるものにして、先生が年齢二十六歳の時なれば、純然た在りてニカラガ國政府は英國が充分なる賠償を得んとするの氣色あるを能く知り居れども彼の英國人に殺らせたる損害に就ては全然要求せられたる通り拂ふべしと云はず又此兩國の間の葛藤を仲裁するものは亞米利加人なるべからずと云へる英國の申込を拒絶したり斯の如くニカラガ國は大なる讓歩を爲さずして首尾能く事件を落着せしめたる外交の技倆は嘆賞の外なしと

○キユーバの反亂　反徒の猛將マセヲの統率せる大軍は西班牙軍の爲めに破られたり此戰に於て政府軍は決死の勇を奮て反徒を擊退し反將中錚々の聞えあるものは或は戰死し或は重傷を負ひ或は生擒せられたりとマドリッドよりの報に見ゆ

○慶應義塾同窓會の陳列品　我國英學の祖たる慶應義塾が數年間鐵砲洲奧平邸内に英書の講究所を開きて以來今日までの發達に就ては世間にも之を知る人少なからざるべしと雖も實際實物に就て其當時を追想すれば轉今昔の感を增し當時の國情を懷ひ當時學問の艱難なりしを覺る事多し是に於てか一昨々日の慶應義塾同窓會には發起人の周旋にて別項にも記すが如く福澤先生の著書及び安政時代の英學教課書并に同塾創立の際用ひたる入社圍、入塾控帳等を初め當今有名なる紳士高官にして當時の一措大漢たる諸名士の寫眞等を陳列し會員一同に縱覽せしめたるが孰れも唯同塾の紀念物たるに止まらず其由來を尋ぬれば實に我國文明の原動力たるものと云ふ可し今左に其目錄と由來記を揭げて當日の景況を知るの一斑に供せん

一福澤先生二十六歲の時の寫眞　一枚
之は先生が咸臨丸に乘じ初めて米國に渡航したる時桑港の寫眞屋に撮影せしめたるものにして先生が年齡二十六歲の時なれば純然たる幕府時代武士風の結髮に態と羽織を着せず日本服の儘椅子に凭りたる姿にして先生當時の風采を想見せしむるに足るものなり

一福澤先生二十九歲の時の寫眞　一枚
之は先生再度渡航の時歐洲にて撮りたるものなり矢張り純然たる日本武士の風俗にして前差の小刀を帶し羽織、袴に結髮の風采、一見先生の壯年時代を回想せしむ

一馬場辰猪氏の寫眞　六枚
一同君墓碑の寫眞　一枚
天品の才に加ふるに切瑳琢磨の功を積みたる馬場辰猪氏は實に慶應義塾同窓中出色の人物なり惜ひ哉氏夭して此才此學永く世の用を爲す能はざりき墓碑の寫眞は實に君が費拉費府永眠の地を寫したる者なり

一小幡甚三郎氏の寫眞　二枚
一同　墓碑寫眞　一枚
是れ小幡篤次郎氏の令弟甚三郎氏の寫眞なり不幸にして天歲を假さず馬場氏と其終りを同ふす亦惜む可き哉

一中上川、莊田、福澤、坪井、四谷諸氏の寫眞　四枚
是れ小幡篤次郎氏の出品にして中には帶刀結髮のものあり以て是等諸名士書生當時の情況を推知するに足るべし

一天明版節用字引　一部
之は福澤先生の夫人が嫁入りの時持參の品にして先生は毎度之を用ひて著書飜譯を爲したる由今は早や表紙も手摺れ綴絲も緩み居れり

一唐人往來　二部
此中一部は先生自筆の原本にして他の一部は寫本なり文久年間攘夷論の盛んなる頃外國交際の不利ならざるを論じたるものにて當時先生の卓見識量を追想するに餘りあり

一百兒築城書　六冊
一同圖　一冊
之は其原書和蘭文なりしを先生の飜譯したるものにて百兒氏著述の築城書なり先生は此書の爲め殊に說明書を添へて陳列所に出したるが其說明に依れば先生猶ほ若年にして大坂なる緒方洪庵先生の塾に遊學したる頃中津の知人より一時其原書を借用して家に歸り夜を日に繼ぎて之を謄寫し原本をば所有主に返却して謄寫の横文に依り飜譯したるものなりと先生が在塾中如何に刻苦勉强したりしかは此書に依りて明かなるべし

一英消字書　二冊　一千八百四十七年版
此書は先生が英國倫敦にて購ひしものにして當時火災後の爲め其價非常に高く五磅を出して買受けたりと云ふ

一三田演說會々則　一部
之は明治七年三田に於て演說會創始の際定めたる會則にして會員は殘らず花押を用ひたり是れ我國に於ける演說の嚆矢なり

一西航記　一部
文久年間先生歐洲へ渡航の時の往復日記にして當時先生が歐洲の風俗習慣を看破したるの跡歷々紙上に溢る

一慶應義塾姓名錄
舊藩々の名目行はれたる頃より廢藩の後に至るまでの同塾入社姓名錄にして中津藩小幡篤次郎、紀州中納言家來小泉信吉など云へる名を列記せり

以上の外芝新錢座より芝三田へ義塾移轉の時の願書に町人福澤諭吉作恐奉願上候など記したる當時評判の古文書もありしが其數澤山故一々爰所に揭げず左の目錄に依りて其一斑を知る可し

一天保四年邸内地圖　一枚
一慶應義塾邸内新地圖　一軸
一福澤先生自筆慶應義塾記事　一卷
一英吉利文典（古英紙木版文典）　一冊
一慶應義塾古勤怠表　一卷
一同金錢出納帳　一冊
一横文和本英國史　二冊
一雷銃操法
此書は長州征伐の頃先生が新式銃術の操法を說明したるものにして西洋事情初篇と共に先生の著述中印行頒布されたるもの〻最初の本なり

一かたわ娘　一冊
一萬國一覽　一冊
一啓蒙手習の文　二冊
一西洋事情（初編）　三冊
一學者安心論　一冊
一西洋事情（外編）　三冊
一通俗民權論　一冊
一民情一新　一冊
一時事小言　一冊
一究理圖解　三冊
一會議辨　一冊
一通貨論　一冊
一男女交際論　一冊
一西洋旅案内　二冊
一福澤文集　二冊
一文字の教　二冊
一條約十一箇國記　一冊
一改曆辨　一冊
一學問ノスヽメ　綴込一冊
一清英交際始末　二冊
一文明論之概略　六冊
一西洋事情（二編）　四冊
一通俗國權論　一冊
一民間經濟錄　一冊
一世界國盡　六冊
一英國議事院談　二冊
一西洋衣食住　一冊
一分權論　一冊
一民間經濟錄（二編）　一冊
一童蒙教草　五冊
一洋兵明鑑　一冊
一帳合の法　四冊
一文字の教附錄　一冊

以上は總て先生今日までの著述にして之が爲め我文明を開發したるの効蓋し大なるべし

慶應義塾同窓会の陳列品　『時事新報』明治28年5月8日付

る幕府時代武士風の結髪に態《わざ》と羽織を着せず日本服の儘椅子に凭《よ》りたる姿にして、先生当時の風采を想見せ〔し、脱〕むるに足るものなり」との説明がある。「純然たる幕府時代武士風の結髪」といった解説が付されているあたりに、わずか三十年ほどの間に展開した当時の生活様式の急変の跡を参会者たちが実感をもって眺めたであろうことが窺える。福澤の著訳書、安政時代の英学教科書、入社届等々も展示され、いずれも単に慶應義塾の記念物にとどまらず、我が国文明の原動力たるものであることを示すものでもあって、展示の全体が福澤とともにありそして四十年を経て大きく発展をした義塾創設の原点を確認し、大学部存廃問題（後述）を克服してさらなる前進、展開を考える場となったに違いない。

次いで五月八日付の記事では、二、三の人の「咄嗟《とつさ》の思い付」に始まって必ずしも準備が充分ではなかったにも関わらず会の成功をみたことから、同窓会の毎年開催が決定したことが次のように報じられている。

○慶應義塾同窓会毎年開会　前号に記せし如く、今回の慶應義塾同窓会は、最初同塾出身の二、三者が咄嗟《とつさ》の思い付にて開きたる者なれば、同塾出身の人々へ一々案内状を出すの遑《いとま》なく、新聞に広告したる外《ほか》僅かの知人に端書《はがき》を出したるに止まりしが、案外の盛会にして京浜の同窓百廿余名の来会あり。或は久し振りにて面会する者あり、或は新進の人々が図《はか》らずも老成の先輩の知己となりて、その談話を聞き非常に利益したるもあり、名にしおう安政年間より明治の今日まで四十年の間に、同塾より出身したる者は無慮一万人に達し、全国に亙《わた》りてその位置、職業、社会の全般に及び居る事なれば、今後毎年この会を開かばその利益甚《はなは》だ多からんとて、今回を第一会として今後毎年開会する事になりしと云う。

第二回の同窓会は、翌明治二十九年六月十四日に同じ芝紅葉館において開かれている。六月十六日付の『時事新報』記事によれば、来会者は百三十余名とある。また翌十七日付の記事によると、この同窓会と時日を合わせて京都および大津在住の義塾同窓者懇親会が、初めて京都祇園鳥居本楼において開催され、紅葉館での同窓会に祝電を送ったこと、今後春秋二回京都、大津交互に開催することになったことなどが報じられている。同記事には参加者として二十二名の名が記録されている。二十九年十月二十四日付の『時事新報』には次の予告記事がある。

○新銭座時代の慶應義塾同窓会は、来る十一月一日に開く由にて、小幡篤次郎、渡辺洪基、阿部泰蔵、中上川彦次郎、浜野定四郎、永田健介、門野幾之進等の諸氏より夫々《それぞれ》案内状を出したるも、その頃在塾の人にて姓名の分らぬもの、住所の知れざるもの少なからず。右は如何とも為し難きに依り、右等の人々は仮令《たと》い案内を受けざるも自ら進んで来会の事を小幡氏まで申込まれたしとなり。

定期的な同窓会開催の始まりが、同窓生間のさまざまなレベルでの会合を開く機運を生み出したのであろう。また、十一月一日付の記事には「慶應義塾が芝新銭座より今の三田二丁目に移転せざる以前に入学せし同窓諸氏は、愈《いよいよ》、今一日午後三時より芝公園の紅葉館に於て同窓会を開き、席上福澤先生の演説あるよしにて参会者は五十余名あるべしと」ともある。

結局、前述の福澤演説のあった慶應義塾故老生懐旧会もこうした一連の同窓会開催の流れの中で計画されたものであろうことが分かる。前項に引用したこの懐旧会についての小幡篤次郎の寄稿にあるように「余り夥《おびただ》しき人々に隔てられ同窓苦学の人を尋ね出すも思いの儘《まま》」にならなくなったので参加対象を限定したというのも、たとえば百名を超す規模の集会の中で実際に体験されたことかも知れない。ただ、この懐旧会については再度の予告記事が掲載され、そこに出席予定者数や福澤の演説のあることなどが報じられていることをみると、この会合が単に慶應義塾草創期の出身者の旧交を温めることのみを目的としていたのではないように考えられる。

懐旧会開催の前月末に発信された二通の福澤書簡がある。

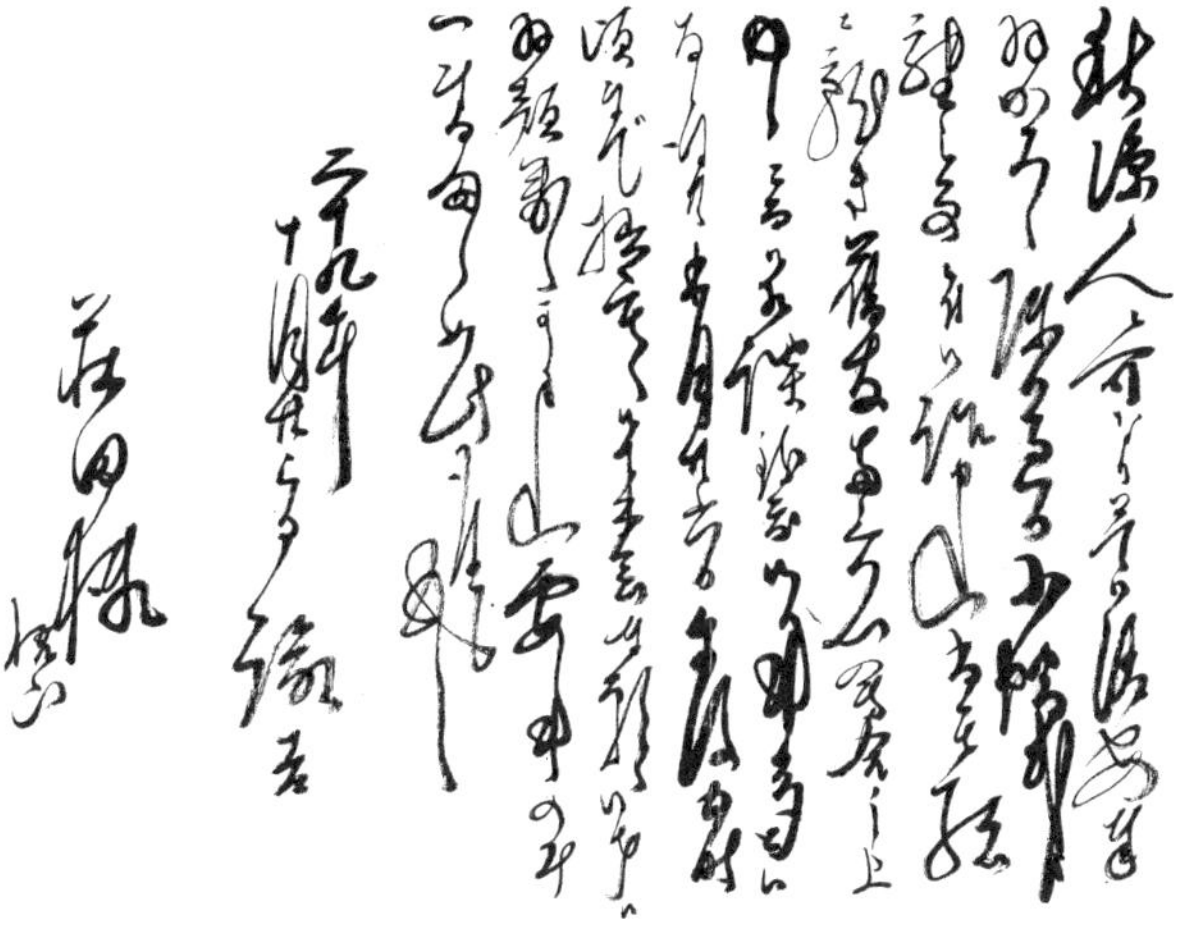

荘田平五郎宛福澤書簡（部分）　明治29年10月23日付

秋涼人に可なり。益御《ますますご》清安《せいあん》奉拝賀《はいがしたてまつり》候。陳《のぶれ》ば過日小幡氏より塾の事に付、お話申上《もうしあげ》、尚その緒《いとぐち》に就き、旧友両三名会合の上、内々にて御相談致度《いたしたく》、御用多とは存候得共《ぞんじそうらえども》、本月廿六日午後五時頃まで、拙宅へ御来会奉願《ねがいたてまつり》候。いずれ才は拝顔万々《ばんばん》可申上《もうしあぐべく》、要用のみ一書匆々如《かくのごとくに》此御座候。頓首。

二十九年十月廿三日　　諭　吉

荘　田　様　梧下

拝啓。陳《のぶれ》ば塾の事に付、少々相談致《いたしたき》度義有之《これあり》、荘田、阿部、中上川に案内致し、今日午後五時拙宅へ参《まいり》候筈に付、同時刻御来集被下《くだされ》候よう奉　願《ねがいたてまつり》候。小幡氏は已に承知の事ゆえ、御同道可被下《くださるべく》候。右要事のみ、匆々頓首。

十月廿六日　　諭吉

門野様
益田様(58)

十月二十六日夕刻より福澤宅にて「塾の事」につき相談ありとのことで、小幡篤次郎、荘田平五郎、門野幾之進、益田英次、阿部泰蔵、中上川彦次郎の六名が呼ばれたのである。塾長（小幡）、教頭（門野）、塾監（益田）という塾内の首脳に加えて塾外の有力な先輩としての荘田、阿部、中上川が集まって具体的にどのような問題についての相談に与ったのかは分からないが、あるいは懐旧会へ向けての福澤の思いの一端が披瀝されるようなことがあったのではなかろうか。

ところで、この時期の慶應義塾における最重要課題は大学部の存廃問題であったといってよいだろう(59)。

明治二十三年に開設された大学部は文学科、理財科、法律科の三科各一〇〇名、合わせて三〇〇名の定員で出発したものの学生数が予定をはるかに下回っていた。三科合計の学生数は明治二十三年に四一名、二十四年・七二名、二十五年・一〇四名、二十六年・九四名、二十七年・八四名、二十八年・九四名、二十九年・七〇名、三十年・八四名であった。大学部とその前段階の学校としての幼稚舎および普通部の連係に制度上重複があることなどの問題があったために、普通部からの進学者が極めて少なかったことが定員不足の主要な原因となったようである。したがって、連年の赤字で経営上の大問題となっていた。

大学部完成年度の明治二十五年の収支を見ると、収入は授業料二、七九七円、預金利息四、〇四五円余、その他を合わせて計七、一八〇余円に対して、支出は主任外国人教師給料七、六一〇円余、内外補助教師給料六、四四〇円余、その他を合わせて計一万五、七六〇余円であった。差引不足額は八、五八〇余円に達している。以後二十九年まで毎年八、〇〇〇円台の赤字を重ね、三十年の不足は九、七四九円余となっている。大学部開設のために集められた大学資金の募集状況を見ると、三十年十月までに応募総額一三万八、〇〇〇余円、払込総額一〇万五、〇〇〇余円であり、早晩資金の枯渇を招くことは必至の趨勢であった。

明治二十九年六月十五日に開かれた評議員会では、議題第七として大学部存廃の相談会を開くことが取り上げられている。次いで同年九月十五日の評議員会では大学資金の再度の募集によって大学部維持の方針が提案されている。さらに、十月十五日の評議員会では、各府県同窓および有志者により十年あるいは五年を期し、毎年五円ずつの寄付を千口以上募り、一か年一万円の寄付を得て年々の欠損を補充すること。また、現存の資本および慶應義塾余剰金の合計五万二、四一〇円に加え、新たに有志者に資本金五万円以上を募り慶應義塾大学部資本の名称を以て「永存資本」となし、その利息をもって欠損を補充することの二点が提案されている。しかし、この提案については中上川彦次郎から強い反対論が出された。このような「姑息の方法」ではいずれその資金を「消費尽くし」て再度の募集を考えることになり、大学部永続の見込みは立たない。むしろ普通部の高等科および普通科の改良を図るべきであるというのである。評議員会では中上川説にそって、大学部は現在生徒の卒業を待って廃止し、その代りに高等科にさらに修了年限一年位の学科を増設すること、また本年度の大学部の生徒募集を中止することが申し合わされ、これを社頭福澤に進言し、次回の評議員会において確定することになった。

しかし、塾長小幡がこれを福澤に図ったところ、福澤は大学部はあくまでも維持し、さらに今後も資金を募って学事上の改善を進め、従来の寄付者の好意に報いるべきであるとの見解であった。中上川とならんで評議員中で重きをなしていた荘田平五郎がこの評議員会に出席していなかったので、小幡はこれにも相談をしたところ福澤とほぼ同意見であったことから、十一月十六日の評議員会において再度の検討がなされ、結局福澤の意向にそって一転して大学部は存続となり、そのため慶應義塾維持資金（後に慶應義塾基本金と改称）募集の準備に入ることが決定されたのである。さらに検討が重ねられ、慶應義塾の学制変更のことが決定したのは明治三十年九月十六日の評議員会であった。義塾の主力を大学部に集中しその卒業生の養成をもって目的とすること、大学部と普通部を連絡して一体となすことなどが議決されている。

この決定を受けた翌々日の十八日に、福澤は演説館に教職員と学生を集めて学制改革のことについて演説をした。その大意が二十一日付の『時事新報』の「明治三十年九月十八日慶應義塾演説館にて学事改革の旨を本塾の学生に告ぐ」と題する社説として掲載されている。「事、固《もと》より一私塾の私なれども、亦《また》以て文明教育の参考に供す可し、依てこれを本日の社説に代《か》う」との前書きがあって、前段で次のように述べている。

諸君の暑中休暇帰省の留主《るす》に、本塾は学制並に事務の改革整理を思立ち、当学期より直に着手して事情の許す限り直に実行する筈なり。細目の詳《つまびらか》なるは唯今、波多野承五郎君の陳《の》べたる通りにて、学事の大体を申せば、慶應義塾の大学部を教育最高の点として、従前の普通部並びに高等科と大学部との連絡を尚《な》お一層密着せしめ、義塾最終の卒業は大学に在りとの事実を明《あきらか》にすることゝ、幼稚舎の教育を文字の如く真実の幼稚生のみに限り、それ以上の生徒は悉皆《しつかい》本塾の普通部に引受くることゝ、この二箇条なり。

斯《か》くの如くすればこれまで高等科を終りて塾の卒業と思いしものが、尚《な》お大学に入らざれば真実の卒業に非《あら》ず、さりとは前途遥にして待長しなど云う者もあらんかなれども、文明の進歩は単に有形の事のみに非ず、無形なる人の精神智力も亦《また》共に上進するの約束にして、例えば近年器械の用法大に発達して、昔年曾《かつ》て日本人の困却して殆《ほと》んど絶望したる事業も、今日は尋常一様職工の手に任して容易に功を奏するの事実は人の知る所なり。而《しこう》してその事の容易なるは何ぞや。器械家の熟練、即ちその精神智力の上進なりと認めざるを得ず。器械の事にして既に斯《かく》の如くなれば、教育の事も亦《また》斯の如くならざるを得ず。百余年来、洋学の先人が千辛万苦したるは今更《いまさ》ら云うまでもなく、近くは老生等が少壮の時代に苦しみたる読書推理の法は、今日の洋学社会より見れば誠に易中の易にして、当時吾々が三日三夜眠食を忘れ身体の瘠せる程に考えて尚お要領を得ざりし難問題も、今の学生は教場五分間の労を以てこれを解すること易し。他なし、洋学全般の進歩にして、学者の精神智力、旧に倍して面目を改めたるものなり。

故に今日諸君が本塾の大学に志し、その全科を学び終らんとするはさまでの苦労に非ざるのみか、今の文明世界に居てこれ式の学問は、むかしの漢学時代に、少年子弟が四書五経を素読し、漸《よう》く成長して左国史漢を講じ、漸く記事論文など起草して、先ず以て漢学者の仲間に入る位のものにして、学者畢生《ひっせい》の大事業にも非ざる可し。これ即ち老生が大学部に重きを置く所以《ゆえん》にして、願くは諸君が自尊自重、自分は日本国中にて如何なる身分の者か、他年一日社会の表面に頭角を現わして如何なる事に当る可き者か、如何して一身一家の独立を成し従て間接に一国の独立名誉を助成す可きや云々《うんぬん》と、これを思い彼れを懐うて、果して教育上に智識を研くの大切なるを悟り、身体の強弱、家庭家道の難易等を思案して、事情の許す限り、多少の辛苦を犯しても人生再びす可らざる青年の春を空うする勿《なか》らんこと、老生の冀望《きぼう》は唯この一事のみ。(60)

文明の進歩、学問の進歩によって、学生がより高度の知識を修得することが求められていること、しかも従前に比してそれはさほど困難なことではないこと、したがって事情の許す限り大学部へ進み「人生再びす可らざる青年の春を空うする」ことなかれと説いている。かつて福澤たちが「三日三夜眠食を忘れ身体の瘠せる程」に考えてなお要領を得なかった問題も、今の学生は「教場五分間の労を以て」これを解することが出来るではないか、大学終了までに学ぶことは、むかし漢学の時代に四書五経を読み、進んで「左伝」「国語」「史記」「漢書」を学び漢学者の仲間に入った程度のことだと説くところは、福澤の体験を通して得た文字通りの実感による呼びかけであったと思われる。新学制は翌三十一年五月より実施に移され、基本金の応募額も卒業生間に組織的な協力態勢も生まれ、三十五年四月までに三十七万円余に上っている。こうして一旦は存続が危ぶまれた大学部も廃止されることなく、福澤の筆になる慶應義塾基本金募集の趣旨に「今日に於て本塾の科程は、世間の高等小学第二年を卒業せしものを本塾普通科五等の第一期に入学せしめ、七年にして高等科を卒業し、尚お三年にして大学部を卒業するの制なれば、卒業期に於て帝国大学に比し僅に一ヶ年を早うするものにして、本邦内最も高尚の教育を授くる学校と云うを得べし」と謳われる体制がようやく歩み出したのであった。(61)

先に引用した、荘田平五郎等に宛てた二通の福澤書簡に見る福澤宅での「塾の事」についての相談会は、前述した大学部廃止の方向が申し合わされた十月十五日の評議員会の直後に行われている。そうして、引き続いて故老生壊旧会が開催され、福澤の慶應義塾の伝統の継承を訴える演説が行われた。さらに、その翌日には谷中天王寺において馬場辰猪の没後八周年祭が行われ、福澤は犬養毅に代読させた追弔詞の末尾に、

吾々が特に君に重きを置て忘るゝこと能《あた》わざる所のものは、その気風品格の高尚なるに在り。学者万巻の書を読み百物の理を講ずるも、平生一片の気品なき者は遂に賤丈夫たるを免かれず。君の如きは西洋文明学の知識に兼てその精神の真面目《しんめんもく》を得たる者と云う可し。吾々は天下の為めに君を思うのみならず、君の出身の本地たる慶應義塾の為めに、特に君を追想して今尚おその少年時代の言行を語り、以て、後進生の亀鑑に供するものなり。君の形体は既に逝くと雖《いえど》も生前の気品は知人の忘れんとして忘るゝ能わざる所にして、百年の後尚お他の亀鑑たり。(62)

と述べている。やがて、しばらくして大学部の存続と学制改革のことの決定をみた評議員会が開かれている。「塾の事」について具体的に触れる史料は見出せないが、おそらくは大学部の存廃、また慶

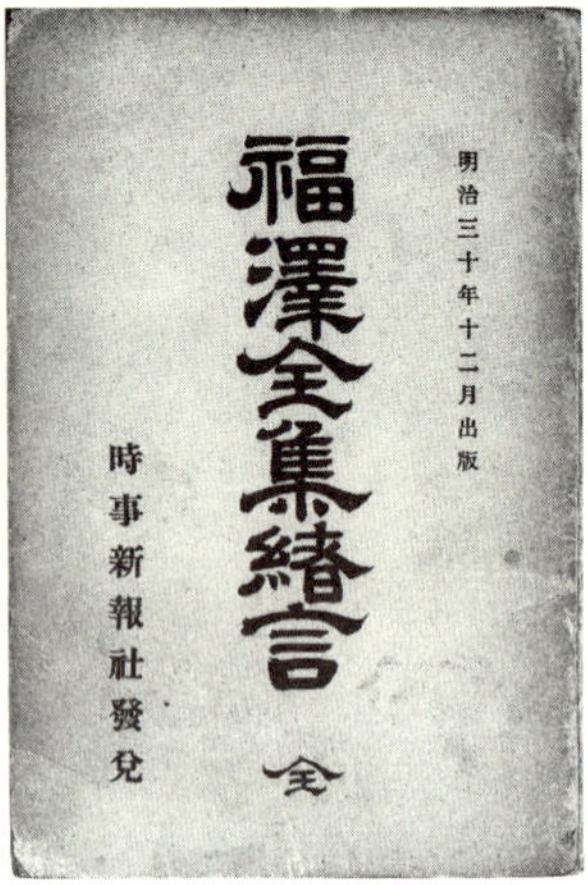

『福澤全集緒言』初版本　表紙

應義塾の伝統の確認についての議論がなされたであろうことは想像に難くない。また、同窓会、懐旧会が相次いで開催されたことは、たまたま義塾の歴史の経過の中でその機運が生じたことに過ぎないことかも知れない。しかしそれに関わる福澤とその周囲の人々の意気込み、とりわけ福澤のその時々のことばの生み出したエネルギーが、結果として大学部の存続と慶應義塾の学制改革を推進する力となったのは疑いのないところであろう。

大学部の存続と慶應義塾の学制改革を推し進めた福澤の心情の背景には、晩年の福澤が『福澤全集』の編纂と『福翁自伝』の執筆に鋭意力を注いでいたこと、またこれらのこととほぼ並行して『福翁百話』の執筆が進められていたことをさらに見なければならない。それは福澤自身による生涯の総括であり、またそれを越えて新たな展望を開こうとする試みであった(63)。

全集刊行の着想はすでに明治二十七年一月末にはあったようであるが、実際の準備は三十年夏頃に始まり、翌年一月に第一巻が刊行され、以後毎月巻数順の配本で五月に全五巻が完結している。収録された著作は、福澤最初の出版である万延元（一八六〇）年刊行の『増訂華英通語』から、明治二十六年刊行の『実業論』までの四十六点に合わせて、未刊行であった処女作というべき「唐人往来」が「全集緒言」の中に翻刻されているので全四十七著作である。第一巻の巻頭に置かれた「全集緒言」

は福澤自身による収録諸著作の解題である。これは全集の刊行に先駆けて前年十二月に単行本としても刊行されており、「私の生涯中に一番骨を折ったのは著書翻訳の事業」(『福翁自伝』「老余の半生」)と振り返っている福澤の、全集刊行を世に問う強い姿勢が現れている。また、福澤が自身の著述活動の意味をどのように評価しているかを知る上でも注目すべきものである。

『福翁自伝』は明治三十年秋以降、速記者矢野由次郎を前にして生涯の閲歴を語った速記草稿に福澤が綿密に手を入れて完成したものである。三十一年七月一日から『時事新報』への連載が始まり、翌年二月十六日まで三日おきぐらいの間隔で合わせて六十七回にわたって続けられた。連載終了後、三十二年六月に単行本として刊行されている。

『福翁自伝』初版本　表紙

『福翁百話』は、晩年の福澤の来客との対話をまとめたものである。『時事新報』紙上に二十九年三月一日より翌年七月四日まで、毎週二、三回ずつ全百回掲載され、完結直後に単行本として刊行された。さらに、これに続く折々の所感を纏めた『福翁百余話』が明治三十年中に執筆され、三十年九月一日から三十三年二月十一日までの期間、『時事新報』紙上に断続的に掲載されている。単行本としての公刊は三十四年四月、福澤没後のことであった。

『福翁百話』序言の冒頭には、「開国四十年来、我文明は大に進歩したれども、文明の本意は単に有形の物に止まらず、国民全体の智徳も亦《また》これに伴うて

『福翁百話』初版本　表紙

無形の間に進歩し変化して、以て始めて立国の根本を堅固にするを得べし」と記されている。[64] 文明の進歩発達とは、単に有形の制度や物質に止まらず、無形のもの、すなわち国民全体の智徳の進歩がともなわねばならないという主題が、さまざまな話題を通して繰り返し論じられている。かつて福澤は『文明之概略』の緒言の冒頭に、「文明論とは人の精神発達の議論なり」と書いていた。[65] ほぼ二十年を経て、文明の主義を説く福澤年来の主張が必ずしも世間に浸透していない、またその真意が十分に理解されていないとの思いが、主張の原点に立ち返って新たな著作を生み出し、さらにはこれまでの著述活動を改めて振り返ろうという『全集』編纂の原動力となったと思われるのである。

その『全集緒言』と『全集』、さらに『福翁自伝』の完成は、福澤がその生涯をかけて発見し追求した、西洋文明のかたちと精神を兼ね備えることの中に日本の近代化を達成するという課題がどこまで実現しているかを検証することになったということが出来る。そしてそのことは、とどのつまり文明の精神を置き去りにして、かたちだけの文明開化に終始している日本の社会の現実を見ることになったのである。『自伝』と『緒言』がいずれも外形的には福澤の前半生に大きな比重を置いて書き上げられたように見えるのは、晩年の福澤が自らその生涯を振り返る中で、福澤の掲げた維新変革期の理想と、日本の社会が到達した現実との乖離を痛感し、改めてその原理に立ち帰ることの必要を認識したところにその理由があると考えられる。

『福翁自伝』終章に見るように、日清戦争の勝利に「官民一致の勝利、愉快とも難有いとも云いようがない」と歓喜した福澤であったが、すぐそれに続いて「実を申せば日清戦争何でもない。唯これ日本の外交の序開《じょびら》きでこそあれ、ソレホド喜ぶ訳けもないが、その時の情に迫まれば夢中にならずには居られない」とあることを見落としてはならない(66)。一時の熱狂から醒めてみればむしろ戦後の外交の困難や世間一般の軍事熱の昂揚を憂える心情が募るのである。また、国内経済は日清戦争をはさんで紡績業や鉄道業を中心とした企業勃興から、戦時の好況に続いてなお活況を呈していた。実業の発達を望んでいた福澤にとってその限りでは好ましいことであったに違いないが、ここでも森村組ニューヨーク支店に勤務する村井保固に宛てた明治二十九年六月十四日付の書簡で「日本は一般に大景気、種々の会社並鉄道、銀行の設計にて、人心狂するが如し」と述べているように、経済の活況を手放しでは喜んではいない。同じ書簡の後半では森村組の次代を担うべき森村明六、開作兄弟が「私徳を厳重にして、商業に活潑ならんことを祈るのみ」として個人倫理の厳しさを認識した経済人として成長することも期待している(67)。

また、この頃の『時事新報』の社説(二十九年八月十六日〜二十六日、六回連載)では経済の好況の中で、紳士、紳商を任ずべき人々が会社の発起や事業計画のつど宴席を設けて醜態を演じていることを批判し、「文明の交際法」を提唱する連日の論説を掲載している。労使の対立も深まり工場労働者のストライキなどもかなり起こるようになっていた。それは歴史の趨勢としてあるいは必然であるとしても、放置して社会の分裂を招き、いたずらに内部対立が激化するような事態が生ずる結果となるの

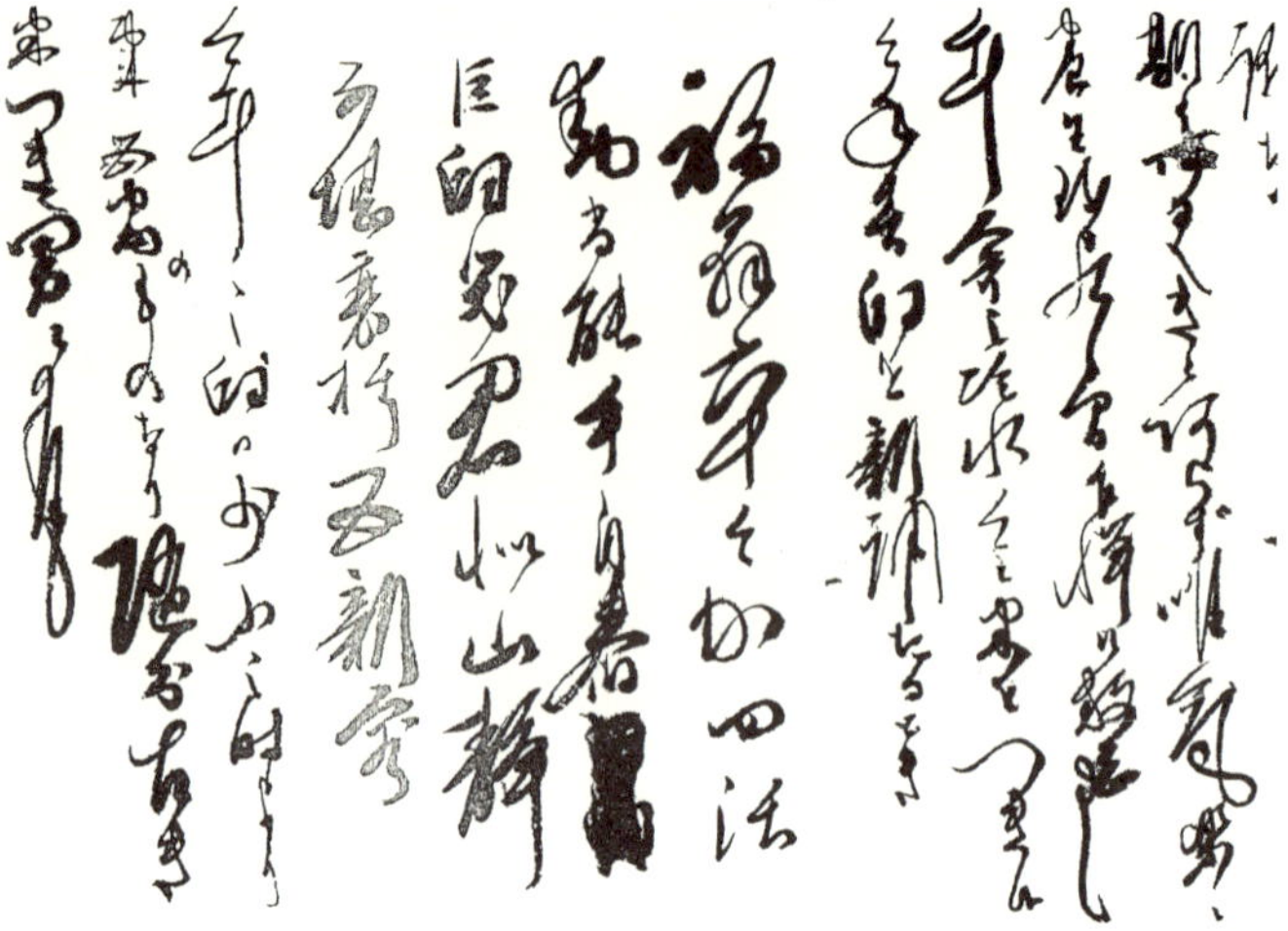

日原昌造宛福澤書簡(部分) 明治30年8月6日付

は、なんとしても避けなければならないとの思いに到達するのであった。そこに改めて有形の制度や物質に止まらず、国民全体の智徳の進歩をともなった文明の進歩発達が望まれ、その文明の精神を担う拠りどころとしての慶應義塾の役割を再確認することになったのである。

ちょうどこの頃、明治三十年八月六日付の日原昌造に宛てた次の福澤書簡がある。(68) 日原昌造は嘉永六(一八五三)年に生まれた。山口県豊浦町の出身である。大坂開成所で小泉信吉に師事した。小泉の帰京にともない上京し福澤に認められ慶應義塾の教員となり、その後、明治十三年横浜正金銀行に入った。同行ロンドン出張所支配人となり、滞在中に『時事新報』に「倫敦通信」を投稿して福澤から高い評価を得た。その後、サンフランシスコおよびニューヨーク支店長となったが、病を得て帰国し故郷に帰って自適の生活に入ったが、『時事新報』への寄

稿も続けていた。三十二年末、「修身要領」の起草委員の一人として福澤の指名により、上京を求められた人物である。(69)

福翁百話、合して一本と為《な》りたるに付、拝呈仕《つかまつり》候。尚この跡は百余話〔ママ〕として出し候積《つも》り、御覧被下候《くだされそうら》わば、幸甚のみ。老生事幸に無病、今日に至るまで曾《かつ》て苦痛を訴たることもなく候得《そうらえ》共《ども》、何時《いつ》までも斯《か》くあるべきにあらず。唯気楽に養生致居候《いたしおり》間《あいだ》、乍憚《はばかりながら》御放念可被下《くださるべく》候。年寄の冷水、今に米をつき候。今年春臼を新調したるとき、

福翁六十今加四
活動尚能手自舂
巨臼笑君似山静
不堪衰朽五新容

福翁六十いま四を加う
活動なお能く手もてみずから舂《うすづ》く
巨臼《きょきゅう》君を笑う山に似て静かなり
衰朽に堪えず五たび容《かたち》を新たにす(70)

今年の臼は少小の時より第五番のものなり。随分古き米つき男に御座候《ござそうろう》。慶應義塾も金が次第になくなり候。如何可致《いたすべき》哉、お考被下度《かんがえくだされたし》。金がなければ止めにしても不苦《くるしからず》候得共、世の中を見れば随分患《うれ》うべきもの少なからず。近くは国人が漫《みだり》に外戦に熱して始末に困ることあるべし。遠くはコンムニズムとレパブリックの漫論を生ずることなり。これは恐るべきことにして、唯今より何とか人心の方向を転ずるの工風《くふう》なかるべからず。政治などには迚もこんな事を喜〔杞〕憂する者あるべからず。それこれを思えば、本塾を存して置度《おきたく》、ツイ金がほしく相成《あいなり》候。亦《また》これ老余の煩悩なるべし。右用事ばかり申上《もうしあげ》、余は後の便に附し候。匆々《そうそう》頓首。

三十年八月六日　諭吉

日原様　梧下

本書簡は、『福翁百話』を贈るという挨拶状にかねて近況を知らせたものであるが、前段で米つきをして健康維持に努め気楽に養生しているので御放念願うといいながら、後段では「老余の煩悩」というきわめて重い話題を展開している。この書簡の前年三月三十一日にも福澤は日原に書簡を送っている。(71) 日原が、同月一日より『時事新報』に連載の始まった「福翁百話」を愛読していることを知って次のような謝辞を述べているものである。

去年来書きは書いたるものゝ、これを世に公にして、ほんとうに読んで呉れる者は少なからんと存じ居《おり》候処《ところ》に、態々《わざわざ》来書を辱《かたじけなく》し、殊《こと》にその原稿の故古〔反〕まで御所望とは、望外の事に存《ぞんじ》候。老生の心事は千緒万端なるも、就中《なかんずく》俗界のモラルスタンダルドの高からざること、終生の遺憾。何とかしてこれを高きに導くの方便もがなと存じ候て、暇まさえあれば走筆したることにて、思《おもい》付《つき》次第の書流しなれば、時としては高きに過ぎ、時としては突出の立言、必ず世間の気に叶わざること多からんと、覚悟致し居候。何卒《なにとぞ》人にお逢いの節、好機会もあらば、記者の筆の到らざる処《ところ》を、好《よ》きように取捨してお話し奉《ねがいたてまつり》　願候。

「世の中を見れば随分患うべきもの」は少なくない。「俗界のモラルスタンダルド」を高め、「人心の方向を転ずるの工風《くふう》」を図るためにはなんとしても「本塾を存して」おかねばならない。それにつけても、「ツイ金がほしく相成《あいなり》候」というのである。日原への両書簡は、晩年の福澤がその心情を厚く信頼をし心許した知友へきわめて率直に吐露したものと見ることが出来よう。明治二十九年十一月一日の故老生懐旧会において、「無限の苦痛」の思いのもとに、「恰《あたか》も遺言の如く」にして次世代への慶應義塾の伝統の継承を訴えた演説と表裏一体をなす述懐であった。

(1) 『三田演説会資料』(慶應義塾福澤研究センター資料4、編集・解説＝松崎欣一、改訂版、二〇〇三年)二二四〜二三〇頁。
(2) 松崎欣一『三田演説会と慶應義塾系演説会』(慶應義塾大学出版会、一九九八年)第Ⅱ章第六節参照。
(3) 松崎前掲書、第Ⅱ章第二節、第六節参照。
(4) 『三田演説会資料』二七頁。
(5) 松崎前掲書、九一〜九八頁参照。
(6) 『全集』別巻二〇六〜二〇九頁。
(7) 『全集』⑲七〇三頁、④三四九〜三五四頁。
(8) 『全集』①六一〜六二頁。
(9) 松崎前掲書、四九三〜五〇八頁参照。
(10) 永江為政編『四十年前之恩師草間先生』(草間先生謝恩会、一九二二年)三八〜四六頁。
(11) 『三田演説会資料』一四一頁。
(12) 『全集』④四八〇〜四八四頁。
(13) 松崎前掲書、五七九〜五八四頁。
(14) 『全集』④六〇一〜六四五頁。
(15) 『全集』④六四九〜六七三頁。
(16) 松崎欣一「「郵便報知新聞」にみる江木学校講談会等関係記事—明治演説史資料—」『慶應義塾志木高等学校研究紀要』一七輯(一九八七年三月)参照。
(17) 『全集』④五三〇〜五三五頁。

(18)『書簡集』②書簡番号二六九。
(19)『全集』⑲三三九頁。
(20)『全集』㉑二六頁。
(21)松崎前掲書、五八七～五八九頁。
(22)『全集』⑳一九六～二〇一頁、松崎前掲書、一四九～一五二頁。
(23)『書簡集』②書簡番号三〇六。
(24)『全集』⑳一九七頁。
(25)『書簡集』②書簡番号三一二。
(26)中野目徹「徴兵・華族・私学―官庁文書にみる福澤諭吉、慶應義塾―」『近代日本研究』五巻（慶應義塾福澤研究センター、一九八八年三月）参照。
(27)『書簡集』②書簡番号三五六。
(28)『全集』⑲三四一頁。
(29)『書簡集』②書簡番号二五〇。
(30)『全集』⑲六二八～六三一頁。
(31)『全集』⑨八二頁。
(32)『三田演説会資料』一五三頁。
(33)片山潜『自伝』（岩波書店、一九五四年）。
(34)『慶應義塾入社帳』③（慶應義塾、一九八六年）八六頁。
(35)『全集』⑫五四二～五四五頁。
(36)『全集』⑮五七一～五七五頁。
(37)『全集』⑨三二八～三三三頁。
(38)『全集』⑫九七～一〇二頁。

(39)　『全集』⑩五五四〜五五七頁。
(40)　交詢社について、『交詢社百年史』（交詢社、一九八三年）参照。
(41)　『全集』⑲六五九〜六六二頁。
(42)　『全集』⑲六六二〜六六四頁。
(43)　『全集』⑲六六四〜六六五頁。
(44)　『全集』⑲六七一〜六七二頁。
(45)　『全集』⑲六七四〜六七六頁。
(46)　『全集』⑲六七六〜六八二頁。
(47)　『全集』⑲六八二〜六八四頁。
(48)　『全集』⑲六九二〜六九三頁。
(49)　『全集』⑲六九三〜六九五頁。
(50)　『全集』⑲六九五〜六九七頁。
(51)　『全集』⑲六九九〜七〇〇頁。
(52)　『全集』⑮五三一〜五三四頁。
(53)　『論語・孟子・荀子・礼記』（『中国古典文学大系』③、平凡社、一九七〇年）一三五、五三四頁参照。
(54)　『全集』⑲七二三〜七二五頁。
(55)　漢詩の読みは、富田正文『福澤諭吉の漢詩三十五講』（福澤諭吉協会、一九九四年）二五〇〜二五一頁による。
(56)　富田前掲書、二五一頁。
(57)　慶應義塾図書館所蔵。
(58)　『書簡集』⑧書簡番号二一〇六、二一〇七。
(59)　大学部の存廃に関する評議員会の検討経過と諸問題について、『慶應義塾百年史』中巻（前）（慶應義塾、一九六〇年）一八九〜二一八頁参照。
(60)『全集』⑯一〇五〜一一二頁。
(61)『全集』⑲四三九頁。
(62)『全集』⑲七八八〜七八九頁、『馬場辰猪全集』④（岩波書店、一九八八年）三六九〜三七〇頁。
(63) 松崎欣一編『福澤諭吉著作集』⑫（慶應義塾大学出版会、二〇〇三年）解説、参照。
(64)『全集』⑥一九七頁。
(65)『全集』④三頁。
(66)『全集』⑦二五九頁。
(67)『書簡集』⑧書簡番号二〇六五、『福澤諭吉の手紙』（岩波文庫、二〇〇四年）一八四〜一八五頁。
(68)『書簡集』⑧書簡番号二一八四、『福澤諭吉の手紙』一二一〜一二三頁。
(69) 日原について、『書簡集』③「ひと18」参照。
(70) 漢詩の読みは、富田前掲書、二五九頁による。
(71)『書簡集』⑧書簡番号二〇三九、『福澤諭吉の手紙』三〇七〜三〇九頁。

終章　演説・対話・著述

明治三十四年二月三日、福澤諭吉は六十六年の生涯を終えた。前年の大晦日、慶應義塾の塾生たちによって開かれた世紀送迎会のために、「独立自尊迎新世紀」との揮毫を書き残した福澤は幕末維新の激動期を生き抜き二十世紀の開幕を見届けてこの世を去ったことになる。

その生涯を概括すると、およそ次のような四つの福澤像を見ることが出来よう。第一に主として明治十年代前半までの翻訳家・著述家としての福澤である。『西洋事情』『学問のすゝめ』『文明論之概略』『民情一新』『時事小言』などの諸著作を相次いで執筆、刊行している。第二はジャーナリストとしての福澤である。明治十五年三月の『時事新報』創刊以後、同紙の維持経営に当たるとともに「時事新報」(社説)、「漫言」などに健筆を揮って社会的な発言を晩年まで続けている。第三は教育者として第一、第二の時期を通じて活動している福澤である。安政五(一八五八)年の慶應義塾の創設はいうまでもなく、明治十三年一月の福澤を軸とした交詢社の発足は今日的な用語に従えば社会教育機関の創設であった。そして、第四はこれら三つの福澤像に通底する啓蒙思想家としての福澤である。さらにそこには、ことばを最大の武器として維新変革期における諸課題について常に発言を続けた福澤の姿を重ね合わせることが出来る。その実際は、第一に著書、論説の執筆公刊であり、第二にさまざまな機会に行われた演説、対話であった。本書は主として後者の「演説」に焦点を当て検討を進めたものである。学問研究の方法、あるいはコミュニケーションの方法の一つとしての「演説」への福澤の着眼、そして「演説」の方法の具体的な創出過程、さらにはその実践の種々相を見る中に「語り手」としての福澤像をいくばくかを明らかにし得たかと思う。

ただ行論の便宜から、福澤のより日常的な「語り」の側面として、「対話」ないしは「座談」の場のあったことについて、前章までにほとんど触れていない。『福澤諭吉書簡集』を見ると、とりわけ福澤の後半生は文字通り千客万来の多忙な日々を過ごしていたこと、また福澤自身も来客との面談を楽しんでいたことを窺うことの出来る書簡が数多く収録されているが、『福澤諭吉伝』には福澤のそうした折りの「対座談話」について次のように述べられている。

先生が人と対座談話せらるるときの様子は、改って珍客に対する場合は別とし、普通の場合には、両手を袖にして一寸袖口を撮《つま》み袂《たもと》を合せるようにし、少し俯《うつむ》向き加減になって人に対せられたが、ごく打解けた場合には、或は片膝を立てゝ両手でこれを抱き、或は胡座《あぐら》をかき、或は又、片手で頭を支え横臥して話さるゝこともあった。而して先生は人に向ってよく語らるゝばかりでなく、よく人の話に耳を傾け、又よく人の話を引出してその意を尽さしむるので、いかなる人も先生と対話するときは手持無沙汰に苦むようなことはない。即ち先生は話上手であったばかりでなく又聞上手であった。而してその対話の言葉は、人の名を呼捨てにせらるゝことがなかった通り、何人に対しても一切無差別、対等の言葉を用いられた中にも、婦人に対しては特に丁寧慇懃《いんぎん》であった[1]。

「人の言」の発信の機会として見れば、「演説」と「対話」「座談」に本質的な違いはなく、本章ではこの点について後に少しく取り上げてみたい。いずれにせよ、平易なことばと巧みなレトリックの展開によって、塾生、卒業生、あるいは社会一般の人々に向けて福澤の語りかける対象は多様であった。そしてそれらのメッセージは多くの場合に福澤自身の筆により、また速記その他の演説筆記によって、新聞論説、著書などとして改めて発表されていた。「語る」ことと「書く」ことが一体のものとなっていたのである。それは文字通り教育者、啓蒙思想家に相応しい姿であったといえよう。

ところで、福澤の代表的著作とされる『文明論之概略』の序文の結びには、

この書を著わすに当り、往々社友に謀《はかり》て或はその所見を問い、或はその嘗《かつ》て読たる書中の議論を聞て益を得ること少なからず。就中《なかんずく》小幡篤次郎君へはその閲見を煩わして正刪《せいさん》を乞い、頗《すこぶ》る理論の品価を増たるもの多し。明治八年三月二十五日、福澤諭吉記[2]。

『文明論之概略』初版本　見返し

と記されている。この書が成るに当たって、しばしば慶應義塾社中の友人の所見を問い、得るところが少なくなかったこと、小幡篤次郎によって字句が正され書物として整えられたことが述べられ

ている。小幡の果たした役割が大きかったであろうことについてはこれまでにもよく指摘されているところであるが、ここではとくに前段にいう「社友」の所見云々について注目したい。

福澤が一念発起して、それまでの西洋文明の種々相を専ら翻訳により紹介することから脱し、彼我の文明史を対比して文明の何者たるかを知らしめる理論の書とすべく、『文明論之概略』の執筆に鋭意取り組んだことは、次の二通の福澤書簡にもよく示されている。明治七年二月二十三日付の荘田平五郎宛書簡に、

　私は最《も》早《はや》翻訳に念は無之《これなく》、当年は百事を止め読書勉強致候積《いたしそうろうつも》りに御座候。追々身体は健康に相成《あいなり》候て、ウカ〳〵いたし居《おり》候ては次第にノーレジを狭くするよう可相成《あいなるべく》、一年斗《ばか》り学問する積《つもり》なり。(3)

とあり、同じく翌年四月二十四日付の島津復生（祐太郎）宛書簡には、

　この書は昨年三月の頃より思立候得共《おもいたちそうらえども》、実は私義洋書並《ならび》に和漢の書を読むこと甚《はなはだ》狭くして色々さし支《つかえ》多く、中途にて著述を廃し暫く原書を読み、又筆を執り又書を読み、如何にも不安心なれども、マヽヨ浮世は三分五厘、間違たらば一人の不調法《ぶちょうほう》、六ケ《むつか》敷事《しきこと》は後進の学者に譲ると覚悟を定めて、今の私の智恵丈《だ》け相応の愚論を述《のべ》たるなり。三、五年の後に学問上達いたし候わば、必ず、自から愧入《はじいり》候事も可有之《これあるべく》、その時は又候《またぞろ》罪を謝して別段に著述可仕存候《つかまつるべくぞんじそうろう》。(4)

とある。「原書を読み」、また「筆を執り」という作業を繰り返し著述を進めたのであるが、さらにこの間福澤は、先に挙げた序文に見るようにしばしば「社友」の所見を問い、また、「嘗《かつ》て読たる書中の議論」を聞いていた。読書の傍らに行った社中の友人との質疑応答が役立ったというのである。

第Ⅱ章において述べたように、明治七年六月、ちょうど『文明論之概略』の執筆が進行しているさなかにあって三田演説会が正式に発足しているが、当初しばらくは、演説の仕方や演説会の持ち方についてどのようにすればよいのかという具体的な検討が繰り返し行われていた。たとえば、同年十月十七日に開かれた例会において小幡篤次郎が発言している。演説会では銘々の読了した書籍の一章について、「書籍を用ずして平常の談話の如く、文章の大意に非ずしてその一語一字をも脱せず成丈《なるた》け文章の語意に随て一章ずつを講説せば如何」というのである。また、同じく十一月二十一日の例会においては、福澤がおそらくこの小幡の発言を受けて、演説会の一つのかたちとして、「会員書物を携えずして嘗《かつ》て調べたる書中の意を詳《つまびらか》に弁じて洩らすことなきを旨」とするものを考えてはどうかと提案していたことがあった。福澤が『文明論之概略』の執筆に当たって、しばしば「社友」の所見を問い、あるいは「嘗て読たる書中の議論」を聞いたというのは、こうした三田演説会発足当初の試行錯誤の過程にも符合する。「語り手」としての福澤はまたすぐれた「聞き手」でもあったと考えられる。そしてそのことが『文明論之概略』の著述者福澤を生み出したともいえるのではなかろうか。もとより、「マ、ヨ浮世は三分五厘、間違たらば一人の不調法《ぶちようほう》、六《むつか》ヶ敷事《しきこと》は後進の学者に譲る」との福澤の「覚悟」がこの書を成立させる原動力になっているのはいうまでもないが、福澤を核として、「語り」、「語り合う」場、いわば知的共同体としての慶應義塾が存在していたことの意義も無視出来ないことであろう。そしてここでは「語り」、「語り合う」ことと、「読み」、「書く」こととが一体化していたのである。

明治十年十一月に出版された『分権論』の成立の背景にも同じような事情が窺える。同書の巻頭に

『分権論』初版本　表紙

掲げられた「題言」に次のように記されている。

この書一編は、我《わが》社友随時会席の茶話《ちゃばなし》を記したるものにて、さまで珍らしきことに非ず。但し炒豆《いりまめ》を食《くら》い茶を吃《きっ》して、文を論じ理を談ずるの際には、その語次《ごじ》、様々の事に亙り、席散じて静に考れば、今夕は果して何事を話したるやと、身躬《みず》からこれを知らざるが如きものあり。社友の間は唯《ただ》歓娯自から適するの目的なればこれにても差支《さしつかえ》なしと雖《いえ》ども、千緒万端《せんしょばんたん》勝手次第なる談話の中には、国権なぞの事も雑《まじ》りて、文談と政談と雑駁し、万世の理論と今日の権論と同時に発して、他人のこれを聞く者は或は大に誤解せんことも計り難し。依てこの雑話の中に就《つ》き、分権、集権の事に少しく条理を立てゝ、著書の体裁に綴りたるものなり。故に本編の著者は唯《ただ》茶話の筆記者と認む可きのみ。明治九年十一月、著者記。(5)

同書は、士族反乱の頻発する世情を見た福澤が、士族の持つエネルギーをいかに望ましい方向に向けるかについて論じたもので、国権を政権（ガーウルメント）と治権（アドミニストレーション）に分け、法律、外交、軍事、通貨、租税などに関わる政権に対して、警察、治水・土木、教育、保健衛生などに関わる治権はこれを地方に移譲して人民の自治にゆだね、士族に分担させることを説くものであるが、これが「社友」随時の会席における「茶話」を発端としているというのである。もっともその

「茶話」における学問上の議論と政治上の論議、また永世の理論と現在の状況に関わる政策的論議などの混在を整序して著書の体裁にまとめたといい、また実際の論説には「西洋某氏の経済論」、「社友小幡君が抄訳せる仏人『トークウキル』氏の論」、大蔵永常「広益国産考」などを縦横に引用しており、単なる「茶話」に終わっていないが、ここでも「語り」、「語り合う」こと、そして「読み」、「書く」ことの結果として一つの著作が生まれていることが分かる。

福澤晩年の著作『福翁百話』の成立も来客との「座談」が発端であった。その「序言」には、

開国四十年来、我《わが》文明は大に進歩したれども、文明の本意は単に有形の物に止まらず、国民全体の智徳も亦《また》これに伴うて無形の間に進歩し変化して、以《もっ》て始めて立国の根本を堅固にするを得べし。余は元来客を悦んで交る所頗《すこぶる》る広し。語次《ごじ》往々この辺の問題に論及したること幾十百回なるを知らざれども、客散ずれば一時の雑話これを意に留めざるの常なりしかども、さりとは残念なりと心付き、去年来閑《ひま》を偸《ぬす》んで筆を執り、曾《かつ》て人に語りしその話を記憶のまゝそれこれと取集めて文に綴り、その文漸く積んで凡《およ》そ百題を得たり。（以下略）明治二十九年二月十五日、福澤諭吉記。(6)

と述べられている。「幾十百回」の「座談」も客が去れば「一時の雑話」として失われてしまうということに気づき、これを惜しんで記憶のままに「閑を偸んで」書きためたというのである。明治二十八年中に全百話を脱稿し、翌年三月一日から三十年七月四日まで『時事新報』紙上に断続的に連載され、連載終了の同月二十日に単行本として刊行されている。このことからすれば、「座談」を端緒として論説、著作としての公表に至るまでにはさらに周到な準備がなされていることが分かるが、ここ

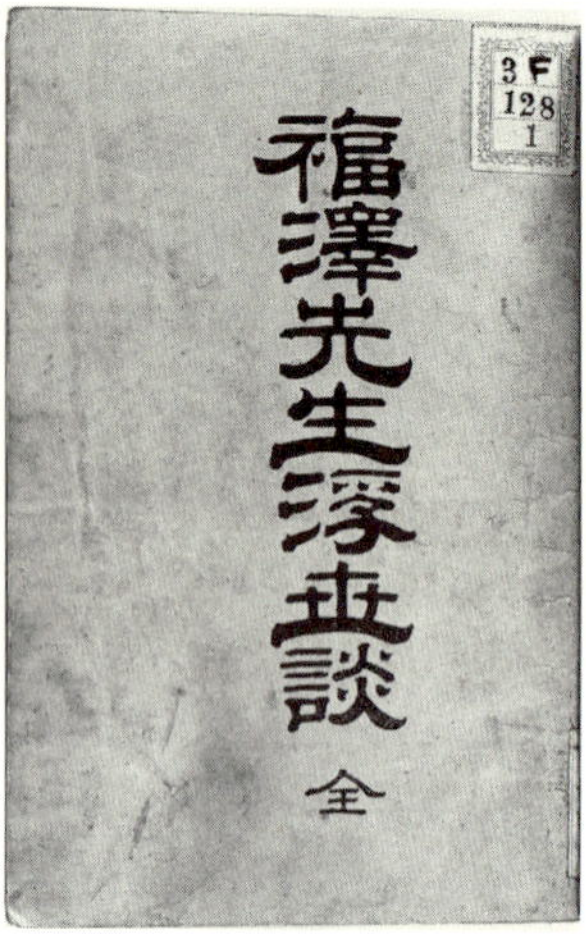

『福澤先生浮世談』初版本　表紙

でも「語る」ことと「書く」ことの接点に一つの著作が誕生していると見ることが出来よう。

「座談」を出発点としているということでは『福澤先生浮世談』も同様であった。同書の巻頭には「時事新報社」の名で、

> 福澤先生浮世談は、この程、関西地方の某氏が先生を訪問のとき、四方八方《よもやも》の談話中、当日は先生閑暇の時にて、凡《およ》そ半日ばかり陳《の》べ続けられたるその事柄は、多くは浮世の男女交際法、即ち男子の不行状、婦人の無勢力よりして、遂に家道を紊乱《ぶんらん》するの事実を痛論したるものにして、席上に矢野由次郎氏がこれを速記せしゆえ、時事新報の社説として数日間の紙上に掲載せしに、新聞紙は一読直《ただち》に散佚《さんいつ》するの常にして保存に便ならず、これを小冊子に纏《まと》め尚《な》お広く世間に伝えたしと望まるゝ向《むき》も少なからざるに由《よ》り、今回更《さ》らに出版発売して、広く世人の需《もと》めに応ずるものなり。明治三十一年二月、時事新報社(7)。

との告知文が掲げられている。福澤宅を訪問した関西地方の某氏との半日ほどにおよぶ「四方八方《よもやも》の談話」を口述筆記して刊行したという。明治三十一年一月五日から十一日まで六回にわたり『時事新報』に掲載され、翌月単行本として刊行されたものである。その談話が仮に前年の末のものであるとすれば、それはちょうど『福翁自伝』の口述が始まった頃に重なっている。速記者矢野由次郎は、明治二十年に若林玵蔵の門に入り速記術を学び、衆議院速記課を経て、二十八年八月に時事新報社に入

社している。三十二年二月、東京大阪間の長距離電話が開通すると、直ちに大阪三品の相場通信に電話速記を採用するなど速記主任として活躍し、『福翁自伝』の口述速記も手がけた人物である。(8)

この『福澤先生浮世談』の発表に当たって、福澤が速記草稿に目を通しているのか、あるいはまた、『福翁自伝』の場合のように草稿に手を入れているのか、さらにまたこれが福澤の「座談」の実際をどこまで忠実に再現しているのかということについては確認出来ない。福澤の演説の速記記録ないしは速記記録であろうと思われるものについては、すでに述べた英吉利法律学校開校式祝辞（明治十八年九月、第Ⅲ章・一参照）、三田演説会演説（明治三十一年九月、第Ⅲ章・二参照）の他に、名古屋商業会議所（明治二十九年四月）、京都懇親会、（明治三十年十一月）、三田演説会（明治三十一年一月、同三月、五月、六月）におけるそれぞれの演説（巻末・付表参照）などが知られている。『福澤先生浮世談』の文体あるいは語法の特徴は、これらの演説記録に通じるところが多くある。『福澤先生浮世談』は関西地方の某氏との「座談」そのものの記録というよりは、某氏ないしは速記者の背後にある多くの人々に語りかけているように見える。あるいは速記者による速記草稿整序の際の特色も残されていると考えるべきなのかも知れない。

『福澤先生浮世談』公刊の約半年後、福澤は約一か月ほどかけて『女大学評論・新女大学』をまとめている。年来の女性論の集大成を図ろうとしたものと思われる。最初の脳溢血症で倒れる直前のことであった。同書は三十二年四月一日から七月二十三日までの『時事新報』に連載され、同年十一月に単行本として刊行されているが、石河幹明による「序」の一節に次のように記されている。

先生二十一歳の時、郷里を辞して長崎に留学し、次で大阪緒方の塾に学びしその間は、専《もっぱ》ら苦

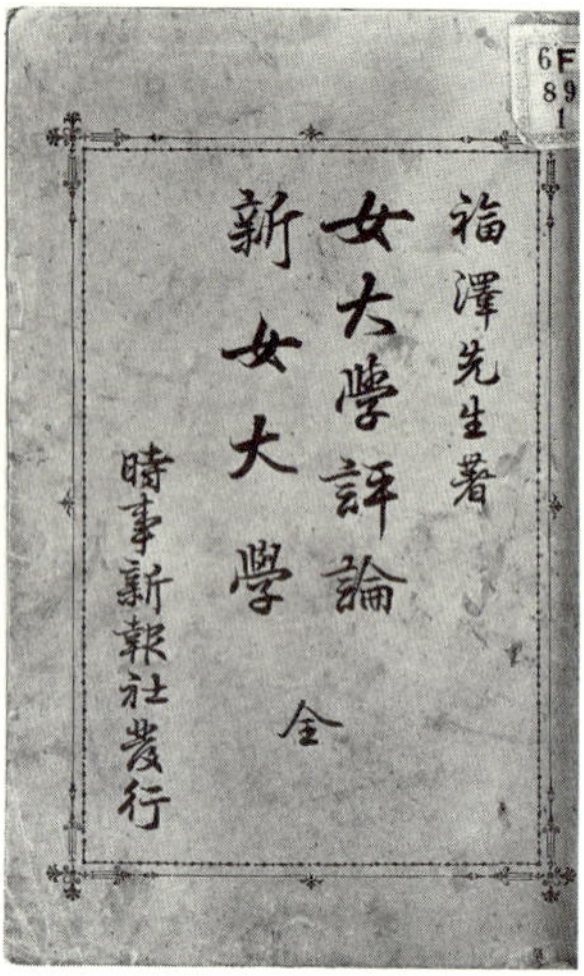

『女大学評論・新女大学』
初版本　表紙

学勉強の最中にして固《もと》より他事に及ぶの暇なし。二十五歳江戸に出でゝ始めて家を成したれども、私塾の経営に著書、翻訳に或《あるい》は海外の旅行等に心身多忙、寸暇を得ざるその中に、時々貝原の女大学を繙《ひもと》き、他日の記憶の為めに簡単なる評語を書入るゝを常とし、随て失えば随て購《あがな》い、自から筆を加えたるもの二、三冊もある可しと云う。先生がこの問題に心を籠めたること一朝一夕に非ざるを知る可し。昨年の夏福翁自伝の速記成りて自から校正を終りたる後、少しく閑を得て女大学の概評を速記せしめたるに、口授にては意に満たざる所ありとて、更《さら》に自から筆を執て起草したるもの、即ち女大学評論廿篇にして、古来我《わが》国に行われたる女教の非理不法なるを論破し、別に今日の社会に処す可き新日本の女道を開示したるもの、即ち新女大学廿三章これなり。(9)

当時、貝原益軒の著とされていた『女大学』について、福澤が江戸出府以来永年にわたり検討を重ねて来た成果をまとめるべく、『福翁自伝』の執筆が一段落したのを機会に口述筆記を始めたが、「口授」では意を尽くさないところがあり、改めて筆を執り起草して本書が成ったというのである。たしかに『女大学』の一節ずつを引用して、その論議を徹底的に批判した『女大学評論』に続き、新たに福澤の説く二十三個条におよぶ『新女大学』を併せた構成により展開される議論は、速記者を前にして語ることだけでは論じ尽くせないことであったと考えられる。いずれにしてもここに石河が書き記したことは、福澤がその意図したメッセージをどのような方法によって伝えるかについて苦心した試行錯誤の経緯を窺うことの出来る興味深い挿話といえよう。

「座談」の文章化ということでは、『福翁自伝』を逸することは出来ない。同書の成り立ちは、石河幹明による初版本の序文によれば、たまたま、明治三十年の秋に福澤がある外国人の求めに応じて「維新前後の実歴談」を述べたことがあり、その際「幼時より老後に至る経歴の概略」を速記者に口授して筆記させることを思い立ったことに始まっている。速記者矢野によれば、福澤は世間にありふれた年表を手にする他は手控えのようなものも持たず、速記の便を考慮してゆっくりと口述をした。一席はおよそ四時間ほどで、矢野がそれをその都度翻訳浄書するのを待ち、校正加筆をした上で次に進み、それを月に四回行って約一年間で完成したという。(10) また、「先生は御多忙のお身体故《ゆえ》、口述は大抵夜間を利用して行われ、何月何日夕六時より来駕ありたしなどと云う先生のお端書《はがき》或は御書簡が幾十枚にも達したことをよく覚えて居ります」という矢野夫人の談話が残されている。(11) この速記原稿に福澤が綿密に手を入れた『福翁自伝』草稿は、時事新報社原稿用紙を巻紙のように貼り継いで作られている。全十七巻あり、それぞれに福澤の筆で「自伝第一」「自伝第二」と順に表書きされた封筒に収められていた。現在は保存のためそれぞれ裏打ちをした巻子仕立てとなっている。(12)『福翁自伝』初版の刊行は明治三十二年六月であるが、その前に『時事新報』に連載されている。三十一年七月一日から始まり、翌年二月十六日まで全六十七回にわたる長期連載であった。連載に先立つ六月の中、下旬に次のような予告が数回掲載されている。

先生はこれを子孫に告げ、又知人朋友に語るを以《もっ》て老余の楽事と為し、去年来、時に閑あればこれを口述して速記せしめ、又自から筆を執りて記憶中に往来するものを書綴り、漸く集めて一冊の書を成し、福翁自伝と題して将《ま》さに出版せんとしたれども、書中の記事随て成れば、又随て記憶に洩れたるものを思出して、殆んど際限なき次第なれば、冊子印刷は他日の事とし、先《ま》ずこれを時事新報紙上に掲載す可しとて、取敢《とりあ》えず原稿の成りしものを取纏《とりまと》めて、七月初旬より紙面の許す限り写して以て読者の清覧に供す可し。(13)

また、三十一年九月二十八日に行われた長与専斎の還暦の賀に寄せた福澤の祝文の冒頭には、「頃日《けいじつ》、迂老《うろう》は自分の幼少の時より老余の今日に至る迄、身の履歴の大略を記して子孫の為めにせんと思い、記憶のまゝを口述して速記せしめ、これを福翁自伝と題して昨今自から執筆、その速記書の校正中なるが、書中大阪緒方先生の学塾に在りし時の事を記したる一節に左の文あり」とある。(14) この月の二十六日に、福澤は脳溢血症を発症しているが、その直前の二十一日には、この専斎に贈る祝文を田端重晟に清書させていることが二十三日付の田端宛福澤書簡によって確認出来る。(15) また、『福翁自伝』第四章「緒方の塾風」は、八月中の『時事新報』に七回に分けて掲載されている。したがって、自伝草稿の最末尾に記された明治三十一年の「五月十一日終」という日付の意味は、この日にひとまず脱稿したことを示すものと解すべきであろう。その後も少なくとも八、九月頃までは草稿に手を入れていたことが窺えるのである。

現在、仮に「『福翁自伝』に関するメモ」と題された十二点の覚書類が残されている。(16) これらは用紙や形状もさまざまである。内容も口述のための事前の用意だけではなく、細かな事実関係を関係者に確認調査して書き留めたもの、速記草稿の整理の過程で書き留められたと考えられるものなどが含まれている。十点あまりの覚書がこのように多様であることは、現存しない覚書類が他に相当数あったことを推測させる。福澤は『自伝』の口述に当たって手控えを持たなかったというが、自伝口述のための相応の準備はなされていたと考えなければならない。

覚書について二、三の具体例を見てみよう。覚書「その五」は、福澤が書簡によく用いているものに類似の巻紙に余白をかなり残して次のように記されている。

この身の政治上の事に就て語らんに

身に政治上の功名心なし

旧藩小士族の家に生れてあらん限りの軽蔑を受けて心竊《ひそか》に不平を懐《いだ》くと同時に、元来人を侮辱すると云うその事柄を悪《にく》んで恥かしきことゝ思い、人に侮辱されて立腹するもその立腹を他に移して他人を辱しむることは出来ず。況《ま》して旧藩の制度に於て小士族が立身して進むの道なし、功名心の発機あることとなし。それより外国に渡航、彼の風俗を見てます〳〵政治上に嘘〔殻〕威張を喜ばず。既に功名心なければ藩政に対して淡泊、建白せず、立身出世を求めず、唯《ただ》傍観するのみ。羽織を売る。彼方にて不深切と云えば此方は何も求めず、イヤナラ出て行く。長州征伐に書生の帰国を留めた。

幕府に雇われ、後には抱えられて、一寸《ちょいと》旗本と云うような者になっても、これ亦《また》同様熱心ならず。抑《そもそ》も江戸に来て見て（以下余白）

この「覚書」の個々の事項は、『福翁自伝』第十章「王政維新」の冒頭と小見出しの第一項「維新

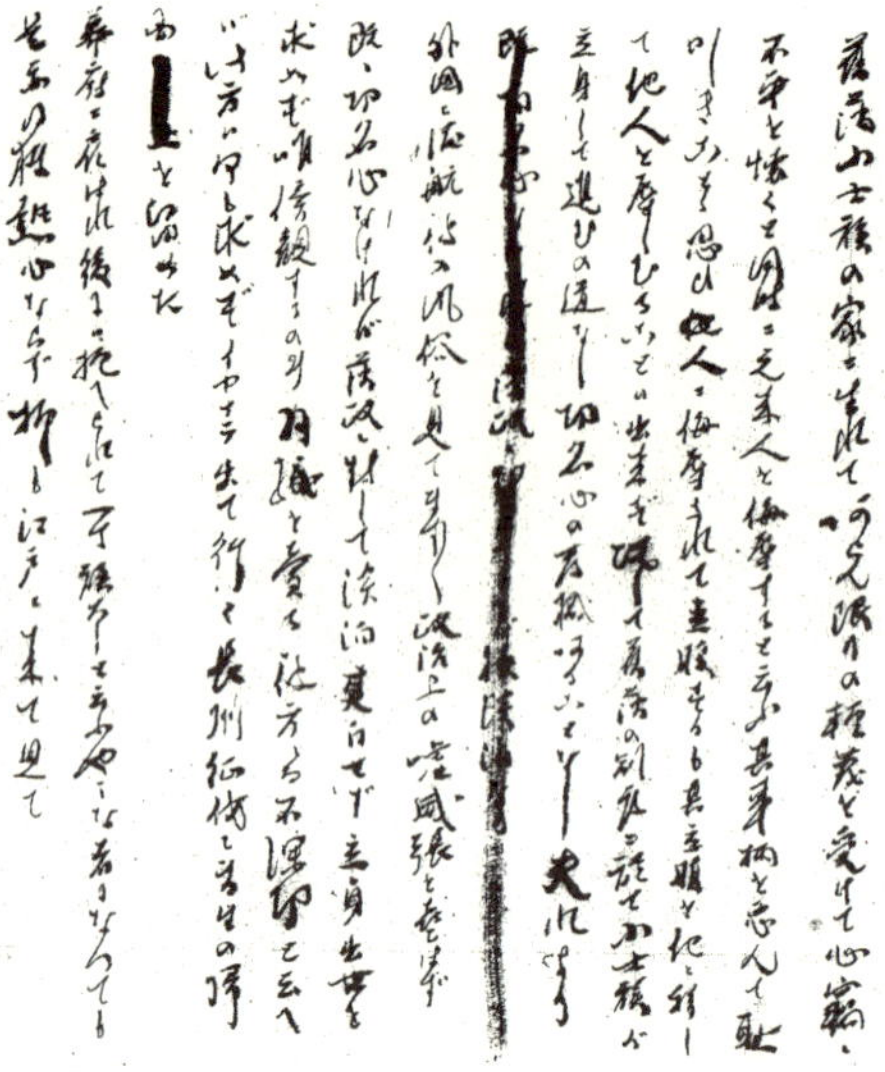

「『福翁自伝』に関するメモ　その5」

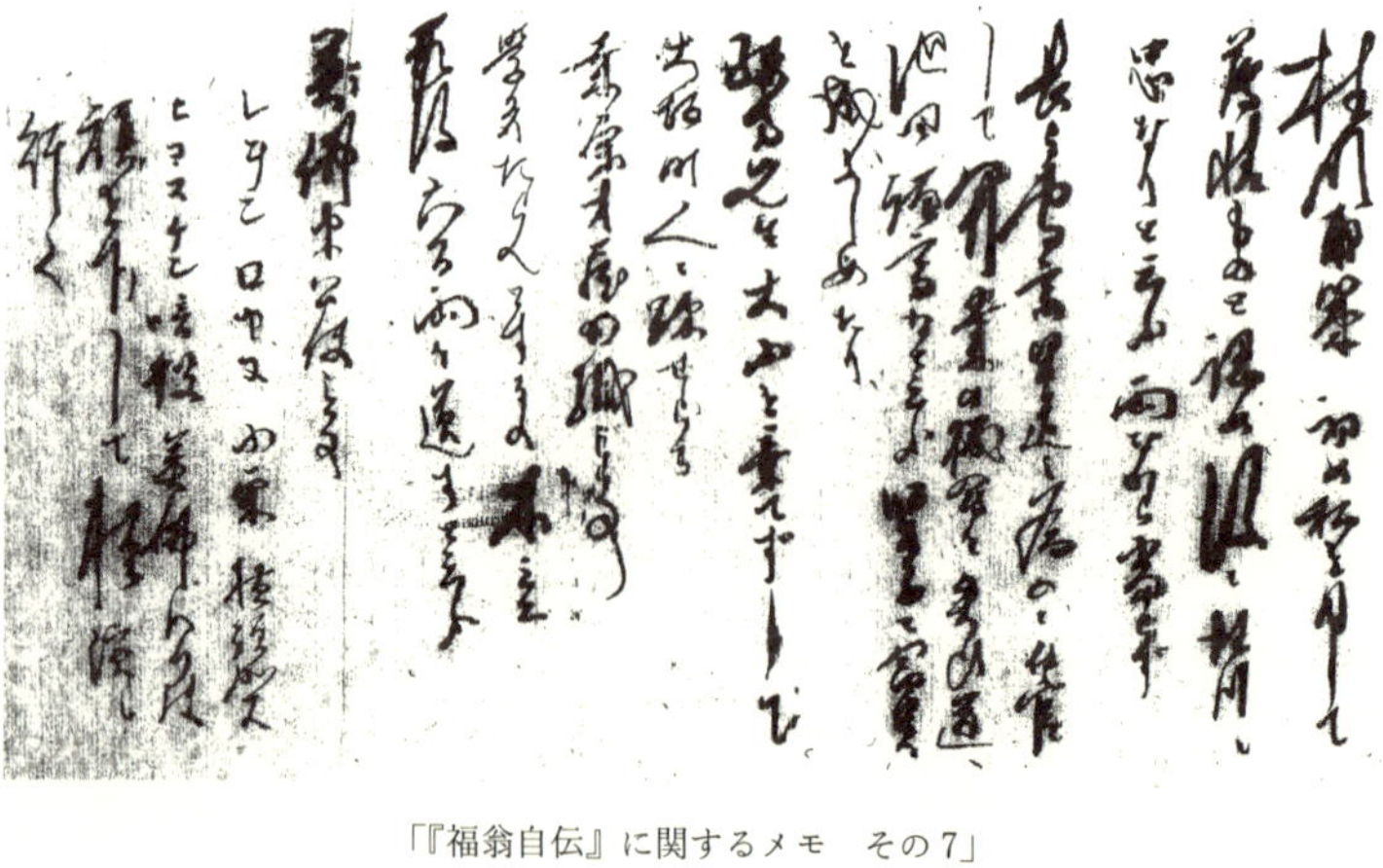

「『福翁自伝』に関するメモ　その7」

の際に一身の進退」から、第八項「幕府にも感服せず」の項までの八項目分の記事にほぼ照応している。草稿の当該部分を見ると、冒頭から小見出し第一項まではほとんど速記者の筆のままであり、福澤の加筆訂正の跡は、「外国人」「中屋敷」「正月早々」「チャント」などの数か所のみである。それに対して、第二項「門閥の人を悪《にく》まずしてその風習を悪む」と第八項はほぼ全文が福澤の筆跡であって速記者の手は残っていない。その他の部分では、速記原稿の三分の一ないし二分の一ほどに福澤の手の入っていることが確認出来る。

「覚書」から「口述」へ、そして「速記原稿」から加筆訂正を加えた「草稿」への過程を追ってみると、まず「軽蔑」「侮辱」「功名心」「殻威張り」「建白」「不深切」など「覚書」と『福翁自伝』本文との語句の直接の対応関係がよく分かる。また、たとえば「覚書」に「旧藩小士族の家に生れてあらん限りの軽蔑を受けて心竊《ひそか》に不平を懐《いだ》く」と書かれたところは、「藩士銘々の分限がチャント定まって」に始まり、「人々の智愚賢不肖」に拘わらず上士が下士を見下す風があったとして、より嚙み砕いた表現で語られている。覚書に人を「侮辱」するというその行為自体を憎むとあることについては、速記原稿を全面的に書き改め、「この馬鹿者めが」「見苦しい奴だ」といったおそらく口述の際にはなかった新しい表現で福澤の思いが強調されている。また覚書の「イヤナラ出て行く」などは本文では「グズ〳〵云えば唯この藩を出て仕舞う丈《だ》けの事だ」となっている。全体に草稿は、「覚書」に書き留められたことばよりも一層具体的な表現になっているように思われる。「外国に渡航、彼の風俗を見て」云々については本文では全く触れていない。

覚書「その七」には、桂川甫策、長与専斎、緒方洪庵などに関する事項が記されている。また「英仏米公使の事」として、「レヲンロセス　小栗　横須賀」「ヒョスケン暗殺　英仏公使旗を下して横浜に行く」との記事がある。いずれも自伝中には照応するところがない。おそらく後に何らかのかたちで自伝の補遺ないしは別稿を準備する構想があって残されたものと考えられる。石河幹明の序文に、新聞連載終了後その遺漏を補い、また「幕末外交の始末」を記述して自伝の後に付す計画があったと述べられているのもこのことを示している。

恩師緒方洪庵についても自伝自体になお詳述しようとしたらしい。速記草稿の「緒方の塾風」の章のうちの緒方の人物に触れた個所に、「緒方先生開業医を厭《いと》うの述懐　死後の遺金六百両のみと云う凡《およ》そこれ等の事を此処《ここ》に入る」と記した貼紙がある。草稿のこの部分の速記者の筆跡は、わずかに三文字のみであとは残らず福澤の筆で書き改められているが、その上にさらに加筆をするつもりであったことが示されている。

福澤は自伝口述の初期の段階にすでに『福澤全集』を編纂し、『福澤全集緒言』(17)の執筆を終えている。また、『時事新報』にも、「社会の形勢学者の方向、慶應義塾学生に告ぐ」、「維新以来政界の大勢」(18)というような常に歴史を振り返りながら現在の社会、政治の問題点を取り上げる論説を数多く発表している。また、自身の還暦の祝宴や義塾の同窓会の折などにしばしば往時を回顧する挨拶をしている。いわば『自伝』を語る準備が繰り返しなされていることになる。そうした背景があるにもせよ、明治三十年秋頃からのわずか一年足らずのうちに口述を終え、その草稿に綿密に手を入れ、さらにストーリーの展開にそった小見出しまでが添えられて自伝を完成させていることになる。

『福翁自伝』は数多い福澤の著作の中でも、おそらく今日までに最も多くの読者を得ている作品である。その叙述に多くの読者が引き付けられるのは、幕末から明治維新への展開という時間軸に交叉して、大坂から中津、長崎、そして再び大坂へ、さらに江戸からアメリカ、ヨーロッパへと福澤の生きた空間が次々に拡がり、そして、移り変わるそれぞれの場面において、福澤のその時々の心情、福澤をめぐる多くの人々と周囲の状況が巧みな「語り」によって活写されているところにあるといってよいが、前述したように、その「語り」は、むしろ、速記原稿に丹念な彫琢を重ねることにより生まれた口語文体の叙述というべきかも知れない。緻密にしてかつ具体的な情景描写の中に、一方ではどこか突き放したように冷静な、しかもユーモアに溢れる筆致で、自身を含めた対象がつぶさに語られる。そこに、読者があたかも福澤と同じ場面に立ち会っているかのような臨場感が生まれ、福澤の閲歴と時代の推移の追体験を可能にする叙述が完成したのである。「演説」と「対話」「座談」――「語り」、「語り合う」（話す）こと――、そして「書く」ことが表裏一体のものとして見事に融合した一つの到達点を示すものというべきであろうか。

『福澤全集緒言』（明治三十年十二月刊。三十一年一月刊『福澤全集』第一巻所収）の冒頭において福澤は次のように述べ、自身の著訳書が維新変革期の日本の進路を示す「筋書」「台帳」の役割を果たしたと自信を持って振り返っている。

日本が旧物破壊、新物輸入の大活劇を演じたるは、即ち開国四十年のことにして、その間の筋《すじ》書《がき》と為《な》り台帳と為り、全国民をして自由改進の舞台に新様《しんよう》の舞を舞わしめたるもの多き中に就《つい》て、余が著訳書も亦《また》自からその一部分を占たりと云うも敢《あえ》て疚《やま》しからず、余の放言して憚《はば》からざる所

なり。(19)

さらにこの時点で『福澤全集』を編纂し刊行することの意義を述べ、全集に収録した個々の著作の解説をしている。その解説の前提として、いわば福澤の翻訳の思想を展開することにかなりの重きを置いているが、そこで、福澤は「余が文筆概《がい》して平易にして読み易《やす》きは世間の評論既《すで》にこれを許し、筆者も亦《また》自から信じて疑わざる所なり」として、その由来を説いている。それは、「翻訳は原書を読み得ぬ人の為めにする業なり」「精々文字に注意して決して難解の文字を用《もち》うる勿《なか》れ」「翻訳の文字は単に足下《そつか》の知る丈《だ》けを限りとして苟《いやしく》も辞書類の詮議《せんぎ》立《だて》無用たる可し」との恩師緒方洪庵の教えに従い、また蓮如の筆法にも学んだ結果として生み出された福澤の「方法」であった。幕末維新期の歴史的な課題としての「文明の新思想」を広く一般に知らしめることを目的として、努めて俗文に徹し、俗文に不足するところは遠慮なく漢語を使用して、「雅俗めちゃ〳〵」に混合した文体を創出したというのである。さらに次のように述べている。

この趣意に基き出版したるは西洋旅案内、窮理図解等の書にして、当時余は人に語りて云《いわ》く、これ等の書は教育なき百姓町人輩に分るのみならず、山出《やまだし》の下女をして障子越《しょうじごし》に聞かしむるもその何の書たるを知る位にあらざれば余が本意に非《あら》ずとて、文を草《そう》して漢学者などの校正を求めざるは勿論、殊更《ことさ》らに文字に乏しき家の婦人子供等へ命じて必ず一度は草稿を読ませ、その分らぬと訴る処《ところ》に必ず漢語の六《むつ》かしきものあるを発見してこれを改めたること多し。(20)

すなわち、著訳書の執筆に当たって、「山出《やまだし》の下女」をして「障子越《しょうじごし》」に聞かせても理解出来る文章を書くこと、またその草稿を「家の婦人子供等」が読んで理解出来る文章を書くことを心掛けたという。読んで分かる文体は、聞いて分かる文体でもあった。要するに、「書く」ことと「読む」こと、「語る」（話す）ことと「聞く」ことというそれぞれの行為を結ぶ共通の「ことば」を生み出すということになる。それは『福翁自伝』の達成したところのものでもあった。

すでに第Ⅰ章で触れたように、福澤は『学問のすゝめ』において、「学問の要は活用に在《あ》るのみ。活用なき学問は無学に等し」といい、また「視察、推究、読書は以《もっ》て智見を集め、談話は以て智見を交易し、著書演説は以て智見を散ずるの術」であり、「この諸件の術を用い尽して始て学問を勉強する人」ということが出来ると述べていた。また第Ⅱ章に見た肥田昭作宅での演説では、学問の趣意は本を読むばかりでなく、第一がはなし、次にはものごとを見たり聞いたりすること、次には道理を考え、その次に書を読むことにあるのであって、したがって、人前で話すことが出来ないでは、はじめから「学問の手だて」を一つ無くしているようなものであり、せっかく備わった「人の耳目鼻口、五官の内」をすべて活用せず無駄にしておくことはないではないかと述べていた。すなわち、あらゆる手だて——「書く」ことと「語る」こと——を尽くして、個々の知識を人々と共有のものとすること、ここに真の学問が成立するというのである。そしてそこに、「天下衆人の精神」[21]を発達せしめ、「人民の智徳」[22]の進歩を促す結果が期待され、さらにそのことによって、西洋近代文明を範として日本の文明化を実現する道筋を見出すことが出来ると考えたのである。福澤はその生涯をかけて、この提言を実践し人々に示すことに努めたといってよいであろう。

（1）　石河幹明『福澤諭吉伝』④（岩波書店、一九三二年）五六八頁。

（2）『全集』④六頁。
（3）『書簡集』①書簡番号一六一、『福澤諭吉の手紙』（岩波文庫、二〇〇四年）七七〜八一頁。
（4）『書簡集』①書簡番号一七九、『福澤諭吉の手紙』一三七〜一四一頁。
（5）『全集』④二三三頁。
（6）『全集』⑥一九七頁。
（7）『全集』⑥四三九頁。
（8）手塚豊「福澤先生およびその門下と速記」（『手塚豊著作集』⑩〔慶應義塾大学出版会、一九九四年〕所収）参照。
（9）『全集』⑥四六五頁。
（10）『福澤諭吉伝』①三六七頁。
（11）手塚豊「『福翁自伝』の速記者の生涯―矢野由次郎小伝―」（『手塚豊著作集』⑩所収）三〇頁。
（12）慶應義塾福澤研究センター所蔵。
（13）『時事新報』明治三十一年六月十二日付。
（14）『全集』⑯四八七頁。
（15）『書簡集』⑨書簡番号二二五九。
（16）福澤研究センター所蔵。『全集』⑲二六九〜二七九頁。
（17）明治二十年一月十五〜二十四日、八回連載。『全集』⑪一八三〜二〇八頁。
（18）明治二十七年三月一〜十五日、十一回連載。『全集』⑭二八九〜三二二頁。
（19）『全集』①三頁。
（20）『全集』①六頁。
（21）『文明論之概略』「緒言」。『全集』④三〜六頁。
（22）『文明論之概略』「第四章　一国人民の智徳を論ず」。『全集』④五一〜六八頁。

付表1　福澤諭吉の演説

付表2　福澤諭吉と三田演説会

付表1　福澤諭吉の演説

	演題	演説年月日	会合	典拠	刊行年月日	全集	本書
A	明治七年六月七日集会の演説	7. 6. 7	肥田昭作宅集会	『福澤全集緒言』	30. 12. 5	1—56	○
A	学校の教育の法は国中一様ならざるを欲す	8、9年カ		「演説筆記」（自筆原稿）		21—398	
A	書生に職業を授るの急務なるを云う	8、9年カ		「演説筆記」		21—397	
A	明治八年五月一日三田集会所発会の祝詞	8. 5. 1	三田演説会	『三田演説筆記』	8. 5. 24	20—134	
A	［政府と人民］	8. 6. 5	三田演説会	『東京曙新聞』	8.6.12〜6.14	別—206	
A	子供を育てるに側の大切なることを論ず	8. 12. 18		「演説筆記」		21—389	
A	［遊楽風韻に就いて］	9. 3. 18	三田演説会カ	演説草稿？		19—701	
A	子供の教育は余り厳ならずしてよき例を示すは則よき教なり	9. 5. 27		「演説筆記」		21—391	
A	人意に所有のライトあるを論ず	9. 7. 8		「演説筆記」		21—394	
A	三田演説第百回の記	10. 4. 28	三田演説会	『福澤文集』二編		4—476	
A	［明治十一年一月十七日集会の記］	11. 1. 17		『福澤文集』二編		4—480	○
A	国の装飾の事・日光芝上野の事	11. 5. 11	三田演説会	『民間雑誌』187	11. 5. 17	4—521	
A	〈国権論〉	11. 10. 12	三田演説会	福澤書簡276（笠原恵宛）『書簡集』2	11. 10. 31		
A	〈外国交際論〉	11. 10. 29	慶應義塾随意談会	『郵便報知新聞』	11. 11. 25	＊1	○
A	明治十二年一月廿五日慶應義塾新年発会の記	12. 1. 25		『福澤文集』二編		4—533	

A	華族を武辺に導くの説	12. 2. 8	三田演説会	『郵便報知新聞』	12. 5.14	20—196	○
A	［富豪の子弟教育の事］	12. 9.27	三田演説会	『郵便報知新聞』、『民間経済録』二編一章	12.10.14〜15	19—703	○
A	学者出身の法	13.12.11	三田演説会	自筆原稿		19—709	
A	宗教の説	14. 5.28	三田演説会カ	『日本大家宗教演説五百題』	14.5〜6?	19—710	
A	僧侶論	15. 3.11	三田演説会	『時事新報』	15. 3.13	8—31	○
A	〔青年輩の失敗〕（壮年子弟に向て郵便通信の便を利用す可き旨を説かる）	16. 6.23	三田演説会カ	『時事新報』	16. 7. 5	9—82	○
A	学生処世の方向			『時事新報』	16.12.18〜19	9—328	○
A	血統論（婚姻の説）	17. 2.23	三田演説会カ	『時事新報』	17. 3.26	9—445	
A	慶應義塾暑中休業に付き演説			『時事新報』	18. 7.31	10—153	
A	慶應義塾学生諸氏に告ぐ（本塾徒弟への教訓）	19. 1.23	三田演説会カ	『時事新報』	19. 2. 2	10—549	
A	成学即実業の説、学生諸氏に告ぐ	19. 2.13	三田演説会カ	『時事新報』	19. 2.18	10—554	○
A	徳行論	19. 2.27	三田演説会	『時事新報』	19. 3. 4	10—532	
A	明治十九年七月十日慶應義塾維持社中の集会にて演説	18. 7.10		『時事新報』	19. 7.13	11—60	
A	社会の形勢学者の方向、慶應義塾学生に告ぐ	19年、年末		『時事新報』	20.1.15〜24	11—183	
A	明治二十年四月二十三日慶應義塾演説館にて学生諸氏に告ぐ	20. 4.23		『時事新報』	20. 5. 4	11—254	

A	慶應義塾の小改革学生諸氏に告ぐ	20. 11. 2		『時事新報』	20. 11. 3	19—430	○
A	慶應義塾学生に告ぐ			『時事新報』	21. 3. 17	11—461	
A	六月二日府下三田慶應義塾演説，慶應義塾学生に告ぐ	21. 6. 2		『時事新報』	21. 6. 5	11—496	
A	慶應義塾学生に告ぐ			『時事新報』	22.4.22〜23	12—97	○
A	一昨五日植半楼に開きし慶應義塾旧友会の席上に於ける福澤先生演説筆記	22. 5. 5		『時事新報』	22. 5. 7	12—130	
A	〔学問に凝る勿れ〕	23. 1. 27	大学部卒業式	『時事新報』	23. 1. 30	12—361	
A	〔学林中の松梅〕	23. 7. 18	卒業生留送別会	『時事新報』	23. 7. 21	12—474	
A	〔塾政の自治〕（三田演説会の由来・学生の自治）	23. 10. 11	三田演説会カ	『時事新報』	23. 10. 16	12—522	
A	十月二十五日慶應義塾演説筆記（学者病の説）	23. 10. 25	三田演説会	『時事新報』	23. 10. 30	12—528	
A	十一月八日慶應義塾演説筆記（慶應義塾約束の解釈及学生の注意）	23. 11. 8	三田演説会カ	『時事新報』	23. 11. 17	12—532	
A	〔同窓の旧情〕	23. 11. 17	義塾出身両院議員同窓会	『時事新報』	23. 11. 19	12—535	
A	十一月二十二日慶應義塾演説（親孝行の話）	23. 11. 22	三田演説会	『時事新報』	23. 12. 1	12—542	○
A	明治二十四年七月十一日慶應義塾演説大意	24. 7. 11	三田演説会	『時事新報』	24. 7. 15	13—158	
A	明治二十四年七月二十三日慶應義塾の卒業生に告ぐ	24. 7. 23	卒業式	『時事新報』	24. 8. 2	13—166	

A	明治二十四年十月十日慶應義塾演説筆記（独立のはなし）	24. 10. 10	三田演説会	『時事新報』	24. 10. 20	13—205	
A	明治二十五年一月二十五日慶應義塾幼稚舎にて	25. 1. 25		『時事新報』	25. 1. 26	19—437	
A	明治二十五年二月十三日慶應義塾演説筆記（修身のはなし）	25. 2. 13	三田演説会	『時事新報』	25. 2. 20	13—306	
A	明治二十五年三月十二日慶應義塾演説筆記（酒と政論の話）	25. 3. 12	三田演説会	『時事新報』	25. 3. 18	13—323	
A	明治二十五年三月二十六日慶應義塾演説筆記（運動の事に付）	25. 3. 26	三田演説会	『時事新報』	25. 4. 2	13—332	
A	明治二十五年十月二十三日慶應義塾演説筆記	25. 10. 23	三田演説会カ	『時事新報』	25. 10. 28〜29	13—524	
A	明治二十五年十一月五日慶應義塾商業倶楽部の演説筆記	25. 11. 5		『時事新報』	25. 11. 15〜16	13—566	
A	明治二十五年十一月十二日慶應義塾演説筆記（熱して狂するなかれ）	25. 11. 12	三田演説会	『時事新報』	25. 11. 24	13—572	
A	徳風を厚くするには宗教に依頼すべし	25. 12. 5	慶應義塾学生商業倶楽部	『護法』48	25. 12. 27	20—379	
A	（富豪の要用）	25. 11. 26	三田演説会	『時事新報』	25. 12. 16〜18	13—588	
A	外国品と日本品（日本製産に就いて）	26. 3. 25	三田演説会	『時事新報』	25. 4. 27	14—36	
A	福澤先生の演説	28. 1. 22	義塾出身両院議員同窓会	『時事新報』	28. 1. 24	15—28	
A	昔話	28. 5. 11	三田演説会	『益友』6	28. 5. 29	19—720	

A	〔三十年後の名古屋〕	29. 4.27	名古屋商業会議所講演	『名古屋商業会議所月報』29.5	29. 5	＊2	
A	〔気品の泉源智徳の模範〕	29.11. 1	故老生懐旧会	『時事新報』	29.11. 3	15—531	○
A	〈教育の効用〉	29.11. 7	長野師範学校講演	『信濃毎日新聞』・『信濃教育会雑誌』122	29.11.18 29.12.25	＊3	
A	〈信州人気質と養蚕〉	29.11. 7	長野城山館歓迎会演説	『信濃毎日新聞』	29.11.10	＊3	
A	〈信州における養蚕振興と教育〉	29.11. 9	佐久城山館歓迎会演説	『信濃毎日新聞』	29.11.12	＊3	
A	学生の帰省を送る	29年、年末		『時事新報』	30. 1. 1	15—571	○
A	人の独立自尊	30. 6.19	三田演説会	『福翁百余話』(8)「智徳の独立」	30.	6—404	
A	明治三十年九月十八日慶應義塾演説館にて学事改革の旨を本塾の学生に告ぐ	23. 9.18	三田演説会	『時事新報』	30. 9.21	16—105	○
A	明治三十年十一月六日大阪慶應義塾同窓会に於ける演説筆記	30.11. 6	大阪慶應義塾同窓会	『時事新報』	30.11. 9	19—723	○
A	明治三十年十一月十四日京都懇親会に於ける演説筆記	30.11.14	京都懇親会	『時事新報』	30.11.18	19—725	
A	明治三十一年一月二十八日三田演説会に於ける演説	31. 1.28	三田演説会	『慶應義塾学報』1	31. 3	19—728	
A	明治三十一年三月十二日三田演説会に於ける演説	31. 3.12	三田演説会	『慶應義塾学報』2	31. 4	19—736	
A	門野幾之進氏を送る	31. 4. 5		『慶應義塾学報』3	31. 5	19—742	

付表1　福澤諭吉の演説

A	バクテリアの説	31. 5.14	三田演説会	『慶應義塾学報』4	31. 6	19—743	
A	地方の富豪	31. 6.25	三田演説会	『慶應義塾学報』5	31. 7	19—747	
A	法律と時勢	31. 9.24	三田演説会	『慶應義塾学報』8	31.10	19—753	
A	法律の事	31. 9.24	三田演説会	自筆草稿		19—758	○
B	交詢社発会の演説	13. 1.25		『交詢雑誌』2	13. 2.15	19—659	○
B	明治十三年二月七日東京築地寿美屋に於て演説	13. 2. 7		『交詢雑誌』3	13. 2.25	19—662	○
B	明治十三年二月二十九日愛宕下青松寺に於ける交詢社定期小会演説	13. 2.29	小会	『交詢雑誌』4	13. 3. 5	19—664	○
B	明治十三年四月二十五日両国中村楼に於ける交詢社第一回大会演説	13. 4.25	大会	『交詢雑誌』10	13. 5. 5	19—665	
B	明治十四年一月二十五日木挽町明治会堂に於ける交詢社第一紀年会演説	14. 1.25		『交詢雑誌』37	14. 2. 5	19—669	
B	明治十五年四月二十二日木挽町明治会堂に於ける交詢社第三回大会演説	15. 4.22	大会	『交詢雑誌』82	15. 5. 5	19—671	○
B	明治十六年四月二十一日両国中村楼に於ける交詢社第四回大会演説	16. 4.21	大会	『交詢雑誌』118	16. 5. 5	19—672	
B	明治十六年十二月九日熊谷町談話会に於ける演説	16.12. 9		『交詢雑誌』142	17. 2.15	19—674	○
B	商工社会に所望あり	17. 2. 3	随意談会	『交詢雑誌』143	17. 2.25	19—676	○
B	坐して窮する勿れ	17. 3.18	随意談会	『交詢雑誌』147	17. 4. 5	19—682	○

B	〔明治十七年四月二十六日両国中村楼に於ける交詢社第五回大会演説〕	17. 4.26	大会	『交詢雑誌』151	17. 5.15	19—684	
B	明治十八年四月二十五日交詢社大会の席にて演説	18. 4.25	大会	『交詢雑誌』187	18. 5.15	19—687	
B	明治十九年四月二十四日交詢社第七大会にて演ぶる所あり	19. 4.24	大会	『交詢雑誌』222	19. 5. 5	19—693	○
B	〔交詢社の特色〕	20. 4.16	大会	『時事新報』	20. 4.20	11—240	
B	明治二十一年四月十五日交詢社会堂に於ける交詢社第九回大会演説	22. 4.15	大会	『交詢雑誌』293・『時事新報』	21. 4.25 21. 4.22	19—695	○
B	明治二十二年四月二十一日交詢社大会に於いて演説	23. 4.21	大会	『時事新報』	22. 4.24	12—102	
B	明治二十三年四月二十七日交詢社大会	23. 4.27	大会	『時事新報』	23. 4.30	12—424	
B	明治二十四年四月二十六日両国中村楼に於ける交詢社第十二回大会演説	24. 4.26	大会	『交詢雑誌』401	24. 5. 5	19—698	
B	明治二十五年四月二十四日交詢社第十三回大会に於て演説	25. 4.24	大会	『時事新報』	25. 4.26	13—354	
B	明治二十八年四月二十一日交詢社大会演説大意	28. 4.21	大会	『時事新報』	28. 4.23	15—141	
B	明治三十年四月十八日東京帝国ホテル交詢社第十八大会の演説	30. 4.18	大会	『交詢雑誌』526	30. 7.20	19—699	
B	交詢社大会席上に於ける演説	31. 4.24	大会	『時事新報』	31. 4.26	16—319	
C	征台和議の演説	7.11.16	明六社	『明六雑誌』21	7.11	19—539	

C	日本演説会の起源及びその利益	10.　1.24	槍屋町講談会	『郵便報知新聞』	10.　1.26		
C	世間の害悪を除く法	10.　2.14	槍屋町講談会	『郵便報知新聞』	10.　2.16		
C	明治十年三月十日開成学校講義室開席の祝辞	10.　3.10		『家庭叢談』号外	10.　4.　5	19—628	○
C	門閥論			再刊民間雑誌 108	11.　1.19	19—642	
C	中央電信局開業式の祝詞	11.　3.25		『郵便報知新聞』『福澤文集』二編	11.　3.28	4—470	
C	明治十一年三月二十七日東京府庁議事堂演説	11.　3.27		『再刊民間雑誌』147	11.　3.29	19—650	
C	東京学士会院第六会演説	12.　3.28	東京学士会院	『東京学士会院紀事』6		21—301	
C	教育論	12.　4.28	東京学士会院	『東京学士会院紀事』8		20—202	
C	東京学士会院第十一会演説	12.　6.25	東京学士会院	『東京学士会院紀事』11		別—209	
C	富貴保存の説	12.　2.23	薫誘舎演説会	『朝野新聞』	12.　2.22		
C	明治十二年十月十八日東京大学医学部学位授与式の祝詞	12.10.18		自筆原稿		19—703	
C	高等私立学校に就いて試験法を定め学力優等なる者は宜しく徴兵を延期すべき議案	13.　2.15	東京学士会院	『東京学士会院紀事』17		21—304	
C	〔衛生上の注意〕	17.　1.26		『時事新報』	17.　1.28	9—370	
C	明治十八年四月四日梅里杉田成卿先生の祭典に付演説	18.　4.　4		『時事新報』	18.　4.　7	10—250	

C	英吉利法律学校開校式の演説	18. 9.19		『時事新報』・明法志林 105	18. 9.22 18.10. 1	10—434	○
C	緒方維準氏の別宴	20. 2.15		『時事新報』	20. 2.17	19—712	
C	功名論	12 年頃？		『雄弁大家演説集』	20.11.29	＊4	
C	長男一太郎結婚披露の席上に於ける演説	22. 4.25		『時事新報』	22. 4.27	19—714	
C	明治二十七年八月軍資醵集相談会に於ける演説	27. 8. 1		『時事新報』	27. 8. 3	19—717	
C	還暦寿莚の演説	28.12.12		『時事新報』	28.12.14	15—333	
C	奉祝長与専斎先生還暦	31. 9.28		『時事新報』	31. 9.29	16—487	
C	一般教育に就いて			『雄弁名家新編演説』	32.10.20	19—759	
C	福澤先生の演説（令息一太郎代読）	32.11.25	ビヤヅリー氏歓迎	『時事新報』	32.11.26	16—648	

〈注〉 A、B、C の別、その他について本文 173〜174 頁参照。「全集」欄の数字は『福澤諭吉全集』の巻数、頁数を示す。「本書」欄の○印は、本文中に当該演説についての言及があることを示す。

＊1 松崎欣一『三田演説会と慶應義塾系演説会』579 頁

＊2 『福澤諭吉年鑑』12 号

＊3 村石正行「近代長野県における福沢諭吉人脈の形成とその思想の受容」（『長野県立歴史館研究紀要』第 9 号）

＊4 松崎欣一『三田演説会と慶應義塾系演説会』597 頁・『福澤諭吉年鑑』12 号

（ ）「三田演説日記」記載の演題

〔 〕『福澤諭吉全集』編纂者による仮題

〈 〉 松崎による仮題

付表2　福澤諭吉と三田演説会

回数	年.月.日	演　題
149	13. 5. 9	貧民自立之説（前会之続）
151	13. 6. 12	保険之説
152	13. 6. 26	運輸交通ノ説
153	13. 7. 10	苦楽ノ説
154	13. 7. 24	品行論
155	13. 9. 11	運輸交通ノ説
156	13. 9. 25	躰育論
158	13. 10. 23	漢学ノ説
160	13. 11. 27	学者出身ノ法
161	13. 12. 11	前回之続〔学者出身ノ法〕
162	14. 1. 8	孔孟ノ教カ我日本ノ文明ニ如何ナル影響ヲ及セシ乎
163	14. 1. 22	〔演題記載なし〕
164	14. 2. 12	殖産興業
165	14. 2. 26	学事ノ沿革
168	14. 4. 9	不自由論
169	14. 5. 14	日本ノ幸福ハ蘭学ノ功徳
170	14. 5. 28	宗教ノ説
172	14. 7. 9	時勢ノ変遷
174	14. 9. 10	足ルヲ知ルノ説
175	14. 9. 24	人力ノ説
176	14. 10. 8	宗教論　第一回
177	14. 10. 22	宗教論　第二回

回数	年.月.日	演　題
125	12. 1. 11	〔外交論〕
126	12. 2. 8	〔華族ヲ武ニ用ユル説〕
127	12. 3. 8	〔品行論〕
128	12. 3. 22	〔三田の犬外国新聞論〕
129	12. 4. 12	〔宗教ノ利害〕
130	12. 4. 26	〔蒸気電信印刷之説〕
131	12. 5. 10	〔切棄免許論〕
132	12. 5. 24	〔外戦不可急〕
133	12. 6. 14	〔民権論〕
134	12. 6. 28	〔民権論(前回ノ続)〕
135	12. 7. 12	〔民情論〕
136	12. 9. 13	門閥論
137	12. 9. 27	富家ノ子弟教育ノ事
138	12. 10. 11	門閥論（前々会ノ続キ）
139	12. 10. 25	交通論
140	12. 11. 8	物理学之要
141	12. 11. 22	平民教育ノ論
142	12. 12. 13	職業ノ説
143	13. 1. 10	支那之説
144	13. 1. 25	変動以治安ヲ維持ス
146	13. 2. 28	漢学之説
147	13. 3. 13	（不快ニテ出席ナシ）
148	13. 3. 27	貧民自立之説

回数	年.月.日	演　　　題
200	16. 5.23	物理ノ元則ヲ説カル
201	16. 6. 9	吾人或ハ支那ニ学問上ノ敵ヲ見ルノ恐レナキカ一日モ安閑タル可カラサルモノトノ説ヲ説カル
202	16. 6.23	壮年子弟ニ向テ郵便通信ノ便ヲ利用ス可キ旨ヲ説カル
203	16. 9.22	漢儒流ノ説ヲ駁シテ西洋風輸入ノ須要焦眉ノ急タル所以ヲ論サル
204	16.10.13	徳育智育ノ所ヲ説キ儒教ヲ駁サル
205	16.10.27	再ヒ儒教ノ空ナルヲ説カル
206	16.11.10	西洋学ヲ修ムベキ次第ヲ説カル
207	16.11.24	宗教家ハ他ノ宗教毀ツ可カラズ
208	16.12. 8	英文学ハサル可ラズ
209	17. 1.12	雑話
210	17. 1.26	英語英文ヲ学ハサル可カラズ
211	17. 2. 9	英語ヲ学ブノ要用
212	17. 2.23	婚姻ノ説
213	17. 3. 8	諸生将来立身ノ方向ヲ説カル
214	17. 3.22	学者自今ノ急務ハ殖産ノ道ヲ開クニ在リ云々ノ旨ヲ話サル
215	17. 4.12	〔演題記載なし〕
216	17. 5.10	〔演題記載なし〕
217	17. 6.14	学者トナランヨリハ寧ロ金満家ト為レ

回数	年.月.日	演　　　題
178	14.11.18	宗教論　第三回
179	14.12. 2	宗教論　第四回
180	14.12.16	士族論
—	15. 1.28	利害相半スルノ説
—	15. 2.11	経世学論
—	15. 2.25	遺伝之説
185	15. 3.11	僧侶論
※185	15. 3.25	〔演題記載なし〕
186	15. 4. 8	〔演題記載なし〕
187	15. 5.15	建置経営ノ説
188	15. 5.27	雑貨輸入ノ話并ニ風俗之話
189	15. 6.10	緒方洪庵先生のはなし
190	15.10.14	宗教ノ独立
191	15.10.28	学者之名利
192	15.11.11	〔演題記載なし〕
193	16. 1.13	作文ノ要用
194	16. 1.27	政談ノ燃エル所以ヲ説カル
195	16. 2.10	日本ノ徳教モ西洋ノ徳教モ其本根ハ正ニ同一ナリトノ旨ヲ語ラル
197	16. 3.10	仁義礼智信猶ホ寒暖ノ挨礼［挨拶ヵ］ノ如キヲ説カル
198	16. 4.14	一切万事西洋日新ノ風ニ習ヒ之ト共ニ競フ可シ漢儒ノ如キハ却テ之ヲ害スルモノナリトノ旨ヲ説カル

付表2　福澤諭吉と三田演説会

回数	年.月.日	演　　題
246	19. 1.23	本塾徒弟への教訓
247	19. 2.13	〔演題記載なし〕
248	19. 2.27	徳行論
251	19. 4.10	専門学の説
253	19. 5.22	俗物になれ
254	19. 6.12	実学説
—	20. 1.22	はなし
256	20. 3.26	東洋人西洋人ノ差
257		交際の必要独立の養生
258		処世の道
261		節倹ト奢侈
263	20. 7. 9	私立学校ノ用要
—	20. 9.24	奢り
—	20.10. 8	私権論
278	21.10.13	食物と快楽の関係
279	21.10.27	財産の始末
281	22. 1.13	学生の父兄ニ告ぐ
282	22. 1.27	学生の父兄ニ告ぐ
286	22. 4.27	英語之すすめ
287	22. 5.13	海外立身のすすめ
288	22. 5.26	塾生ニ一言
289	22. 6.23	相撲所感
292	22.12.21	俗之学問
293	23. 1.26	学者の心得

回数	年.月.日	演　　題
219	17. 7.12	今ヤ日本社会ノ組織自由ナレバ立身セサルモノハ其人ノ罪ナリトノ事
220	17. 9.13	奮テ実業ヲ執レ
221	17. 9.27	宗教宣布の方便
222	17.10.11	殖産を起し貧民の心を慰むるの説
223	17.10.25	将来の学者に所望あり
224	17.11. 8	宗教ト米国来信
225	17.11.22	三世の話
226	17.12.13	〔演題記載なし〕
228	18. 1.24	商売の方法
229	18. 2.14	商売ハ学問ニ先つ
230	18. 2.28	学者の小心
231	18. 3.14	儒教主義
232	18. 3.28	「リテラチユヤ」ヲ講究ス可シ
233	18. 4.11	婦人責任論
236	18. 6.13	日本婦人論
237	18. 6.27	日本婦人余論
238	18. 7.11	依頼の精神を去レ
239	18. 7.25	道徳論
240	18. 9.12	[謄写本、待遇] 官吏待ヲ止ムベシ
241	18. 9.26	寿命論
242	18.10.10	官吏たらんとする勿れ
245	18.12.12	宇都宮三郎君の話

回数	年.月.日	演　　題
294	23. 10. 11	三田演説会の由来・学生ノ自治
295	23. 10. 25	学者病ノ説
296	23. 11.　8	慶應義塾約束ノ解釈及学生ノ注意
297	23. 11. 22	親孝行ノ話
298	23. 12. 13	貧富書生ノ注意
302		養生法
303		青年ノ人使ハルヽ以所《[ママ]》
304	24.　6. 13	徳義ニ付テ
305	24.　6. 27	名利のはなし
306	24.　7. 11	御はなし
307	24.　9. 26	立身ニ就テの心得
308	24. 10. 10	独立のはなし
309		地震ニ就テ
310	24. 11. 28	先輩を学ふの弊
312	25.　2. 13	修身のはなし
314	25.　3. 12	酒ト政論ノ話
315	25.　3. 26	運動ノ事ニ付
316	25.　5. 28	英語ノ必要
318	25. 10. 18	処世ノハナシ
319	25. 10. 22	〔演題記載なし〕
320	25. 11. 12	熱して狂スル勿れ
321	25. 11. 26	富豪ノ要用
334	26.　3.　9	実業ノ奨励

回数	年.月.日	演　　題
335	26.　3. 25	日本製産ニ就テ
336	26.　4.　8	攘夷、実業ニ就テ
337	26.　6. 10	信用のはなし
338	26.　6. 24	人ニ成ルノ法
339	26. 10. 14	心ヲ高尚に[す]可シ
340	26. 11. 11	学者ヲ養ヒ殺スベシ
341	26. 11. 25	独立自営之論
342	27.　3. 24	体育、道徳
343	27. 12.　8	故小泉信吉君ニ就テ
345	28.　3.　9	武士ラシク有レ
346	28.　4. 13	処世の話
347	28.　5. 11	昔話
348	8.　6.　8	志想ヲ高尚ニスベシ
349	28.　6. 29	今後ノ形態ト昔物語ニ就テ
350	28.　9. 28	〔演題記載なし〕
351	28. 10. 12	Life
355	29.　3. 21	〔演題記載なし〕
356	29.　4. 11	改革ニ就テ
357	29.　5.　9	〔演題記載なし〕
358	29.　6. 13	英語の必用
359	29.　6. 27	〔演題記載なし〕
360	29.　9. 26	〔演題記載なし〕
361	29. 10. 10	〔演題記載なし〕
362	29. 10. 24	人間ノ気品

付表2　福澤諭吉と三田演説会

回数	年.月.日	演　　題
363	29. 11. 14	養生説
364	29. 12. 12	〔演題記載なし〕
366		〔演題記載なし〕
367	30.　3. 27	健康及小説ニ就テ
368	30.　6. 19	人ノ独立自尊
369	30.　9. 18	慶應義塾学制改革ニ就テ、又英語英学ノ外ニ学問ナシ
370	30. 10.　9	〔演題記載なし〕
371	30. 10. 30	〔演題記載なし〕
372	30. 11. 22	畿内山陽漫遊ノ話
373	30. 11. 27	忠孝ノ話
374	30. 12. 13	〔演題記載なし〕
375	31.　1. 15	〔演題記載なし〕
376	31.　1. 28	〔演題記載なし〕
377	31.　2. 26	〔演題記載なし〕
378	31.　3. 12	〔演題記載なし〕
379	31.　3. 26	〔演題記載なし〕
381	31.　5. 14	バクテリアノ説
382	31.　6. 11	着眼ヲ遠大ニスベシ
383	31.　6. 25	田舎大尽の気ニ久わぬ事
384	31.　7.　9	〔演題記載なし〕
385	31.　9. 24	法律ニ就テ

〈注〉　本文174頁参照。

あとがき

本書は、近代日本における「演説」の開拓者・福澤諭吉その人の「演説」の実際について、可能な限り具体的に追跡しその特質を探ることを意図してまとめたものである。

前著『三田演説会と慶應義塾系演説会』（慶應義塾大学出版会刊）の刊行は一九九八年四月のことであったが、その前後から、新たな課題としてこのことについての検討を進め、これまでに次のような論考を発表することが出来た。本書の主要部分は、これらの論考を軸に必要な加除訂正を行って再構成したものである。また、行論の必要上、第Ⅰ章第二節および第Ⅳ章第二節（二）、（三）については、前著の第Ⅰ章、および第Ⅱ章第六節、第Ⅴ章第四節の一部をほぼそのまま援用している。なお、第Ⅱ章第二節、第Ⅳ章第一節、第二節（一）、（四）、第三節、第四節、終章前段は今回新たに起稿したものである。

「気品の泉源・智徳の模範―福澤諭吉と馬場辰猪―」
『慶應義塾志木高等学校研究紀要』第26輯（一九九六年三月）
『福澤諭吉年鑑』23（一九九六年十二月）再録

「福澤諭吉肖像画の制作事情―角南滋氏に聞く―」
『慶應義塾志木高等学校研究紀要』第29輯（一九九九年三月）
「三田演説会の創始と展開―福澤諭吉と演説―」
『民権ブックス』14　町田市立自由民権資料館（二〇〇一年三月）
「福澤先生と演説の創始」
『ERGO』25　慶應義塾大学弁論部エルゴー会（二〇〇一年十月）
「福澤諭吉の「演説像」と伝えられる肖像画をめぐって」
『慶應義塾志木高等学校研究紀要』第33輯（二〇〇三年三月）
「草稿・演説・演説記録―福澤先生の演説―」
『三田評論』No.一〇五五（二〇〇三年三月）
「福翁自伝　福澤全集緒言」解説
『福澤諭吉著作集』第12巻　慶應義塾大学出版会（二〇〇三年十一月）
「福澤諭吉の演説―明治七年六月七日肥田昭作宅演説―」
『福澤諭吉年鑑』30（二〇〇三年十二月）
「福澤諭吉の演説―英吉利法律学校開校式祝辞・三田演説会最後の演説―」
『近代日本研究』20（二〇〇四年三月）

福澤がさまざまな機会に行った「演説」は、その直後に、『時事新報』の社説や『交詢雑誌』の論説などとして公表されることが多かったので、残されたテキストから演説内容そのものを知ることは幸いに比較的容易である。さらに、その中のいくつかについては演説草稿が伝えられており、また当時実用化が始まったばかりの速記法による記録が残されているものもある。したがって、本文に見たように福澤が「演説」のそれぞれの機会にどのように対応したのかがかなり具体的に浮かび上がってくる。

すなわち、多くの場合に事前の準備として草稿が用意されること、実際の「演説」は日常語を駆使した口語文体で、自由奔放に話題が展開しているかに見えるが、予め用意した草稿の論旨とその展開をかなり忠実に追っていること、また演説内容が『時事新報』などに発表される際には、速記記録の場合を除いて口語ではなく文章体であり、これはおそらく演説草稿として用意されたものであることなどであった。こうした「演説」のための準備や、異なる文体の使い分けは、福澤が自身の「演説」によって発信しようとしたメッセージについて、さまざまな聴衆と読者に幅広く浸透させようと意図したことの現れであると見ることが出来るであろう。

さらに、終章でも述べたように、福澤の著書として刊行されたものについて、改めてその成り立ちを見ると、それが友人知己との「対話」が発端となっていることの明らかなものがかなりある。それは福澤自身も強調していることであった。

これらのことは、常に聴衆、読者の存在を明瞭に意識し、ことばを最大の武器として発言を続けた啓蒙思想家福澤諭吉にふさわしいことであったといえよう。本書の表題を『語り手としての福澤諭吉』とした意味もそこにある。

ところで、福澤が学問の手だてとしてそれぞれの五官の活用をすすめ、とりわけその一つを使わずに無駄にしておくとはあまりに考えのないことだとして「演説」の意義を強調しているように、「演説、対話」が身体表現でもあるからには、福澤の「演説」の実像を追うことが必要となるが、実際問題としてそれはかなり困難なことであるのはいうまでもない。この点についての手がかりとなった二、三の点について触れておきたい。

その第一は、慶應義塾志木高等学校の体育館舞台正面に飾られている福澤の「演説」像とされる肖像画であった。筆者の学生時代にはこの作品が慶應義塾大学三田キャンパスの第一校舎内に掲出されていたことを記憶しているのであるが、検討の手がかりとは、そこに描写された姿勢で本当に話が出来たのであろうかという疑問をかねてから感じていたところにあった。本文中にも述べたように、志木高等学校の作品は戦災によって焼失した和田英作による原画の再現作品であるが、その制作事情について知る機会を得たことがきっかけとなり、関連資料の収集と整理が進展したのである。

第二は、肥田昭作宅で行われた「演説」のために、福澤が用意した印刷された草稿を実見したことであった。その印刷草稿には『福澤諭吉全集』所収のテキストとは異なり、きわめて多数の読点が施されていることに驚かされたのである。さらに、同時期の慶應義塾内で刊行されていた『民間雑誌』収録の論考に「白抜き読点」が使用されたもののあることに気づいたことである。本文中に論じたように、それらはいずれも「演説」の文体を創出するための試行錯誤の過程を示すものであった。

またこの間、福澤諭吉著作集第十二巻（『福翁自伝　福澤全集緒言』）の解題を担当し、また『福澤諭吉書簡集』（全九巻）の編集に委員の一人として加わったことによって、福澤の生涯を通じた知的営為の意味を考える機会を持ったことが本書をまとめる上での背景にあることも記しておきたいと思う。「演説」を一つのキーワードとして、学塾としての慶應義塾の成り立ち、ひいては近代日本のありようを考えてみようと少しずつ調べを始めてから、すでに多くの時間が経過している。なお多くの課題が残されているが、今しばらくこの線に沿った調べを続けたいと考えている。

本書の成るについては、慶應義塾大学出版会編集部の山本有子さんを始め多くの方々にお世話になった。末筆ながら記して御礼を申し上げます。

二〇〇五年三月

松崎欣一

主要人名一覧

＊本文中の主要な人名を50音順に配列して掲げ、節ごとの初出頁を章番号（I〜終）、節番号（一、二、三…）に続けて示し、人名一覧とした。

あ

浅岡満俊　IV 一 188
朝吹英二　II 二 82，IV 五 228
芦野巻蔵　II 二 82，IV 五 233
麻生武平　IV 五 228
阿部泰蔵　III 三 130，IV 四 220，IV 五 228
雨山達也　II 二 66，IV 一 188
安藤正胤　IV 五 228
飯田平作　IV 五 229
猪飼麻次郎　II 二 66，IV 一 174，IV 二 195，IV 五 228
池田成彬　III 三 158
石河幹明　II 二 63，III 一 105，III 三 151，終 269
石沢命世　IV 一 188
板垣退助　II 二 76
市川左団次　III 三 158
市川団十郎　III 三 158
伊東茂右衛門　II 二 84
井上角五郎　III 三 145
今泉秀太郎　IV 三 209
岩倉具視　IV 二 199
岩崎清吉　IV 三 209
岩田蕃　II 二 81
岩永省一　IV 五 228
岩村高俊　IV 一 187
植木枝盛　IV 一 179
有壁精一　IV 五 228
牛場卓蔵　II 二 61
内田嘉一　IV 五 228
小浦鉾三郎　IV 五 228
大石勉吉　IV 一 180
大木喬任　II 一 51
大蔵永常　終 267
岡鹿門　IV 三 209
緒方洪庵　終 275
岡本貞烋　III 一 106，IV 五 228
小川駒橘　II 二 82，IV 五 228
小川三知　III 三 136
小栗忠順　終 276

尾崎行雄　IV 二 195
小田部れい　III 三 138
小野友次郎　III 三 163, IV 一 174
小幡英之助　IV 五 229
小幡仁三郎　IV 五 232
小幡篤次郎　II 一 33, II 二 58, IV 一 174, IV 四 220, IV 五 228, 終 263

か

甲斐勝郎　III 三 139
貝原益軒　終 270
笠原恵　II 二 67, IV 二 195
鹿島秀麿　II 二 82
梶原莵喜　III 三 163
片山潜　IV 三 209
桂川甫策　終 275
加藤弘之　II 一 50, III 一 94
加藤政之助　II 二 83, IV 二 195
門田正経　IV 一 187
門野幾之進　II 二 66, III 三 164, IV 五 228
鎌田栄吉　II 一 33, II 二 62, III 二 112, IV 一 174
神辰太郎　IV 五 228
カロザス，クリストファー　II 二 75
川村純義　IV 二 200
神田寿美子　II 一 53
神戸寅次郎　III 二 114, III 三 143
菊地武徳　III 三 163
岸本辰雄　II 一 51
北里柴三郎　III 二 114, III 三 136
木村一歩　IV 五 228
吉良亨　II 二 83
草間時福　IV 一 187
工藤精一　IV 五 228
国沢能長　IV 五 228
熊谷辰太郎　IV 五 229
久米弘行　IV 五 228
呉文聡　IV 五 228
黒田清輝　III 三 135
小泉信吉　II 一 24, II 二 63, IV 二 191, IV 四 220, IV 五 233
甲賀信郎　IV 五 228
河野捨蔵　IV 二 197
児島禾念　IV 二 196
小杉恒太郎　II 二 80, IV 五 228
後藤象二郎　IV 一 181, IV 二 192
後藤孝夫　III 一 93
後藤牧太　IV 五 228
小林小太郎　IV 五 228
コラン，ラファエル　III 三 135
古渡資秀　II 二 83, IV 二 197
近藤良薫　IV 五 228
近馬勘五　III 三 128

さ

西郷従道　IV 二 200
佐伯彰一　III 三 132
酒井昇造　III 一 93
阪谷素　II 一 50
鮫嶋武之助　IV 五 228
三遊亭円朝　III 一 92
渋江保　II 二 69
渋谷慥爾　III 一 89
島津復生　終 264
島田三郎　III 三 152
荘田平五郎　II 二 76, IV 五 228, 終 264
白石常人　IV 二 196
新宮涼園　IV 五 229
末広鉄腸　IV 一 187
杉亨二　II 一 51
鈴木千巻　IV 四 224
須田辰次郎　II 一 33, II 二 66
角南松生　III 三 128
関藤本結　IV 五 228

た

高石真五郎　III 三 165
高木怡荘　II 二 81
高島小金治　IV 一 174, IV 三 209
高野長英　III 三 153
高橋勝一　III 一 89
高橋誠一郎　III 二 113, III 三 135
高橋義雄　III 三 152, IV 一 174, IV 三 209
高山紀斎　IV 五 229
瀧澤直作　IV 五 229
田鎖鋼紀　III 一 92
竹内正志　II 二 82
竹谷俊一　I 一 3
田尻稲次郎　IV 五 228
立田革　IV 五 228
田中一貞　III 三 136
谷川恵一　III 一 93
谷元道之　IV 五 228
田端重晟　終 272
玉乃世履　III 一 89
塚原周造　IV 五 228
津田純一　IV 二 191, IV 五 229
坪井仙次郎　II 二 82
鶴田皓　II 一 51, III 一 89
トークウォル(トックビル)　終 267
鳥谷部春汀　II 一 45
豊住秀堅　IV 五 229

な

永井久一郎　IV 五 228
永江為政　IV 一 187
長岡謙次郎　IV 一 188
中澤彦吉　IV 五 229
永田一二　II 二 84
永田健助　IV 五 228
中野　II 二 82

中上川彦次郎　II 一 40，IV 二 191，IV 五 228
中村愛作　III 三 138
中村英吉　II 二 84，IV 一 188
中村貞吉　III 三 138，IV 五 233
中村里　III 三 138
中村壮吉　III 三 138
中村茂吉　II 二 82
長与専斎　終 272
名古耶六都　IV 五 228
夏井潔　III 三 129
名村泰蔵　II 一 51
成瀬岩太郎　III 三 130
成瀬正恭　III 三 130
成瀬正行　III 三 129
西周　II 一 50
西原真月　III 三 161
新渡戸稲造　III 三 149
沼間守一　III 三 152
野手一郎　IV 二 201
野本貞次郎　IV 五 233

は

服部五郎兵衛　II 一 33
馬場辰猪　III 三 152，IV 四 220，IV 五 238
浜尾新　IV 五 229
浜野定四郎　II 二 66，III 三 164，IV 五 228
林茂淳　III 一 93
林毅陸　III 二 112
林守清　IV 五 228
原田直次郎　III 三 135
肥田昭作　II 一 23，II 二 56，III 二 127，IV 二 189，IV 五 228
日原昌造　IV 五 254
平山藤次郎　IV 五 228
福澤英之助　IV 五 228
福澤捨次郎　III 二 114
福澤大四郎　III 三 158
福澤桃助　III 二 112
福地源一郎　III 三 152
藤田茂吉　II 一 41，II 二 82，IV 二 191，IV 五 233
藤野善蔵　IV 五 233
藤本寿吉　IV 五 233
ブリンクリー　III 一 89
ブルーク　III 一 89
ボアソナード　II 一 51
穂積陳重　III 一 89
本多孫四郎　II 二 66

ま

前島密　II 一 49
増島六一郎　III 一 89
益田克徳　IV 五 228
町野精蔵　IV 五 228
松木直己　IV 二 202
松島栄一　III 三 132
松平忠慶　IV 二 197
松平信正　IV 二 197
松永安左エ門　III 三 163

松村菊麿　III 三 128
松本寿太夫　II 一 49
松山棟庵　II 二 82, III 二 114, IV 五 228
万里小路　IV 二 197
真中直道　II 二 83
三浦清俊　IV 五 228
清水卯三郎　II 二 70
溝淵国義　III 三 130
箕作佳吉　IV 五 229
箕作麟祥　II 一 51
箕浦勝人　II 二 82, IV 一 174, IV 二 191
宮内直挙　IV 一 188
三輪光五郎　IV 五 228
武者小路　IV 二 197
村井保固　IV 五 253
村上幸子　I 二 8
村松山三郎　II 二 82
本山彦一　II 二 83
森省吉　IV 五 229
森春吉　IV 五 228
森又七郎　IV 五 229
森下岩楠　II 二 82, IV 五 229
森村開作　IV 五 253
森村明六　IV 五 253

や

安岡章太郎　III 三 132
安岡雄吉　IV 五 229
安川繁成　IV 五 229
矢野可宗　IV 一 187
矢野由次郎　II 一 55, 終 268
矢野龍渓（文雄）　III 一 92, IV 二 192, IV 四 220, IV 五 229
山県有朋　IV 二 200
山口八左右　III 三 139
山田美妙　II 一 45
山名次郎　III 三 163, IV 一 174
山内容堂　IV 一 180
山本正秀　II 一 47
湯川頼二郎　II 二 80
陽其二　IV 五 228
吉川泰次郎　IV 五 233
吉田弘蔵　IV 五 228
吉田省三　IV 五 228
吉野秀雄　III 三 132
依田今朝蔵　III 三 163
四屋純三郎　II 二 82, III 一 106

ら

ラウダル　III 一 89
ロセス，レオン　終 276
ロニー　I 二 20
ロバートソン　III 一 89

わ

若林玵蔵　III 一 93
和田英作　III 三 128
和田秀豊　III 三 135
和田義郎　IV 五 233
渡辺驥　III 一 89

渡辺治　IV 一 174，IV 三 209
渡辺崋山　III 三 158
渡辺洪基　III 一 89，IV 五 228
渡辺修次郎　IV 一 180

松崎欣一（まつざき　きんいち）
1939年生まれ。1963年慶應義塾大学文学部史学科国史専攻卒業。1965年同大学大学院文学研究科修士課程修了。1965〜2005年慶應義塾志木高等学校教諭、1996〜2005年慶應義塾福澤研究センター副所長。慶應義塾名誉教諭、慶應義塾福澤研究センター顧問、（社）福澤諭吉協会常務理事。
主要編著：『三田演説会と慶應義塾系演説会』（慶應義塾大学出版会、1998年、平成11年度義塾賞受賞）、『福澤諭吉論の百年』（共編、慶應義塾大学出版会、1999年）、『福澤諭吉書簡集』1〜9巻（共編、岩波書店、2001〜2003年）、『福澤諭吉著作集』12巻（編、慶應義塾大学出版会、2003年）、『福澤諭吉の手紙』（共編、岩波文庫、2004年）、『江戸町触集成』1〜19巻（共編、塙書房、1994〜2003年）。

語り手としての福澤諭吉
——ことばを武器として

2005年8月10日　初版第1刷発行

著　者————松崎欣一
発行者————坂上　弘
発行所————慶應義塾大学出版会株式会社
〒108-8346　東京都港区三田2-19-30
TEL〔編集部〕03-3451-0931
〔営業部〕03-3451-3584〈ご注文〉
〔　〃　〕03-3451-6926
FAX〔営業部〕03-3451-3122
振替　00190-8-155497
http://www.keio-up.co.jp/
装丁————巖谷純介
印刷・製本——株式会社精興社
カバー印刷——株式会社太平印刷社

Printed in Japan　ISBN4-7664-1170-6